한국역사의 이해 10

한국사에서 위인(偉人) 찾기

한국역사의 이해 10

한국사에서 위인 찾기

이성무

머리말

이번 책으로 『한국역사의 이해』가 10호를 채우게 되었다. 이번 호의 부제는 "한국사에서의 위인 찾기"로 하기로 했다.

우리는 위인을 만들 줄 모른다. 이 사람이 올려 세우려 하면 저 사람이 헐뜯고, 이 당파에서 올려 세우려 하면 저 당파에서 깎아내린다. 그러다 보니 온전한 사람이 없다. 이승만이 대한민국을 세웠는데도 이를 인정하지 않고, 박정희가 경제발전을 시켰는데도 이를 인정하지 않는다. 반대로 잘못된 점만 부각시킨다.

그러면 세상에 그렇게 완벽한 사람이 어디 있나? 있다면 그는 사람이 아니고, 신일 터이다. 사람이기 때문에 장점도 있을 수 있고, 약점도 있을 수 있다. 그런데도 서양에 가면 웬 위인이 그리 많은가? 공원이고 광장이고 건물이고 간에 이러한 위인들로 가득 차 있다. 그러나 그들도 먼지를 털어 보면 온전할 수 없을 것이다.

대한민국에 10명의 대통령이 있었으나 하나같이 완전한 사람이 없다. 그런데도 국가는 짧은 시간 안에 세계 10위권의 경제대국이 되었나. 그렇다면 누군가가 지도한 사람이 있었을 것 아닌가? 100% 잘하는 사람이 어디 있는가? 70% 잘하면 되는 것이 아닌가? 나머지 30%는 국민이 채워 넣어야 하지 않을까?

그러면 한국 사람은 왜 위인 만들기를 잘하지 못하는가? 우선 생각해 볼 수 있는 것이 과거제도를 통해서 길러진 능력주의 때문이다. 능력이 있는 사람은 남을 인정하지 않는다. 자기가 잘났으니 남을 인정할 까닭이 없다. 다른 한편으로 한국 근·현대사가 격동의 역사이어서 이기도 하다. 그러다 보니 이념이 자주 바뀌고, 가치 기준이 자주 변했다. 이념과 기준이 바뀌면 평가도 달라진다. 일제를 거치면서 친일파 논쟁에 휩쓸리고, 제국주의 침략을 받았기 때문에 자주와 사대가 대결했다. 냉전을 경험하다 보니 친공과 반공이 대립했다. 이 때문에 각각 다른 기준으로 역사적 인물을 재단하다 보니 온전한 사람이 있을 수 없었다.

그러면 어떻게 해야 할 것인가? 이견은 조율되어야 한다. 국론이 분열되면 되는 일이 없다. 지금처럼 남남갈등이 심해서야 어떻게 경제가 발달하고 통일을 이룩할 수 있겠는가? 요즈음처럼 통섭이 강조되는 때도 드물다. 통섭의 예를 우리는 역사적 위인들로부터 찾아보아야 할 것이다. 위인이 꼭 서양에만 있으란 법이 없다. 우리 역사에도 위인들이 많다. 다만 찾아보지 않았을 뿐이다.

이에 나는 우리 역사 속에서 위인 찾기를 하고 싶었다. 그리하여 조선시대 인물 20여 사람을 연구했다. 그리하여 그들의 가계와 행적을 자세히 추적해 봤다. 그랬더니 의외로 우리가 배워야 할 점이 많았다. 특히 영의정을 지낸 분들에서 그러한 점을 많이 발견할 수 있었다. 이 책에는 그러한 글들을 요약해서 소개하기로 했다. 잘못된 내용이 있으면 저의 이메일(leesongmu@hanmail.net)로 연락주시기 바란다.

2014년 1월
省皐書堂에서 한국역사문화연구원장 이 성 무

차 례

제3부 대담

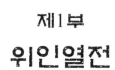

제1부
위인열전

퇴계(退溪) 이황(李滉)의 생애와 사상

1. 가계(家系)

퇴계 이황의 초자(初字)는 계호(季浩), 후자(後字)는 경호(景浩)·도수(陶叟)·퇴도(退陶), 본관(本貫)은 진보(眞寶)이다. 1501년(연산군 7) 11월 25일에 경상도 예안현 온계리(溫溪里, 지금의 안동시 도산면 온혜동)에서 아버지 진사 이식(李埴)과 어머니 춘천박씨(별시위 박치(朴緇)의 딸) 사이에서 넷째(潚·瀣·澄·滉)로 태어났다. 아버지 이식은 먼저 의성김씨(예조정랑 한철(漢哲)의 딸)에게 장가를 들어 3남(潛·河·瑞麟) 1녀(신담(辛聃)에게 시집 감)를 낳았는데 서린은 성년이 되기 전에 죽었고, 의성김씨도 29세의 젊은 나이로 일찍 죽었다. 그래서 춘천박씨를 재취로 얻어 퇴계를 낳은 것이다.[1]

그런데 퇴계가 태어난 지 7개월 만에 아버지마저 죽었다.(1502년 6월) 아버지가 6남 1녀를 남기고 죽자 생계는 어머니 박씨의 차지가되었다. 이때 퇴계의 형인 이잠(李潛)만 장가를 갔을 뿐 나머지는 혼

---

1) 이상은, 『퇴계의 생애와 학문』, 예원서원, 1999, 19쪽.

인 전이어서 박씨의 책임은 더욱 무거웠다. 이에 부인은 스스로 농사도 짓고, 누에를 쳐 생계를 유지할 뿐 아니라 자식을 교육시키는 데도 열정을 쏟았다. 부인은 늘 "세상 사람들이 모두 과부의 자식은 교육이 없다고 비웃는데 너희들이 글공부를 백배로 하지 않으면 어떻게 이런 조소를 면할 수 있겠느냐?"[2]고 했다. 비록 배우지는 못했으나 식견이 넓고 총명해서 자식교육을 잘 시켰다. 뒤에 두 아들(瀣·滉)이 문과에 급제해 벼슬길에 오르자 문예만 힘쓰지 말고, 몸가짐을 단정히 하며, 현감 이상은 하지 말고, 교만하지 말라고 타일렀다. 이런 어머니의 고매한 인격 때문에 퇴계가 대학자로 성장할 수 있었다.

시조 이석(李碩, 6대조)은 진보(眞寶)의 향리로 사마시에 합격해 생원이 되어 양반으로 진출할 발판을 만들었고, 그 아들 이자수(李子脩, 5대조)는 고려 말에 명서업(明書業)에 합격해 통훈대부 판전의사(判典儀使)에 올랐으며, 정세운(鄭世雲)을 따라 홍건적을 토벌하는 데 공을 세워 송안군(松安君)에 봉해졌다. 드디어 진성이씨가 상경종사(上京從仕)하게 된 것이다.[3] 이자수는 본관지를 떠나 보다 넓은 안동 마라촌(磨羅村, 풍산읍 하리)으로 이주했다. 그의 아들 이운후(李云侯, 고조)는 그곳의 토착세력인 안동권씨 권희정(權希正)의 딸과 혼인해 경제적 기반을 튼튼히 할 수 있었다.[4] 이운후의 처남은 좌의정을 지낸 권진(權軫)이다. 그리고 안동김씨(김득우(金得雨))·흥해배씨(배상지(裵尙志)) 등 유력가문과도 통혼해 재산을 늘릴 수 있었다. 이운후는 음직으로 군기시정을 지냈으며, 풍산(豊山)을 떠나 다시 주촌(周村)으로 이주했다.[5]

---

2) 『退溪學叢書』第II部, 第3卷 內續集 先妣贈貞夫人朴氏墓碣識, 退溪學研究院, 322쪽.
3) 金文澤, 16~17世紀 安東의 眞城李氏 門中 硏究, 韓國學大學院 博士學位論文, 2004, 13~14쪽.
4) 李樹健, 『嶺南學派의 形成과 展開』, 一潮閣, 1995, 241쪽.
5) 金文澤, 앞의 논문, 15쪽.

이운후의 아들은 이정(李禎)이다. 그는 훈구파로서 1465년(세조 12)에 좌익원종공신 3등으로 녹훈되어 불천위(不遷位)로 모셔졌다. 그리하여 1600년(선조 33)에 나온 『진성이씨족보』 초간본은 이정의 후손 중심으로 기록되어 있다.[6] 이때부터 진성이씨가 안동 지역사회에 확고한 기반을 가지게 되었다.

이정은 세 아들(遇陽, 興陽, 繼陽)을 두었다. 우양 계열은 주촌에 그대로 살고 있었고, 응양 계열은 풍산 망천(輞川)으로, 계양 계열은 예안(禮安) 온혜(溫惠)로 이주했다. 이 중 계양이 퇴계의 할아버지이다. 그는 1453년(단종 1)에 진사시에 합격했으나 온혜에 정착해 문호를 열었다.

이계양은 두 아들(埴, 堣)을 두었는데 식이 퇴계의 아버지이다. 이식은 여러 번 과거에 응시했으나 진사시에 장원으로 합격하는 것으로 만족해야 했고, 일찍이 죽었기 때문에 크게 성취하지 못했다. 이우는 1492년(성종 23)에 생원시를, 1498년(연산군 4)에 문과에 급제해 경상도관찰사까지 지냈다. 1506년(중종 1)에는 중종반정이 일어나 정국공신(靖國功臣) 3등에 녹훈되고 청해군(靑海君)에 피봉되었다. 그리고 퇴계의 둘째 형인 이해(李瀣)는 1525년(중종 20)에 진사시, 1528년(중종 23)에 문과에 급제해 충청도관찰사까지 지냈다.[7]

이우·이해·이황의 정계진출로 퇴계가문은 명문이 되었다. 그리고 온혜로 이주한 퇴계가문은 지속적인 재산증식으로 종가보다 많은 재산을 모았다. 퇴계는 부변(父邊), 모변(母邊), 전·후처변(前·後妻邊)으로부터 일정한 재산을 분급받았다. 특히 퇴계의 첫째 부인 허씨는 친정으로부터 막대한 진민을 분급받았다. 퇴계의 손지녀 5남매분과 봉사위(奉祀位)를 합쳐 노비 367구, 전 1,895두락, 답 1,199두락, 집 5채

---

6) 동상, 15쪽.
7) 동상, 18쪽.

나 분급받았던 것을 보면 퇴계가 부자였다는 것을 알 수 있다. 재산이 늘어난 것은 상속·개간·기증·매득을 통해서였다.[8]

퇴계는 1521년(중종 16)에 허씨부인(許瓚의 딸)과 혼인해 이준(李寯)과 이채(李寀)를 낳고, 1527년(중종 22) 11월에 죽어 1530년(중종 25)에 안동권씨(봉사 權礩의 딸)에게 다시 장가갔다. 그리고 다음 해 6월에는 측실(側室)에서 아들 이적(李寂)이 태어났다.[9]

퇴계는 양반이었으나 가문이 그리 번창하지 않은 지방사림 출신이었다. 그러나 그의 아버지 대부터 자기를 포함해 삼촌 이우·형 이해와 함께 문과에 급제해 현달하게 되었다. 재산도 많이 모았고, 관직도 일품인 우찬성, 대제학까지 지냈으며, 당파를 초월한 많은 제자들을 길러냈다. 그러면서도 사림의 존경을 한몸에 받았고, 경치 좋은 곳에 도산서당을 짓고 귀양 한 번 가지 않은 완인(完人)이었다.

그는 죽을 때 유언으로 비석에 벼슬을 쓰지 말고 "퇴도만은진성이 공지묘(退陶晚隱眞城李公之墓)"라고만 쓰라고 했다.[10] 그리고 후인들이 자기의 공적을 장황하게 늘어 놓을까봐 자찬묘지명(自撰墓誌銘)을 지어 놓고 죽었다.[11] 그가 죽자 국가에서는 영의정을 추숭하고, 문순공(文純公)이라는 시호를 내렸다. 그리고 1574년(선조 7)에는 도산서당(陶山書堂) 뒤쪽에 도산서원(陶山書院)을 세워 위판을 모셨다.[12] 1600년(선조 33) 5월에는 조목(趙穆) 등이 주동이 되어 『퇴계집(退溪集)』 내집 49권, 별집 1권, 외집 1권을 간행했다.(庚子本)[13]

---

8) 李樹健, 앞의 논문, 145쪽.
9) 『增補 退溪全書』 三, 退溪先生年譜 卷 1, 成大 大東文化研究院, 1971, 576~577쪽. 앞으로 이 退溪先生年譜는 '연보'로 약칭하겠다.
10) 동상, 245쪽.
11) 『韓國文集叢刊』 31, 『退溪集』 III, 退溪先生年譜 卷 3, 245쪽.
12) 연보, 권2, 596쪽.
13) 徐廷文, 「朝鮮中期 文集編刊과 門派形成」, 國民大學校 博士論文, 2006, 39쪽.

2. 교육과 과거(科擧)

퇴계는 6살부터 글을 읽기 시작했다. 처음에는 이웃 노인에게 천자문을 배웠다. 아침이면 세수를 하고 머리를 빗고 그 노인 집으로 가서 울타리 밖에서 전날 배운 것을 두어 번 외운 다음 들어가 가르침을 받았다 한다.[14] 그리고 12살 때 형 이해와 함께 숙부 이우에게 『논어』를 배웠다.[15] 그리고는 특별히 배운 데가 없이 스스로 공부했다. 퇴계는 뒤에 이것을 매우 한스럽게 여겼다.

"일찍이 말하기를 내가 어려서부터 비록 공부하는 데 뜻을 두었으나 계발해 줄 사우(師友)가 없어서 갈팡질팡 10여 년 동안 사람으로서 머리를 두고 공부할 데가 없었다. (그래서) 심사(心思)를 잘못 소비하고 탐색해도 되지 않아 혹 밤새도록 가만히 앉아 잠을 자지 않다가 이에 마음의 병을 얻어 공부를 폐한 지 여러 해가 되었다. 만약 과연 사우를 얻어 방황하는 길을 바로잡아 주었다면 어찌 마음과 힘을 쓸데없이 써서 늙어서도 얻는 게 없었겠는가?[16]

퇴계는 글 읽기를 좋아해 사람이 많이 모인 자리에서도 벽을 보고 앉아서 골똘히 생각을 했다고 한다. 글을 읽다가 모르는 것이 있으면 곰곰이 생각하다가 그래도 모르겠으면 옆에 제쳐 놓았다가 다시 생각해 알아내고야 마는 성격을 가지고 있었다. 그는 특히 도연명(陶淵明)의 인품과 시를 좋아했다.[17] 퇴계는 시인으로 출발했다. 도연명의 생활태도와 자연사랑을 모본으로 처음부터 시인으로 발신한 것이다.

---

14) 연보, 卷 1, 576쪽.
15) 동상.
16) 金誠一, 『鶴峯集』 續集 退溪先生言行錄.
17) 『韓國文集叢刊』 31, 『退溪集』 III, 退溪先生年譜 卷 1, 220쪽.

17살 때 퇴계는 형 이해와 함께 경상도관찰사로서 온계에 온 모재(慕齋) 김안국(金安國)을 만났다. 김안국은 퇴계 형제를 만나보고 칭찬을 아끼지 않으면서 책과 식량을 주어 청량산(淸凉山)에서 독서하게 했다고 한다.[18]

18세(1518)에 안동향교에서 공부했고, 19살(1519) 되던 4월 17일에 현량과(賢良科) 전시에 응시했을 때 먼발치에서 조광조(趙光祖)를 보았다.[19] 이 해에 『성리대전(性理大全)』 권 1 태극도설(太極圖說)과 권 70 시(詩) 등 2책을 얻어서 읽었는데 자신도 모르게 마음이 즐겁고 눈이 열려 오래 읽을수록 점점 그 의미를 알게 되고 마치 그 속으로 들어가는 길을 알 수 있을 것만 같았다고 한다.[20] 이것이 퇴계로 하여금 도학(道學)에 눈을 뜨게 한 첫 번째 계기가 되었던 것으로 생각된다. 이로부터 퇴계는 학생들에게 맨 먼저 태극도설을 가르쳤다.

20살 되던 1520년(중종 15)에 『주역』을 침식을 잃고 독실히 공부하다가 몸이 마르고 쇠약해지는 병(羸悴之疾)에 걸려 평생을 고생했다.[21] 23살 되던 1523년(중종 18)에는 처음으로 성균관 하재(下齋)에 유학했으나 기묘사화가 일어난 끝이라 사습(士習)이 부박(浮薄)해서 2달 머무르다가 돌아왔다. 성균관에서 하서(河西) 김인후(金麟厚)를 만날 수 있었으며, 황상사(黃上舍)에게서 종이를 주고 『심경부주(心經附註)』 한 질을 사서 이를 반복 숙독해서 의리지학(義理之學)을 터득하는 데 큰 도움이 되었다.[22] 이 책이야 말로 4서나 『근사록(近思錄)』보다도 퇴계가 심학(心學)을 깨우치는 데 더 큰 영향을 주었다. 이것이

---

18) 鄭錫胎 編著, 『退溪先生年表月日錄』 1, 퇴계학연구원, 퇴계학연구총서 제3집, 52쪽.
19) 동상, 61쪽.
20) 『퇴계전서』 27, 퇴계선생연보보유 <上溪本> 권 1, 29~30쪽.
21) 연보 권 1, 576쪽.
22) 『퇴계학문헌전집』 17, 퇴도선생언행통록 권 2, 80~81쪽.

퇴계가 도학자가 되게 한두 번째 계기가 되었다.[23]

27살 되던 1527년(중종 22) 가을에는 경상좌도 향시에 진사 장원, 생원 2등에 합격하고, 이듬해 봄에 진사 회시에 2등으로 합격했다. 이때 남명은 경상우도 향시에 2등으로 합격했다. 진사시에 합격한 후에 퇴계는 과거시험을 볼 뜻이 없었으나 형이 어머니를 부추겨 시험을 보라고 해 집안을 일으키기 위해서 그 해에 있었던 문과 별시 초시에 응시해 2등으로 합격했다.[24]

33살에 다시 성균관에 유학했다. 가을에 고향으로 내려오다가 권벌(權橃)과 함께 여주 이호촌(梨湖村)에서 모재(慕齋) 김안국(金安國)을 찾아뵈었다. 퇴계는 만년에 이 때 처음으로 정인군자를 만났다고 술회했다.[25] 이 해(1533) 경상도 문과 향시에 일등으로 합격하고 그 이듬해(1534) 3월 9일에 회시에 급제해 4월에 승문원 권지부정자가 되었고 곧 예문관 검열 겸 춘추관기사관에 추천되었다.[26]

3. 사환(仕宦)

퇴계는 1534년(중종 29) 3월 9일에 문과에 급제한 후 승문원 권지부정자에 임명되고, 18일에 예문관 검열에 추천되었다. 그러나 당로자였던 김안로(金安老)의 사주로 체직되었다. 퇴계는 자기뿐 아니라 아들 이준과 조카 이필(李苾) 등에게 집안을 위해 과거시험을 보라고 여러 차례 권했다.[27] 퇴계의 승진은 빨랐다. 역임한 직종도 주로 홍문관·

---

23) 『韓國文集叢刊』 30, 『退溪集』 II 內集 卷 41, 410쪽.
24) 연보, 권 1, 577쪽.
25) 연보, 권 1, 577쪽.
26) 동상.
27) 鄭錫胎, 앞의 책, 196쪽.

예문관·성균관 등 문한직이나, 양사·6조·승정원·의정부 등 청요직이었다. 그리고 경연·지제고(知制誥)를 겸임하는 경우가 많았다. 글을 잘했기 때문이다. 사가독서(賜暇讀書)도 여러 번 받았다(1541년, 1543년).

퇴계는 정국이 아직 혼미하다고 생각했다. 언제 권신들에 의해 사림들이 어육(魚肉)이 될지 모른다고 생각했다. 퇴계도 몇 차례 화를 당할 뻔했다. 첫 번째는 과거에 급제한 직후인 1521년(중종 29)에 김안로에 의해 사관직(史官職)을 체직당한 일이 있다. 김안로는 퇴계의 첫째 부인 김해허씨의 고향인 영주(榮州)에 전장을 가지고 있었는데 퇴계가 찾아오지 않는다고 앙심을 품고 저지른 일이었다.[28] 두 번째는 권력자 진복창(陳復昌)이 퇴계가 자기의 호의를 무시하고 가까이 하지 않는다는 이유로 앙심을 품었으나 그가 복주(伏誅)되어 무사했다.[29] 세 번째는 을사사화 때 이기(李芑)에 의해 화를 당하게 된 것을 이기의 조카 이원록(李元祿)이 신명을 걸고 구해 주어 무사했다.[30] 이 때문에 퇴계는 되도록 관직에서 물러나거나 지방관으로 나가기를 원했다. 1548년(명종 3) 청송부사를 자원했지만 단양군수에 제수되었다가, 형 이해가 충청감사로 부임해 오는 바람에 상피(相避)로 풍기군수로 옮겨갔다.[31] 핑계는 신병(身病)과 근친(覲親)이었다.

퇴계는 조광조가 도학을 일으키려는 뜻은 좋았으나 학문이 깊지 못한데다가 조급하게 개혁을 서두르다가 사림이 어육이 되었다고 생각했다. 그러니 학문을 더욱 깊이 연구하고, 사림을 재훈련시켜 세력을 키워야 한다고 생각했다. 향약(鄕約)을 일으키고, 서원(書院)을 설립한

---

28) 동상, 577쪽.
29) 『退溪全書』 27, 退溪先生年譜補遺 <上溪本> 卷 1, 45쪽.
30) 동상, 502쪽.
31) 연보, 권 1, 580쪽.

것도 그 때문이다.

퇴계는 처음부터 도학에 심취한 것은 아니었다. 시인으로서 부형의 요구로 과거시험을 치러 4번째 급제해 37년간 다른 학자관료들과 마찬가지로 벼슬을 했다. 그러나 퇴계에게는 도학에 경도할 세 차례의 계기가 있었다. 첫 번째 계기는 18세 되던 1519년(중종 14)에 『성리대전』 권 1과 권 70을 구해서 읽은 것이요,[32] 두 번째 계기는 1523년(중종 18) 성균관 하재에 유학했을 때 황상사에게서 종이를 주고 『심경부주』 한 질을 사서 반복해서 읽은 것이며,[33] 세 번째 계기는 퇴계가 43세 되던 1543년(중종 38)에 왕명으로 『주자대전』을 인간하라고 하자 스스로 그 교열을 전담한 때였다.[34]

퇴계는 43세 되던 1543년(중종 38)부터 관직에 뜻이 없고, 물러가 도학을 연구해야겠다고 생각했다. 그것이 자기가 해야 할 더 중요한 일이라 생각했기 때문이다. 반평생을 허송세월 한 기분이었을 것이다. 그리하여 이때부터 계속 관직에서 사퇴하려는 상소를 올린 것이다. 반면에 국왕으로서는 사림정치를 표방한 만치 퇴계와 같은 학식과 도덕을 겸비한 유덕자를 옆에 붙들어 두고자 했다. 그리고 다른 한편으로 선조조 이후에는 사림이 정치주체가 되어 있었기 때문에 이들이 정부 요소요소에 포진되어 있어서 퇴계와 같은 사림의 정신적인 지주가 필요했다. 그래서 입만 열면 퇴계 등을 불러 올려야 한다고 주장했다.

퇴계는 물러나서 여생을 보낼 보금자리를 찾았다. 1531년(중종 26)에는 예안 근처 영지산(靈芝山) 북쪽 양곡(暘谷)에 영지와사(靈芝蝸舍)를 짓고 영지산인(靈芝山人)이라 자호(自號)했다 그러나 1542년(중종

---

32) 『退溪全書』 27, 退溪先生年譜補遺 <上溪本> 卷1, 29~30쪽.
33) 『退溪學文獻全集』 17, 退溪先生言行通錄 卷 2, 80~81쪽.
34) 『退溪全書』 27, 退溪先生年譜補遺 <上溪本> 卷 1, 37쪽.

37) 가을에 이현보(李賢輔)가 고향으로 돌아와 이 산에 영지정사(靈芝精舍)를 짓자 이를 그에게 양도했다.[35] 그리고 1545년(인종 1)에 을사사화가 일어나자 퇴계는 그해 3월에 월난암(月瀾菴)·용수사(龍壽寺)에 은거했다.[36] 그리고 1546년(명종 1) 11월에 토계(兎溪)의 동암(東巖)에 양진암(養眞菴)을 지었다. 그리고 이 지역 이름 '토계(兎溪)'를 '퇴계(退溪)'로 고치고 스스로 호로 삼았다.[37]

그 후 1547년(명종 2) 정월에 자하산(紫霞山) 하명동(霞明洞, 지금의 안동시 도산면 토계리 하계(下溪) 마을)으로 옮길 계획을 세웠다.[38] 그러나 낙동강에 국가에서 금하는 은어잡이 어량(魚梁)이 있어서 자손들이 살만한 곳이 못 된다 해 죽동(竹洞, 지금의 안동시 도산면 토계리, 일명 대골)으로 옮겼다. 세 번 집터를 옮긴 셈이다. 1550년(명종 5) 2월에는 죽동 계상(溪上) 서쪽에 한서암(寒棲菴, 지금 안동시 도산면 토계리, 퇴계종택 왼쪽)을 짓고 제자를 양성했다.

그리고 1551년(명종 6)에는 한서암을 철거하고 계상 동북쪽에 계상서당(溪上書堂)을 지었다.[39] 1557년(명종 120) 정월에 동가(東家)를 짓고,[40] 3월에는 온계 노송정(老松亭) 뒤에 수곡암(樹谷菴)을 지었으며, 도산(陶山) 남동(南洞)에 도산서당(陶山書堂)을 지었다.[41] 그리하여 이 곳이 퇴계학파의 온상이 되었다.

퇴계는 이후에도 병을 이유로 관직에서 물러나게 해 달라는 사직소를 자주 올렸다. 그럴수록 왕은 관직을 높여주거나 한직(閒職)으로 바꾸어 주면서까지 붙들어 두려 했다. 사림의 성화 때문이었다. 동고(東

---

35) 『韓國文集叢刊』 29, 李賢輔, 『聾菴先生文集』 卷 1, 390~391쪽.
36) 『退溪全書』 27, 退溪先生年譜補遺 <上溪本> 卷 1, 42쪽.
37) 연보, 권 1, 580쪽.
38) 『退溪學文獻全集』 17, 退溪先生言行通錄 卷 3, 195쪽.
39) 『退溪全書』 27, 退溪先生年譜補遺 <上溪本> 卷1, 50쪽.
40) 『退溪學資料叢書』 4, 『春塘先生文集』 卷 4, 510쪽.
41) 연보, 권 1, 582쪽.

皐) 이준경(李浚慶)도 퇴계가 산금수조(山禽獸鳥)처럼 툭하면 물러간다고 비아냥거렸다. 퇴계는 왕의 허락도 받지 않고 집으로 가 2자급을 강등당하기도 했다. 실제로 퇴계는 병이 많았고 약을 계속 복용하고 있었다. 그러면서도 70까지 살 수 있었던 것은 정치적인 야심을 보이지 않고 몸을 스스로 잘 조섭했기 때문이다.

그런데 1568년(선조 1) 정월에 선조가 즉위하자 퇴계를 우찬성으로 불러 올렸다.[42] 선조가 즉위해 마음먹고 사림정치를 펴고자 하는 뜻에서였다. 퇴계가 서울(덕수궁 옆)에 올라오자 찾아오는 사람이 많아 3일 뒤에야 영의정 이준경을 찾아갔다. 이준경은 "공이 서울에 온지 오래 되었는데 왜 빨리 찾아오지 않았느냐?"고 힐문했다. 사람들이 많이 찾아와 늦었노라고 하자 "옛날 기묘사화 때에도 사습(士習)이 이와 같았다"고 역정을 냈다고 한다.[43] 사화를 방지하기 위해서였다. 아니나 다를까 김개(金鎧)·윤원형(尹元衡)·이량(李樑) 등의 여당이 퇴계 등을 '소기묘(小己卯)'로 몰아 해치려 했다. 이때 이준경은 이를 막아 주었다.

4. 출처관(出處觀)

퇴계의 출처관을 보려면 남명의 출처관과 비교해 보는 것이 확실하다. 퇴계와 남명은 같은 해(1501) 태어나서 한 해 차이(퇴계는 1571년, 남명은 1572년)로 70평생을 같은 경상도(퇴계는 좌도, 남명은 우도)에 살았기 때문이다. 그런데 퇴계는 과거관료(科擧官僚)로서 37년간 학자 관료를 지낸 사람인데 비해 남명은 13차례나 징소되었으면서도 한 번

---

42) 연보, 권 2, 588쪽.
43) 『韓國文集叢刊』 41, 『梧陰遺稿』 卷 3, 566쪽.

도 관직에 나가지 않았다.

퇴계는 어머니나 형의 권유에 의해서이기는 했다지만 어렵사리 문과에 급제해 벼슬살이를 했다. 남명도 역시 어머니의 권유로 과거에 몇 번 응시하기는 했으나 체질에 맞지 않아 평생 도학을 실천하면서 처사로 살기로 결심했다. 거기에는 삼촌이 사화에 연루되어 죽고 친구들 역시 정쟁에 말려 죽음을 당한 것이 임천(林泉)에 은거하기로 한 다른 이유였다.

퇴계는 품성이 온화하고 치밀한 데 비해 남명은 기질이 드높고 강인했다. 그러기에 성호(星湖) 이익(李瀷)은 "남명선생은 우도에, 퇴계선생은 좌도에 일월과 같이 있었으며, …좌도는 인(仁)을 숭상하고, 우도는 의(義)를 숭상했다"[44]고 했고, 영사 윤승훈(尹承勳)은 "상도(上道)는 이황(李滉)이 있어 학문을 숭상하고, 하도(下道)는 조식(曺植)이 있어 절의(節義)를 숭상한다"[45]고 했다. 그리고 개암(開岩) 김우굉(金宇宏)도 "남명선생은 우도에, (퇴계)선생은 좌도에 일월과 같아서 다 사문(斯文)을 일으키는 것을 자기의 임무로 여길 뿐이다"[46]라고 했다. 선조가 퇴계와 남명에게 다 수학한 한강(寒岡) 정구(鄭逑)에게 두 스승의 학문 경향을 묻자 "퇴계는 실천이 독실하고 공부가 순수하고 숙련되었으며, 남명은 초연(超然)히 자득(自得)해 특립독행(特立獨行)한다(滉踐履篤實 工夫純熟 植超然自得 特立獨行)"고 했다.[47] 성격도 많이 달랐다. 남명은 외가의 기질을 닮아 고답적이고 객기가 있었다. 이에 퇴계도 그를 '정정물표(亭亭物表)', '교교하외(皎皎霞外)'의 품격을 가지고 있다고 했다.[48] 제자들이 '벽립천인(壁立千仞)'의 기질이 있다고 했고, 송시열은

---

44) 李瀷, 『星湖僿說』 卷 9, 人事門 退溪南冥.
45) 『宣祖實錄』 卷 42, 宣祖 34年 10月 己丑.
46) 李瀷, 『星湖僿說』 上, 卷 3, 人事門 退溪南冥, 景仁文化社, 1967, 297쪽.
47) 許穆, 『記言』 卷 39, 文穆公鄭逑壙銘, 248~252쪽.
48) 李瀷, 『星湖僿說』 上, 卷 3, 人事門, 297쪽.

'추상열일(秋霜烈日)'의 품격을 가지고 있다고 했다.49) 반면에 퇴계는 성격이 부드럽고, 남의 인물평이나 시사(時事)의 득실(得失)을 말하지 않았다.50) 그러나 이단(異端)을 배척하는 데는 단호했다.

따라서 두 사람의 출처관(出處觀)도 달랐다. 택당(澤堂) 이식(李植)도

"조남명과 (이)퇴계는 같은 때에 살았는데 남명은 세상에서 숨으려 하는 뜻이 일찍부터 현저해서 진실로 퇴계를 내려다보았다. 퇴계는 겸손하고 스스로 지키는 바가 있어서 절대로 인물의 장단이나 시사(時事)의 득실(得失)을 말하지 않았으나, 오직 이단(異端)을 배척할 때는 일찍이 물러서거나 양보하지 않았다. (그래서) 선배 명유(名儒)의 말이 혹 과한 곳이 있어서 이단으로 흐르면 반드시 힘써 분석하고 절충했으니 서화담(徐花潭)·박송당(朴松堂)의 학문에 대해 감히 의논하지 못했으나 퇴계가 변박해서 용납하지 않았고, 회재(晦齋)에 이르러서는 비록 일대의 명신이나 세상이 그 학문의 깊이를 알지 못했는데 퇴계가 들어내서, 한훤당(寒暄堂)·일두(一蠹)·정암(靜菴)과 함께 천거해서 4현(賢)으로 삼았다. 이에 당시 학자들이 퇴계에게 심복해 감히 다른 말을 하지 않아 국론이 정해졌다. 남명에 있어서도 퇴계가 그 의론과 기습(氣習)이 후폐(後弊)가 없지 않을 것 같아 부득이 대략 용납하면 점점 바뀐다는 말과 이른바 기이한 것을 숭상하고 다른 것을 좋아해서 도(道)에 맞기 어렵다는 등의 말을 한 것이니 대개 도를 행하지 않아서 현자(賢者)가 잘못을 저지를 것을 두려워해서이다."51)

라 해 남명의 벼슬하지 않으려는 강열한 의지와 퇴계의 벽이단(闢異端)의 공을 대비시켜 논평하고 있다.

남명은 명문으로 서울에 살면서 이준경(李浚慶)·송인수(宋麟壽) 등

---

49) 이성무, 「남명 조식의 생애와 사상」, 『개정증보 조선의 사회와 사상』, 일조각, 1999, 439쪽.
50) 『明宗實錄』 卷 31, 明宗 20年 4月 乙酉.
51) 『韓國文集叢刊』 88, 李植, 『澤堂集』 別集, 卷 15, 雜著 示兒代筆, 527쪽.

명사들을 많이 사귀었는 데 비해 퇴계는 가문이 대단치 않아서 집안을 일으키기 위해 과거관료가 되어 자의건 타의건 일생동안 벼슬을 했다. 남명은 사화에 삼촌 조언경(曺彦卿)을 잃었고, 친구들이 차례로 화를 입어 벼슬을 할 뜻이 없었다. 반면에 퇴계는 형 이해가 권력자에게 희생당했고, 본인도 두세 차례 위험한 지경에 봉착했지만 요행이 모면해 귀양 한 번 가지 않았다. 그리하여 벼슬이 1품에 이르렀고, 사림의 존경을 온몸에 받았다. 주자를 존모해 비록 의양지미(依樣之味, 율곡 이이(李珥))가 있다는 평을 들었지만 이단을 배척하고 주자학(朱子學)으로 나라의 학문을 통일해 도통(道統)을 확립했으며, 문묘에 종사되었다.

남명도 과거시험을 보지 않은 것은 아니었다. 그러나 그의 학문이나 성향이 과거관료로서 적당치 않은 것을 발견하고 과감히 과거나 벼슬길을 포기하고 도학을 철저히 실천하는 것을 자기의 임무로 생각했다. 그렇다고 남명이 전혀 벼슬살이를 할 뜻이 없었던 것은 아니다. 나가면 하는 것이 있어야 하고, 물러나면 지키는 것이 있어야 한다는 주장이다(出則有爲, 處則有守). 그러나 명종 때까지는 나가서 일할 만한 분위기가 아니라는 것이다. 김안로(金安老)·윤원형(尹元衡)·이량(李樑)과 같은 외척이 발호해 툭하면 사화가 일어나 사림이 어육(魚肉)이 되는 상황이기 때문이다. 그리고 선조 초에 사림정치가 실시되어 나가지 않을 명분이 없어지자 나이가 들어 힘이 없고 낮은 직위로 징소하니 뜻을 펼 수 없어 나가지 않고 제자들에게는 나가라고 했다. 실상 선조조의 오건(吳健)·김효원(金孝元)·김우옹(金宇顒)·정인홍(鄭仁弘) 등 많은 남명 제자들이 정계에 진출해 있었으며, 그 세가 퇴계 제자만 못하지 않았다. 그리고 가끔 징소되어 왔을 때는 국왕을 비롯한 위정자들의 무능과 비정을 신랄하게 비판했다.

1566년(명종 21) 8월 남명을 상서원 판관으로 불렀을 때 일이다. 남명은 당시 영의정이었던 이준경(李浚慶)과 어렸을 때 아는 사이었는데 서울에 불려왔다가 돌아가려는데 이준경이 찾아오지 않았다. 영의정으로서 체신 때문이었다. 남명이 찾아가니 얼마 있다가 대투화(大套靴)를 끌고 맞이하러 나와서 안부 이외에 다른 말이 없었다. 그러면서 말하기를 "상서판관은 또한 좋은 자리다. 어찌 관직을 받지 않는가? 필경 지평(持平)·장령(掌令)을 주어야 하겠는가?"라고 했다. 남명이 크게 좋아하지 않고 돌아왔다. 동고(東皐)가 다른 사람에게 말하기를 "조모(曺某)의 국량이 좁도다!"라고 했다고 한다. 사람들이 말하기를 이준경이 그 국량을 시험해 추천하려 한 것이라 했다.[52] 남명은 전하는 말에 "자네 자리를 주면 모르겠네"라고 했다고 한다.

퇴계는 과거관료로서 벼슬을 해 왔지만 1543년(중종 38)『성리대전』을 통독하고 나서는 병도 있고 해서 물러가 도학을 전적으로 연구할 생각을 했다. 그리하여 그가 남명에게 쓴 편지에 그의 이와 같은 심정을 다음과 같이 피력하고 있다.

> "내가 어려서부터 다만 옛 것을 좋아하는 마음을 가지고 있었으나 집이 가난하고 친노(親老)·친구(親舊)들이 강권해서 과거에 급제해 이록(利祿)을 취해 왔습니다. 저는 당시에 실로 견식이 없어서 문득 (강권에) 움직인 바 되어 우연히 천거를 받아 먼지와 티끌 같은 일에 골몰해 날로 다른 일을 할 여가가 없었으니 오히려 무슨 말을 하겠습니까? 그 후 병이 더욱 깊어지고, 또 스스로 세상을 위해 꾀할 바가 아니라는 것을 깨달아 비로소 이에 머리를 돌려 조용히 앉아 더욱 옛 성현의 책을 취해 읽었습니다. 이에 척연히 각오를 하고 길을 바꾸어 노년에

---

52) 南冥曺先生 與東皐李相 少有親分 李旣登第 南冥隱於智異山後 以尙瑞判官 召至京 又將還山 李相不相訪 南冥造焉則 旣而後 從內屋 曳大套靴出迎 寒暄之外 無他語 乃曰 尙瑞判官亦好矣 何不任職 必也 持平掌令而後可耶 南冥大不悅辭歸 東皐語人曰 曺某量狹矣 人謂李相試其量而 登薦(李瀷, 『星湖僿說』上, 景仁文化社, 人事門 南冥先生, 511쪽.

할 일을 거두고자 해 관직을 그만두고 분전(墳典, 古經典)을 끌어안고 산중에 들어와 장차 그 아직 이르지 못한 것을 더 구하고자 했습니다. 거의 하늘의 정령(精靈)에 힘입어 만약 조금이라도 얻는 것이 있어서 이것을 모아 이 일생을 헛되이 보내지 않으려 했습니다. 이것이 저의 10년 이래의 원하는 것이었는데 왕이 헛된 이름을 들어 벼슬을 하라고 해서 계묘년(1543)부터 임자년(1552)까지 무릇 세 번 관직을 사퇴하고, 세 번을 소환당했습니다. 그런데도 노병으로 관직마저 제대로 수행하지 못했으니 이러고서도 그 이루는 것이 있기를 바라기가 또한 어렵지 않겠습니까?"[53]

남명에게 물러가 학문에 정진하려해도 뜻을 이루지 못하는 심정을 털어놓은 것이다. 왜 하필 남명에게 하소연했나? 남명의 출처가 분명하다고 생각했기 때문일 것이다.

그런데 1553년(명종 8) 2월에 퇴계는 남명에게 편지를 보내 이번에는 남명으로 하여금 조정의 징소에 응하도록 권했다.

"근자에 전조(銓曹)가 유일지사(遺逸之士)를 추천해 쓰려고 하는 것은 임금이 어진 인재를 얻어 쓰고자 함에서 입니다. 특명으로 6품관에 초수(超敍)하는 것은 실로 우리 동방에 전에 드물게 있던 성거(盛擧)입니다. 내가 가만히 생각해 보니 벼슬하지 않는다는 것은 의로움이 없는 것이니 대륜(大倫)을 어찌 가히 폐하겠습니까? 그런데도 선비가 혹 나가서 쓰이기를 어려워하는 것은 다만 과거로서 사람을 혼탁하게 하고 잡되게 나아가는 길은 또 매양 낮게 보니 그 몸을 깨끗이 하고자 하는 선비들이 부득불 숨어서 나오기를 싫어하는 까닭입니다. 산림(山林)을 천거하는 것은 과거의 혼탁한 것도 아니요, 6품을 초수하는 것은 잡되게 진출하는 더러움도 아닙니다. 같은 때 천거된 이로 이미 토산(兎山)에 부임한 성수침(成守琛)이나 고령(高寧)에 부임한 이희안(李希顔) 같은 사람도 있습니다. 이 두 사람은 다 옛날에 관직을 거절하고 높이

53) 연보 권 1, 579쪽.

드러누어 장차 몸을 마치려 한 사람들입니다. 전에는 일어나지 않다가 지금 일어난 것이 어찌 그 뜻이 변해서이겠습니까? 반드시 지금 나의 나아감이 위로는 가히 성조(聖朝)의 아름다움을 이룰 수 있고, 아래로는 가히 자기의 온축을 펼 수 있기 때문에 그럴 것입니다. (…중략…) 선생이 마침내 나오지 않는 까닭이 무엇입니까?"[54]

이 편지에서는 먼젓번과는 달리 퇴계가 남명에게 왜 관직에 나오지 않느냐고 따져 묻는 것이었다. 이를 보면 퇴계는 당시의 정국이 한 번 나가서 일해 볼만하다고 생각한 데 비해 남명은 그렇지 못하다고 생각했다고 볼 수 있다.

퇴계의 편지에 대해서 남명은 다음과 같이 답장했다.

"(…전략…) 다만 생각건대, 공은 서각(犀角)을 태우는 듯한 명철함이 있지만, 식(植)은 동이를 이고 있는 듯한 탄식이 있습니다. 그런데 오히려 아름다운 문장이 있는 곳(퇴계)에게 가르침을 받을 길이 없군요. 게다가 눈병까지 있어 앞이 흐릿해 사물을 제대로 보지 못한 지가 여러 해 되었습니다. 명공(明公)께서 발운산(撥雲散)으로 눈을 밝게 열어주시지 않겠습니까? 삼가 헤아려 주시기 바랍니다."[55]

반은 비꼬는 어투이기는 하지만 남명은 퇴계의 요구를 단호히 거절했다. 이에 퇴계는 다시 다음과 같은 답장을 보냈다.

"지난여름에 보내주신 편지에서 가르침을 많이 받았습니다. 편지에 출처의 도가 본래 가슴속에 정해져 있어서 능히 밖의 일을 가까이하지 않는다고 하니 말씀이 음미할 만합니다. 한 번 불러 이르지 않는 것도 오히려 드문데 하물며 두 번 불러도 더욱 확연한 데 있어서이겠습니

54) 『增補 退溪全書』 卷 10, 書 與曹楗中植, 成大 大東文化研究院, 1971, 282쪽.
55) 『남명집』, 경상대 남명학연구소 역, 한길사, 2001, 180쪽.

까? 그러나 세속은 이를 귀하게 여기는 사람은 항상 적고, 노하고 비웃는 사람은 항상 많으니 선비된 자가 그 뜻을 지키는 것이 역시 어렵지 않겠습니까? 그러나 세론의 아래 가난에 쪼들리고 이익에 흘러 동서로 쫓기는 사람은 진실로 뜻을 지키는 선비는 아니고, 공사로 인해 비루한 사람들의 수립하는 것이 없는 것을 부끄러워하는 것입니다. 보내주신 편지에 발운산(撥雲散)을 찾는다는 것은 감히 힘쓰고자 하지 않습니다. 단 제가 스스로 찾아보고 마땅히 돌아가 얻을 수 없으면 어찌 능히 공을 위해 발운산을 도모할 수 있겠습니까?"56)

퇴계도 남명이 나오지 않으려 하는 뜻을 꺾지 못한 것이다. 그러나 말년에는 퇴계도 벼슬에서 물러나려는 뜻이 역력했다. 관직에 임명되면 그때마다 병을 핑계로 사직상소를 여러 차례 올렸다. 그래도 뜻을 꺾지 못하면 한직(閑職)으로 잠깐 돌려주기는 하나 벼슬을 떼지는 않았다. 그러나 왕으로서도 불만이 없었던 것은 아니다. 다음과 같은 명종의 불평을 들어보면 그러한 사실을 짐작할 수 있다.

　　"이제 올린 소장을 살펴보니 그간 물러가려던 일을 갖추어 기록하고, 다섯 가지 마땅히 벼슬할 수 없는 이유를 들어 한사코 오려고 하지 않으니, 비록 사람을 얻어서 다스림을 극진하게 하고자 해도 어떻게 그 뜻을 뺏을 수 있겠는가? 내가 실로 덕이 없고, 사리에 어두워서 더불어 일을 하기에 부족하기 때문에 도의를 지키며 결코 도와줄 뜻이 없으니 내가 몹시 부끄럽다.57)

1558년(명종 13) 10월 성균관 대사성에 임명되었을 때였다. 이때 퇴계는 명종의 이러한 불평을 들고 할 수 없이 취임할 수밖에 없었다.
반면에 남명은 25살 되던 1525년(중종 20)에 산사에서 『성리대전』을

---

56) 『增補 退溪全書』 I 卷 10, 書 答曺楗中, 283쪽.
57) 『明宗實錄』 卷 24, 明宗 13年 6月 乙酉.

읽다가 "뜻은 이윤(伊尹)의 뜻을 가지고, 배움은 안자(顔子)의 배움을 배운다. 나가면 하는 것이 있어야 하고, 물러나면 지키는 것이 있어야 한다."[58]고 한 대목에 이르러 깨달은 바가 있어 학문과 실천에 정진하고 벼슬길에 일체 나가지 않았다.

5. 도학 연구(道學硏究)

도학은 송대 이후에는 인간의 심성을 온전하게 발현해 인격적으로 완성함으로써 성인을 이루는 데 목표를 두고 있었다. 이른바 '염락관민(濂洛關閩)의 학(學, 性理學)'이다. 퇴계는 이러한 성리학(朱子學)을 대체로 그의 도학의 모본으로 삼았다. 율곡이 퇴계의 도학을 의양지미(依樣之味)가 있다고 말한 것도 그 때문이다.

퇴계의 도학은 철저히 수양론(修養論)으로부터 출발한다. 부정부패·부조리를 일삼는 훈구파들을 제어하고, 도학이 지배하는 세상을 만들기 위해서였다. 그러나 원시유학에서처럼 말로 실천을 내세우는 것만으로는 설득력이 약하다고 보았다. "왜 그래야 하는가"를 설명할 필요가 있었다. 그러기 위해서는 하늘을 끌어들일 필요가 있었다. 이에 심성론(心性論)은 우주론(宇宙論)과 연계시킨 것이다. 동양에서는 하늘을 '좋은 것' '착한 것'으로 치부하고 그 착한 천리(天理), 천성(天性), 천륜(天倫)을 인간의 심성에 끌어들여 이를 보존하고 악(惡)으로 떨어지지 않도록 해야 한다는 것이다.

'존천리(存天理)', '알인욕(遏人欲)'해야 한다는 것이다. 존천리, 알인욕하려면 '경(敬)'을 해야 한다는 것이다.[59] '경'이란 마음이 한군데로

---

58) 志伊尹之志 學顔子之學 出則有爲 處則有守, 『南冥先生集』, 附錄, 編年, 3쪽.
59) 이상은, 『퇴계의 생애와 학문』, 예문서원, 1999, 109쪽.

전일(專一)해 이리저리 헤매지 않는 것을 말한다. 주자는 이것을 '주일무적(主一無適)'이라 했다. 인간은 천리와 인욕(人欲)이 마음(方寸) 속에서 싸우는 존재이고, 그러므로 인간으로서 도덕적 완성을 기하려면 인욕을 제거하고, 본성 속에 있는 천리를 순조롭게 실현시켜야 한다는 것이다.60) 『서경』의 '인심유위(人心惟危) 도심유미(道心惟微) 유정유일(惟精惟一) 윤집궐중(允執厥中)', 『대학』의 '격치(格致)', '성정(誠正)', 『중용』의 '명선(明善)', '성신(誠信)' '진지(眞知)' '실천(實踐)' 등도 그러한 목적으로 강조된 것이다.61)

퇴계의 주리론(主理論), 이동론(理動論)은 이러한 배경에서 나온 것이며, 그 바탕에는 성선설(性善說)이 자리 잡고 있었다. 퇴계는 선학들의 구구한 이론들을 일일이 검증해 보고, 되도록 다른 사람의 의견을 받아들이되, 이치에 어긋나면 가차 없이 배격했다. 퇴계는 철저히 주돈이(周敦頤)·장재(張載)·정호(程顥)·정이(程頤)·주희(朱憙) 등 송나라 유학자들의 이론을 조술하되, 자기의 기준에 맞지 않을 경우에 한해 독자적인 견해를 내놓았지 처음부터 뾰족한 주장을 내세우지 않았다. 박학(博學)·심문(審問)·신사(愼思)·명변(明辯)·독행(篤行)의 학문태도를 견지한 것이다.62) 그가 주자학설을 수호하고, 불교나 양명학·노장 등을 이단으로 철저히 배격한 것도 그러한 결과였다.

퇴계는 본래 가문이 두드러진 사람도 아니며, 처음부터 도학만을 공부한 사람도 아니다. 처음에는 한적한 시골에서 자연을 벗삼아 풍월을 즐기던 시인이요, 문학도였다. 도연명을 존경한 것도 그 때문이다. 이런 그가 도학에 경도하게 된 것은 19세가 되던 1519년(중종 18)부터였다. 그는 이때 『성리대전』의 「태극도설(太極圖說)」·「시(詩)」 2

---

60) 동상, 112쪽.
61) 『增補 退溪全書』一, 疏 戊辰六條疏(成大 大東文化硏究院, 1971, 184쪽.
62) 이상은, 앞의 책, 110쪽.

권을 처음으로 얻어 읽고 자신도 모르게 마음이 즐겁고 눈이 열려 오래 읽을수록 점점 그 의미를 알게 되고, 마치 그 속으로 들어가는 길을 알 수 있을 것만 같았다고 한다.[63] 그리고 1523년 (중종 18) 퇴계가 성균관 하재에 유학했을 때 황상사에게서 『심경부주』 한 질을 종이를 주고 사서 반복 숙독해 의리의 학을 터득하는 데 큰 도움을 받았다고 한다.[64] 그 후 퇴계가 43세 되던 1543년(중종 38) 8월에 중종이 교서관에 명해 『주자대전』을 인간하라고 명했다. 이에 퇴계는 이를 홍문관에서 철저히 교열한 다음에 출판해야 한다고 주장하고 그 일을 전담했다. 퇴계는 더운 여름에도 문을 닫아걸고 종일토록 교정을 보았다. 주위 사람들이 그러다가 병이 나면 어쩌려느냐고 걱정하자 "이 책을 읽으면 문득 가슴이 시원해져서 스스로 더운 것을 알지 못하는데 병은 무슨 병이냐?"고 했다고 한다.[65] 즉 『성리대전』·『심경부주』·『주자대전』 세 책을 정독하고 도학에 심취하게 된 것이다. 시골에서 태어나 별로 훌륭한 스승이나 친구도 없이 공부하다가 서울에 올라와 도학서를 접하고 심취해 벼슬을 버리고 물러나 공부를 하고자 했으나 뜻대로 되지 않은 것이다.

그의 도학 이론을 정리해 보면 다음과 같다.

1) 우주론(宇宙論)

퇴계는 주돈이의 "無極而太極(무극이면서 태극이다)"을 백세 도술의 연원이라고 했다. 그래서 「성학십도(聖學十圖)」에도 제1도로 「태극도」

---

63) 『退溪全書』 27, 退溪先生年譜補遺 <上溪本> 卷 1, 29~30쪽.
64) 『退溪學文獻全集』 17, 退溪先生言行通錄 卷 2, 80~81쪽.
65) 『退溪全書』 27, 退溪先生年譜補遺 <上溪本> 卷 1, 37쪽.

와 「태극도설」을 실었고, 문생들에게도 늘 도학공부의 근거로 이를 강조했다. 또한 퇴계는 주자의 주장을 따라 태극은 이(理)이고, 음양(陰陽)은 기(氣)이며, 이인 태극이 기인 음양을 생한다고 했다. 그러니 이와 기는 일물(一物)이 아닌 서로 다른 것(二元)이라 했다.[66]

한편 퇴계는 이를 소이연(所以然)과 소당연(所當然)으로 나누고, 이는 형이상자(形而上者)로서 성취(聲臭)도, 방체(方體)도, 내외(內外)도, 정의(情意)도, 계도(計度)도, 조작(造作)도, 작위(作爲)도 없으나, 기는 형이하자(形而下者)로서, 경중(輕重)·청탁(淸濁)·수박(粹駁)·취산(聚散)·굴신(屈伸)·지귀(至歸)가 있다고 했다. 이는 무위(無爲)인데 기는 유위(有爲)·유욕(有欲)이며, 생멸(生滅)의 성질을 가지고 있다고 보았다.[67]

퇴계는 사물현상이 이와 기로 이루어진다고 생각했다. 그런데 둘 중에서 사물의 현상적 존재의 측면을 가리키는 것은 기이다. 그러므로 우주의 존재는 결국 기의 총화라고 할 수 있다. 기가 생멸하는 것이라면 기는 그보다 앞선 기에 의해 생겼다고 해야 할 것이다. 이것을 '일원지기(一元之氣)', 또는 '개벽지기(開闢之氣)'라고 한다.[68] 퇴계는 이 '일원지기'가 태극에 의해 탄생되었다고 한다.

그리고 이기는 불상리(不相離), 불상잡(不相雜)이라고 한다. 그런데 이는 치우치지 않는 데 비해 기는 치우치기 쉽고, 이가 기의 작용을 주재한다는 점에서 이우위설(理優位說), 이귀기천설(理貴氣賤說)을 부르짖었다. 이는 기가 있기 전에 있을 수 있지만 이가 없이 기만 있을

---

66) 퇴계는 '非理氣爲一物辯證'을 지어 花潭 徐敬德의 '氣一元論'과 整菴 羅欽順의 '理氣一物說'을 비판하고, '理氣가 決是二物'이라는 주자의 설을 지지했다.
67) 尹絲淳, 『退溪哲學의 研究』, 高大出版部, 48쪽.
68) 동상.

수 없다는 것이다.[69]

퇴계는 이가 움직이면 기가 따라서 움직인다고 했다. 그러나 이는 하는 것이 없다고 했는데 리가 어떻게 움직이느냐는 문제가 생긴다. 이에 대해 퇴계는 이의 체용설(體用說)을 제기한다. 이가 하는 것이 없다고 하는 것은 이의 체(體)를 말한 것뿐이요, 그 용(用)으로 말하면 이도 동정(動靜), 능발(能發), 능생(能生)할 수 있다는 것이다. 그는 주자의 이유동정설(理有動靜說)을 근거로 이동(理動)을 주장했다.[70] 그러나 이가 하는 것이 없다고 했으면서 이가 움직인다고 주장하는 근거는 충분치 못하다. 그런데도 이가 움직인다고 무리하게 주장한 까닭은 무엇인가? 그의 수양론(修養論)을 뒷받침하기 위해서였다.

2) 이기심성론(理氣心性論)

이기론은 수양론의 바탕인 심성론(心性論)의 근원을 밝히기 위해 연구되었다. 천지의 이가 만물에 품부된 것이 성(性)이라 한다. 따라서 천지의 이가 하나이므로 사람과 사물의 성은 다 같다. 그러나 기의 편정(偏正)에 따라 만물이 달라진다는 것이다. 인간은 정기(正氣)를 타고난 데 비해 사물은 편기(偏氣)를 타고난 차이가 있다는 것이다.[71]

퇴계는 마음(心)은 합리기(合理氣)요, 통성정(統性情)이라 했다. "고요하여 모든 것을 갖추고 있는 것이 성(性)이나, 이 성을 담고 있는 것은 심이요, 활동해 만사를 대응하는 것은 정(情)이나, 이 정을 베풀어 쓰는 것은 역시 심이다."[72] 이 심통성정설(心統性情說)은 장횡거(張橫

---

69) 금장태, 『퇴계의 삶과 철학』, 서울대학교 출판부, 1998, 152~153쪽.
70) 『朱子語類』 周子之書, 淳錄.
71) 금장태, 앞의 논문, 154쪽.
72) 『退溪集』 권 18, 12~13쪽.

渠)에게서 유래한다. 그리고 마음에 체용(體用)이 있으니 허령(虛靈)은 체(體)요, 지각(知覺)은 용(用)이라 한다. 성인(聖人)은 이를 따르며 성(性)을 실현하고 정(靜)으로서 동(動)을 제어하는 데 비해 중인(衆人)은 이가 기에 의해 지배당하고 동(動)에 빠져 정(靜)을 무너트린다는 것이다. 이는 주염계(周濂溪)의 주정설(主靜說)을 따른 것이다. 마음에는 미발(未發)의 성(性)이 갖추어져 있고, 이발(已發)의 정(情)이 나타날 때 의(意)가 선·악이 갈리는 계기를 제공한다는 것이다.[73]

다음은 사칠론(四七論)이다. 퇴계는 기고봉(奇高峯)과 이 문제를 가지고 8년간 논쟁했다. 퇴계는 1553년(명종 8)에 추만(秋巒) 정지운(鄭之雲)의 「천명도설(天命圖說)」 중 천명도를 교정하면서 추만이 "四端發於理 七情發於氣"라 한 것을 "四端理之發 七情氣之發"로 고쳤다. 이에 고봉은 사단과 칠정이 다같이 정(情)에 속하는 것인데, 사칠(四七)을 이·기에 상대시켜 보는 것은 이기불상리(理氣不相離)의 원칙에 어긋난다는 것이라 공격했다. 퇴계는 제1서에서 『주자어류』에 "四端是理之發 七情是氣之發"이라고 한 말을 들어 자기의 말이 맞을 뿐 아니라 정지운의 말도 틀린 것이 없다고 했다. 그리고 고봉의 이론은 정암(整菴) 나흠순(羅欽順)의 이기일원론(理氣一元論)에 빠진 것이고, 기(氣)를 성(性)으로 보는 폐단이 있다고 비판했다.[74] 이기호발설(理氣互發說)과 이기일원론(理氣一元論)의 대결이다.

그러나 퇴계는 제2서에서 고봉의 의견을 참작해 "四則理發而氣隨之 七則氣發而理乘之"라고 고쳤다. 고봉은 사칠을 "실지는 같으나 명칭만 다르다"고 했고, 퇴계는 차이가 없는데 명칭만 다를 수 없다고 했다. 그리고 고봉이 주자의 말까지 무시한 데 대해 "성현의 글을 그대로 순순히 받아들이고, 자기의 고집을 버리도록 충고했다.[75]

---

73) 『退溪集』 續集 卷 8, 18쪽.
74) 『退溪集』 卷 16, 162쪽.

고봉은 제3서에서 주자의 말은 좌우를 상대시켜 말하는 대설(對說)이 아니라, 사단을 칠정 속에서 발라내어 상·하로 말하는 인설(因說)이라고 주장했다.76) 나아가서는 사칠을 "情之發也 或理動而氣俱 或氣感而理乘"으로 하면 어떻겠느냐고 했다. 이에 대해 퇴계는 고봉이 기를 이로 보는 병통이 있다고 비판하고 더 이상 논전하지 말 것을 제안했다. 지나친 논쟁이 도학의 실천에 보탬이 되지 않고, 더 이상 주장하거나 양보할 것이 없다고 생각했기 때문이다.77)

그러면 퇴계가 반론이 분분했음에도 불구하고 주리설(主理說)을 고집한 것은 무슨 까닭인가? 그것은 4대 사화로 혼탁해진 사회에서 훈구파를 제압하고 사림들이 정치를 주도해 갈 수 있는 도학정치의 이데올로기를 확립하기 위해서였을 것이다. 천리가 인간에게 품부된 인성(人性)을 사욕으로부터 보호하기 위해 수양론을 확립할 필요가 있었던 것이다. 우주론과 심성론의 결합을 통해 하늘의 권위를 인간세계에 연결시킨 것이다. 그리고 그것이 군(君)·사(師)·부(父)의 권위를 확립해주는 강력한 통치논리가 되기도 했다. 16세기 유학이 이기심성론을 중심으로 발달한 것도 그 때문이다.

3) 의리(義理)의 행(行)

사단(四端)은 인의예지(仁義禮智)를 미루어 알 수 있는 인간의 본성이다. 이는 본능적인 식색(食色)의 성과 구별되는 '선한 본성'이다. 성선(性善)이 그것이다. 퇴계가 덕성(德性) 중 '인(仁)'만이 의리의 행(行)을 실현한다고 한 것은 '인'이 대표적인 원덕(元德)이기 때문이다.78)

---

75) 금장태, 앞의 책, 166쪽.
76) 李相殷, 四七論辨과 因說의 意義,『아세아연구』49, 1973, 33쪽.
77) 금장태, 앞의 책, 168쪽.

일찍이 동중서(董仲舒)는 인의예지에 '신(信)'을 보태 '오상(五常)'으로 하고, 주자가 '오상'을 '오륜(五倫)'의 도리로 삼았다. 퇴계는 '오륜'을 '오상'의 본성(덕성)에서 나왔다고 생각했다. 따라서 본성(자연성)은 의리행(義理行)의 도리라는 것이다. 이는 인간의 윤리행위를 필연적인 것으로 간주하는 사고이다. 다시 말하면 소이연지이(所以然之理)와 소당연지칙(所當然之則)을 동일시하는 견해요, 인간의 도덕적 수양을 순선(純善)인 하늘(天道)로부터 연원하는 것으로 설정하고자 한 것이라 할 수 있다.[79] 원래 본성=의리행의 도리라는 사고는 이미 이천(伊川) 정이(程頤)의 '성즉리(性卽理)'에서 정식화된 것이었다. 퇴계는 바로 이 이천의 주장을 계승해 이의 의미를 소당연과 소이연이 일치하는 것으로 생각한 것이다.[80]

본연지성(本然之性)은 하늘에서부터 품부받은 것으로 본래부터 선하다. 그러나 기질지성(氣質之性)은 기질(氣質)에 의한 본능적 욕구에 가려 '의리의 행'과 반대되는 악으로 떨어질 수 있다. 퇴계는 기질 자체를 악하다고 보지는 않았다. 그러나 기의 '유위'·'유욕' 때문에 선·악으로 갈릴 수 있다고 했다.[81] 그러므로 '존천리(存天理)' '알인욕(遏人欲)'이 심학(心學)의 기본목표라는 것이다.

4) 거경궁리(居敬窮理)

그러면 어떻게 해야 '존천리' '알인욕' 할 수 있는가? '경(敬, 居敬·持敬)'을 해야 한다는 것이다. '경'은 주돈이의 '주정(主靜)'과 정이의

---

78) 尹絲淳, 앞의 책, 147쪽.
79) 동상, 148쪽.
80) 동상, 149~150쪽.
81) 동상, 188~189쪽.

'주경(主敬)'에서 연원한다.[82] 퇴계는 또한 '정일(精一)'을 하면 '존천리' '알인욕' 할 수 있다고 했다.[83] '정일(精一, 主一·集一)'이란 정신 집중을 뜻한다. '경'의 태도이다. 그러므로 '경'은 일심의 주재라는 것이다. '정일'을 하면 '성(誠)'의 사태에 들어간다는 것이다. 인간은 자기 스스로 성실하고 반성할 때 리이 능력이 들어나서 '존천리' '알인욕'이 된다는 것이다.[84]

이러한 이론은 『서경』의 '惟精惟一 允執厥中', 『중용』의 '중(中)'에서 비롯되었다. '중'은 심성의 미발(未發, 本然之性)을 의미한다. 이것은 천하의 대본(大本)이다. '본연지성'은 태극(太極)을 의미한다. 그러므로 '존천리'란 단순히 인간의 감성적, 합례적 행위에 그치는 것이 아니라 우주질서와 맞물려 있는 당위(當爲)로 인식되고 있었던 것이다. 이것은 이로서 하늘과 인간을 합일하는 천인합일(天人合一)의 경지에 도달하는 것임을 알 수 있다.[85] 결국 '의리의 행'으로서의 인륜을 실행하면 그 결과는 사회질서만 바로잡는 데 그치지 않고, 자연질서와도 합치될 수 있다는 것이다.

퇴계는 무진육조소(戊辰六條疏)에서 수신(修身)과 성찰(省察)을 강조했다. 인간을 공경하는 데 끝나는 것이 아니라 하늘을 공경하고 두려워해야 한다는 것이다. 그렇지 않으면 하늘이 재해를 내려 견책한다는 것이다. 동중서의 천인감응설(天人感應說)이 그것이다.

경(敬)은 동시(動時)와 정시(靜時)에 따라 실천방법이 다르다. '계구(戒懼)'는 마음이 아직 발동하기 전의 공부요, '체찰(體察)'은 마음이

---

82) 퇴계는 宋代에 앞서 堯의 '欽明', 舜의 '兢業', 湯의 '聖敬', 武王의 '敬勝', 孔子의 '行篤敬'과 '修己以敬'도 居敬의 연원이라 했다. 『退溪集』卷 37, 書 答李平叔.

83) 동상.

84) 聖學十圖

85) 尹絲淳, 앞의 책, 131쪽.

활동할 때의 공부이다. 경은 양자를 관통한다. 그러나 사람들이 고요함이 지나쳐 불교의 선(禪)이나 도교의 허무(虛無)에 빠지는 수가 있다는 것이다. 또한 퇴계는 수양방법으로서 '구방심(求放心)', '양덕성(養德性)'을 중시했다. 이는 내적인 마음의 수양이요, '삼성(三省)', '삼귀(三貴)', '사물(四勿)', '구용(九容)', '구사(九思)'는 외적인 마음의 수양이다. 이러한 '경'의 태도는 '정재엄숙(整齋嚴肅)'의 절도이며, '주일무적(主一無適)'의 자세요, '기심수렴(其心收斂)', '상성성(常惺惺)', '구방심(求放心)'의 방법이다.[86]

궁리(窮理)는 사물이나 일에 있는 이를 인식하는 것이다. 인식한다는 것은 인간의 마음이 가지고 있는 지각능력으로 사물에 내재해 있는 법칙·원리로서의 이를 깨닫는 것이다. 마음은 허령(虛靈)과 지각(知覺)으로 나눌 수 있는데 '허(虛)'는 이요, '령(靈)'은 이기의 결합이라 한다. 마음의 허령한 본체가 사물에 깃들어 있는 이를 인식한다는 것이다. '격물치지(格物致知)'가 그것이다. 이때 마음의 지각작용을 '능각(能覺)'이라 하고, 지각대상이 되는 사물의 이를 '소각(所覺)'이라 한다. 퇴계는 처음에 마음의 지각활동이 사물의 이를 궁구하는 것이요, 대상의 이는 수동적으로 마음의 지각을 기다리는 것으로 이해했으나, 뒤에 기대승(奇大升)이 '이자도설(理自到說)'을 제기하자 '격물(格物)'은 내가 궁구해서 사물의 극처(極處)에 이르는 것을 말하지만, '물격(物格)'은 물리의 극처가 나의 궁구하는 바에 따라 인식되는 것이라고 바꾸었다. 이러한 인식론은 퇴계가 이의 주관성, 능동성을 인정한 것이라 할 수 있다. 철저한 객관적 관념론이다. 그런데 이때의 사물의 이는 자연법칙적, 객관적이라기보다 시비·선악을 밝히는 가치론적인 이, 곧 도덕리(道德理)라는 점을 주목해야 한다. 그러니 퇴계의 인식론

---

86) 금장태, 앞의 책, 180쪽.

은 수양론에만 국한되어 있는 것이 아니라, 본체론까지 포괄하고 있음을 간과해서는 안 된다.

5) 양명학(陽明學) 비판

퇴계의 철학은 주자학을 모본으로 했다. 따라서 주자학에 저촉되는 다른 사상은 철저히 배격했다. 무속·불교·도교는 말할 것 없고, 같은 유학 중에서도 육상산(陸象山)·왕양명(王陽明)의 심학(心學)[87]과 나정암·서화담의 기학(氣學)도 배격했다. 무속은 고려 말에 안향(安珦) 등에 의해 배격되었고, 불교는 국초에 정도전(鄭道傳) 등에 의해 배척되었으며, 도교는 중종조에 조광조 등의 소격서(昭格署) 혁파로 배제되었다. 여기에 퇴계는 명나라에 유행하고 있는 양명학까지 배격한 것이다.

퇴계는 육상산의 학문을 "돈오(頓悟)의 학문"이라 매도하고, 육상산이 궁리는 정신을 피로하게 한다고 하고 문학(問學)의 공부는 하지 않는다고 비난했다. 그러니 "불립문자(不立文字)" "견성성불(見性成佛)"을 내세우는 선학(禪學)과 같은 이단이라고 했다.[88] 퇴계는 백사(白沙) 진헌장(陳獻章)에 대해서도 그가 성현의 훈계를 완전히 저버린 것은 아니나 끝내 선학의 방법으로 전락했다고 부분적으로 비판했다.

이에 비해 양명학은 크게 잘못 되었다고 비판했다. 퇴계는 양명에 대해 "그 마음은 강하고 사나우며, 스스로 자기 주장을 내세우니, 말이 장황하고 휘황찬란해 사람으로 하여금 현혹되어 지키는 바를 잃게

---

87) 도학도 심성론을 중시하므로 '심학'이라 하기도 하지만 여기서는 心卽理說을 주장하는 陸王의 학문을 말한다.
88) 李瀷, 『李子粹語』 卷 4, 異端.

하니, 인의를 해치고 천하를 현란시킬 자는 반드시 이 사람이 아니라 하지 못하리라"고 했다.[89]

6) 도통(道統)의 확립

도통이란 도학(道學)의 학통을 말한다. 도학이란 좁은 의미로 주돈이-장재-정호-정이-주희로 이어지는 송대의 성리학통을 의미한다. 그러나 넓은 의미로는 한유(韓愈)의 「원도(原道)」에서 거론된 요-순-우-탕-문왕-무왕-주공-공자-맹자까지를 포함하고 그 이후에 도통이 끊어졌다가 주돈이에 의해 다시 이어진 것으로 되어 있다.[90] 전자를 도학적 도통론이라 하고, 후자를 전통적 도통론이라 한다. 그러나 여기서 말하는 도통론은 전자를 의미한다.

고려시대에는 최치원(崔致遠)·설총(薛聰)·안향(安珦) 등 세 사람만 문묘에 종사되었다. 그리고 1409년(태종 9)에는 성균관에서 이제현(李齊賢)·이색(李穡)·권근(權近)의 문묘종사가 논의되었다. 여기까지는 도학과 무관하다.

도학자의 문묘종사가 논의되기 시작한 것은 조광조 등 사림파가 정권을 잡았던 중종 초부터였다. 즉, 1510년(중종 5) 10월에 정언 이여(李膂)가 정몽주의 문묘종사를[91], 1517년(중종 12) 8월에 성균생원 권전이 김굉필의 문묘종사를[92] 요구한 것이 그것이다.

---

89) 『增補 退溪全書』 卷 41, 雜著 白沙詩教傳習錄抄傳因書其後, 成大 大東文化研究院, 1971, 335~336쪽.

90) 물론 韓愈·李翱 등이 끊어진 도통을 이었다고 주장하기는 하나 남송대의 도학자들은 이를 인정하지 않는다. 金泳斗, 朝鮮前期 道統論의 展開와 文廟從祀(西江大 博士學位論 文, 2005, 27쪽.

91) 『中宗實錄』 卷 12, 中宗 5年 10月 辛丑

92) 『中宗實錄』 卷 29, 中宗 12年 8月 庚戌.

이 이후로 사림파들은 관학파를 제치고 정몽주-길재-김숙자-김종직-김굉필-조광조를 조선도학계보(朝鮮道學系譜)로 부각시켰다. 정몽주와 길재는 절의(節義)로서, 김굉필과 조광조는 도학으로 거론되었다. 김종직은 서장(詞章)에 치우치고 「조의제문(弔義帝文)」을 지어 훈구파들의 배격을 받아 종사 대상에서 빠졌다. 김숙자는 길재와 김종직을 연결시키기 위해 일시 들어갔고, 김굉필은 조광조의 스승이라 들어갔으며, 정여창은 뒤에 김굉필의 친구로서 비슷한 공적이 있다고 해 들어갔다.[93] 그러나 국왕과 훈구파들이 이들의 문묘종사에 소극적이어서 1517년(중종 12) 9월 17일에 정몽주만 문묘에 종사되었다.[94]

그 후 1567년(선조 즉위년) 10월에 선조가 즉위하고 사림의 세상이 돌아오자 기대승(奇大升)은 김굉필 이외에 조광조와 이언적을 표창·추존하자고 했고[95], 11월에 퇴계는 김굉필·정여창·조광조·이언적 등 이른바 4현을 현창할 것을 제안했다.[96] 정여창은 훈구파와의 협상카드로 들어간 것 같다. 퇴계는 김굉필조차도 도문학(道問學) 공부에 미진하다고 했고[97], 조광조도 학문이 충실치 못한 데 개혁을 조급하게 서둘다가 사림파를 낭패하게 했다고 평하고 있다.[98]

그러나 조광조는 타고난 자질이 뛰어나고, 뜻이 좋다고 해 스스로 행장을 지어 그 업적을 높이 평가했으며,[99] 이언적은 을사사화 때 재판관을 했다는 등 사림의 비난을 받는 사람인데도 역시 행장을 자진해

---

93) 金泳斗, 앞의 논문, 73~83쪽.
94) 『中宗實錄』卷29, 中宗 12年 9月 庚寅.
95) 『宣祖實錄』卷 1, 宣祖 卽位年 10月 己酉.
96) 『宣祖實錄』卷 1, 宣祖 卽位年 11月 乙卯.
97) 『退溪集』卷 2, 書 答李文楗.
98) 金誠一, 退溪先生言行錄.
99) 李滉, 『增補 退溪全書』二, 卷 48, 靜菴趙光祖行狀(成大 大東文化研究院) 1971. 471~476쪽.

지어 도학에 기여한 공로를 높이 평가했다.[100] 주자가 주돈이의 「태극도설」을 그의 주리론의 출발로 삼은 것처럼 퇴계는 이언적의 무극태극설을 그의 주리론의 출발로 삼았다.

그러다가 1570년(선조 3)에 퇴계가 죽자 4현종사는 5현종사로 바뀌었다. 그러나 동서분당이 된데다가 선조의 소극적인 태도 때문에 뜻을 이루지 못하다가 1610년(광해군 2) 7월에 드디어 5현종사가 실현되었다. 광해군은 정통성이 약한 군주였다. 적자도 장자도 아니었기 때문이다. 그러니 사림의 지지까지 받지 못하면 왕통을 지키기 어렵다고 여긴 것이다. 그리하여 정인홍(鄭仁弘)의 회퇴변척(晦退辨斥)이 있었기는 했지만 5현이 문묘에 종사되었고, 이로써 퇴계가 의도했던 대로 도통이 확립되었다. 그 결과 김안국(金安國), 노수신(盧守愼) 등 당대의 명유들은 도통에서부터 멀어지게 되었다.

6. 맺음말

퇴계가 살던 16세기 조선사회는 훈구파에서 사림파로 정권이 바뀌는 과도기였다. 퇴계는 조광조가 주창하던 도학정치가 기묘사화로 좌절되자 사림세력을 결집하고 재훈련시키기 위해 도학 이론을 정립하고, 도통을 확립하며, 향약을 실시하고 서원을 설립했다. 물론 이러한 일은 퇴계 혼자 한 것은 아니다. 김굉필·정여창·조광조·조식 등은 도학 실천에, 이언적·이황·이이·기대승 등은 도학 이론을 정립하는데 공헌했다. 그리하여 사림정치의 이론적 틀이 정립된 것이다. 훈구파의 부정부패를 비판하고 사림들의 청신한 선비문화를 일으키기 위해서는 이기심성론의 정립이 필요해서였다. 착한 마음을 유지하기

---

100) 李滉, 『增補 退溪全書』 二, 卷 49, 晦齋李先生行狀.

위해서는 인간의 마음에 품부된 선심(善心)을 경(敬)을 통해 지켜야 한다는 것이다. 그러기 위해서는 일차적으로는 스스로 천도를 실천에 옮기는 수기를 우선해야겠지만, "왜 그래야 하는지를 이론적으로 밝힐 필요가 있었던 것이다.

그러나 퇴계가 일찍부터 도학 연구에 앞장 선 것은 아니었다. 처음에는 시골에 있는 한미한 가문에 태어난 문학도로서 가문을 일으키기 위해 과거시험을 보아 벼슬살이를 한 과거관료였다. 그러나 벼슬을 하기 위해 서울을 드나드는 길에 『성리대전』·『심경부주』·『주자대전』 등의 도학서를 구해보고 도학에 심취하게 되었다. 그리하여 43세 되던 1543년(중종 38)부터 벼슬을 버리고 도학 연구에 몰두하려 했으나, 사림정치를 구현하려는 국왕과 유신(儒臣)들에 의해 유종(儒宗)으로서 계속 관직에 붙들려 있었다. 그리하여 정1품 벼슬까지 지내면서, 사직과 출사를 반복할 수밖에 없었다.

그러나 뜻은 이미 고향에 물러나 도학 연구와 제자양성, 저작활동에 몰두하는 데 있었다. 퇴계는 37년 간 관직세계에 있으면서 부단히 사직소를 올렸다. 병 때문이기도 하지만 도학 탐구가 절실했기 때문이다. 그리하여 70평생 많은 책을 썼고, 많은 제자를 길렀다. 도산서당은 그 중심지가 되었다. 이에 퇴계는 관직의 극품(極品)을 받았고, 두세 번 위기는 있었으나 귀양 한 번 간 적이 없으며, 당쟁이 있기 전이라 전국의 인재를 제자로 맞아들일 수 있었다. 도산서당과 같은 경치 좋은 곳에 교육장을 마련해 제자들과 함께 청량산을 오르내리며 「도산십이곡(陶山十二曲)」을 부를 수 있었다. 이만하면 퇴계는 완인(完人)이라 할 수 있다.

퇴계의 도학은 수양론(修養論)으로부터 출발한다. 문치주의, 사림정치의 근본은 심성을 깨끗이 하는 것이었다. 본래 마음은 천리를 품부받아 착하다고 본다. 성선설이다. 이 착한 마음이 하늘에서 온 까닭에 주리론이 성립된다는 것이다. 심성론을 우주론에 연결시킨 것이다.

퇴계의 도학은 주돈이－장재－정호－정이－주희를 잇는 송대 도학자들의 이론을 이어받았다(도학적 도통론). 그중에서도 특히 주희의 이론을 조술(祖述)했다. 자기의 이론과 다르지 않는 한 그러했다. 율곡이 퇴계의 유학을 '의양지미(依樣之味)'가 있다고 한 것도 그 때문이다. 그러나 조선적 성리학을 확립하는 데 필요한 부분은 과감하게 자기 이론을 개진했다.

퇴계는 주염계의 "無極而太極(무극이면서 태극이다)"을 백세도술의 연원이라고 했다. 그리고 태극은 이이고, 음양은 기라고 한 주자의 말을 지지했다. 퇴계는 이에는 소이연과 소당연이 있으며, 이는 형이상자로서 무위인 데 비해, 기는 형이하자로서 유위라고 했다. 또한 이기는 불상잡, 불상리라고 해 이기가 섞여 있어서 분개(分開)할 수 없다고 했다. 그리고 이는 치우치지 않는데 기는 치우치기 쉽고, 이는 기의 작용을 주재한다는 점에서 이우위론(理優位論), 이귀기천론(理貴氣賤論)을 주장했다.

퇴계는 이동(理動)을 주장한다. 사단은 이가 발한 것으로 순선이요, 칠정은 기가 발한 것으로 선할 수도 있고, 악할 수도 있다는 것이다. 이른바 사단칠정론이다. 그런데 고봉(高峯)이 이는 무위인데 어떻게 동하느냐고 비판하자, 이의 체용론을 내세운다. 즉, 이가 무위라는 것은 이의 체(體)를 말한 것이요, 그 용(用)으로 말하면 이도 동정(動靜)이 있다는 것이다. 그러면 퇴계가 반론이 있는데도 불구하고 주리론(主理論), 이동론(理動論)을 주장한 까닭은 무엇인가? 훈구파의 부정부패를 바로잡기 위해 수양론을 강화할 필요가 있어서이다.

착한 마음을 지키기 위해서는 경(敬)을 해야 한다고 했다. '존천리' '알인욕'이 과제라는 것이다. 이러한 경의 태도는 '정제엄숙(整齊嚴肅)'의 절도이며, '주일무적(主一無迪)'의 자세요, '기심수렴(其心收斂)'·

'상성성(常惺惺)'·'구방심(求放心)'의 방법이라는 것이다. 경은 인간을 공경하는 데 끝나는 것이 아니라 하늘을 공경하고 두려워해야 하는 데까지 이르러야 한다는 것이다. 이른바 '천인감응설'이 그것이다. 임금이 실덕하면 하늘이 재이를 내려 천견(天譴)을 한다는 것이다. 경천(敬天), 외천사상(畏天思想)이다. '계구(戒懼)'는 마음이 동하지 않은 고요할 때의 공부요, '체찰(體察)'은 마음이 동할 때의 공부이며, 경은 양자를 관통한다고 했다.

궁리는 사물이나 일에 있는 이를 인간의 마음이 가지고 있는 지각능력으로 인식하는 것이라 한다. 퇴계는 처음에 마음의 지각활동이 사물의 이를 궁구하는 것이고, 대상의 이는 수동적으로 마음의 지각을 기다리는 것으로 이해했으나 고봉의 '이자도설(理自到說)'을 듣고는 '격물'은 내가 궁구해서 사물의 극처에 이르는 것을 말하지만, '물격'은 물리(物理)의 극처가 나의 궁구하는 바에 따라 인식되는 것이라고 바꾸었다.

퇴계는 주자학에 반대되는 무속·불교·도교뿐 아니라 같은 유교 중에서도 육왕학, 서경덕의 기학(氣學), 나흠순의 이기일원론 등을 이단으로 몰아 배격했다. 이러한 순정주자학은 주자학을 이데올로기로 확립하는 데는 성공했으나, 주자학의 독선화, 교조화가 조선 후기 사상의 유연성을 떨어트려 근대화에 적응하는 데 저해적인 역할을 하기도 했다.

남명(南冥) 조식(曺植)의 생애와 사상

1. 머리말

16세기는 훈신정치에서 사림정치로 이행하는 과도기였다. 이러한 과도기에 사림들은 훈신들에 의해 여러 차례 사화를 당해 출세의 길이 막히고 은둔생활을 하지 않을 수 없었다. 그러나 이들의 은둔은 현실 참여를 완전히 포기한 것이 아니라 새로운 사회를 창출하는 준비이기도 했다. 사림들은 부단히 중앙정계로 진출해 훈구대신들의 독주를 막고 철저한 수양론을 바탕으로 개혁을 시도하고 있었다.

이러한 과도기에 있어서 두 가지 출처관이 대두했다. 당시의 정국이 한번 출사(出仕)해 볼 만하다는 퇴계의 견해와 아직 그러한 분위기가 무르익지 않았다는 남명의 견해가 그것이다. 퇴계는 자신은 물론 제자들을 정계에 진출시켜 조선적 주자학을 이론적으로 정립함으로써 국가의 이념을 창출하는 데 공헌했다. 반면에 남명은 이기심성론과 같은 의리론은 부질없는 것이며, 경의(敬義)를 실천하는 철저한 수양이 필요할 때라고 보았다. 퇴계는 경상좌도, 남명은 경상우도에 깊은 영향을 미쳤다. 퇴계는 상인(尙仁), 남명은 주의(主義)를 주장해 당시만

해도 두 학파는 어등비등했다. 이 두 학파는 정치적으로 남인과 북인으로 갈려 대립하기도 했으나 인조반정으로 남명의 북인이 몰락함으로써 퇴계학통이 정통으로 되었다.

기호학파에는 화담학파가 상당한 영향력을 가지고 있었다. 그러나 화담학파도 남명학파와 함께 북인정권에 참여했다가 인조반정으로 몰락했기 때문에 이 빈자리에 율곡학파가 급조되어 순정 주자학의 기치를 들고 나왔다. 그리하여 17세기 이후는 기호의 율곡학파의 서인과 영남의 퇴계학파의 남인이 주도하게 되었다. 그 결과 남명이나 화담 등의 처사형 지식인이 가지고 있던 사상의 다양성은 사양길에 들었고 퇴계·율곡학통이 사상계를 지배해 오게 되었다. 이는 문화의 폭을 넓히지 못한 결함으로 지적되기도 한다.

그러므로 현재의 차원에서 퇴계·율곡의 사상과 아울러 남명·화담의 사상을 재조명해보는 것은 무의미한 일이 아니다. 남명의 생애와 사상을 재조명해 보려는 의도도 여기에 있다.

2. 남명(南冥) 조식(曺植)의 생애

남명 조식(1501~1573)은 1501년(연산군 7) 6월 26일(음력)에 외가(外家)에 있던 경상도 삼가현(三嘉縣) 토동(兎洞)에서 태어났다. 아버지는 조언형(曺彦亨)이요 어머니는 인천이씨(仁川李氏)이며 본관은 창령(昌寧)이다. 외할아버지는 충순위(忠順衛) 이국(李菊)의 가문은 그의 증조 이안습(李安習) 때 삼가현 판현(板峴)에 입향한 이후 토동에 세거해 왔다. 전하는 말에 의하면 어떤 술사(術士)가 이국의 토동 집터를 살펴보고 "이 땅에서 어느 해 성현(聖賢)이 나올 것이다"고 예언했다 한다. 이때 용모가 수연(粹然)하고 성음(聲音)이 홍량(洪亮)한 남명이 태어났고 태어날 때 집 앞 팔각정(八角亭)에 무지개가 피어올라 방을 환하게 비췄다고 한다. 이를 보고 이국은 술사의 말이 들어맞았다고 생각했다고 한다.[1]

남명의 연보(年譜)·묘지명(墓誌銘)등을 기조로 남명의 생애를 정리해 보면 다음과 같다.[2]

조식의 자는 건중(楗仲)이요, 호는 남명(南冥), 또는 산해(山海), 또는 방장노자(方丈老子), 또는 방장산인(方丈山人)이라 했다. 창령조씨(昌寧曺氏)는 고려 말 토성이족(土姓吏族)으로서 고려 태조 때 조서(曹瑞)가 덕릉공주(德陵公主)의 아들로서 형부원외랑(刑部員外郎)을 지낸 이후 현달해 누대로 개경에서 벼슬살이를 했다.

그러다가 고려 말에 문중에서 조민수(曹敏修)가 위화도회군(威化島回軍)에 성공해 권문(權門)으로 발돋움했다. 그러나 조민수가 이성계에게 숙청당해 가세(家勢)가 기울기 시작하다가, 고려 말에 고조 조은(曹殷)이 중랑장을 지내기는 했으나 조선 초기에 증조 조안습(曹安習) 때 개경에서 삼가현으로 낙향했다. 조안습은 생원을 지냈으나 벼슬에 오르지 못했고, 할아버지 조영(曹永)은 벼슬하지 않았으나 아버지 조언형(曹彦亨)이 문과에 급제해 승문원 판교 직에 올랐고, 숙부 조언경(曹彦卿)은 이조좌랑에 올라 현달했다. 그러나 조언경이 기묘사화로 죽음을 당하고 아버지 조언형도 좌천되어 벼슬길이 순탄치 않았다. 조언형은 성품이 강직하고 권세가에 아부할 줄 몰랐다고 한다. 이러한 기질이 아들인 남명에게도 일정한 영향을 미쳤을 것으로 생각된다.

조언형은 그곳 토성인 인천이씨 이국(李菊)의 딸에게 장가들어 조식(曹植)·조환(曹桓) 두 아들과 세 딸을 낳았다. 조식은 정실(正室)에서 아들 조차산(曹次山)을 낳았으나 일찍 죽고, 딸 하나는 만호 김행(金

---

1) 南冥先生年譜 編年.
2) 南冥先生年譜, 南冥先生墓誌銘, 成運 撰.

行)에게 시집갔다. 그리고 부실(副室)에서 조차석(曺次石)·조차마(曺次磨)·조차정(曺次叮) 삼 형제를 두었다. 이국의 네 딸은 이공양(李公亮), 현감 정운(鄭雲), 정백영(鄭白永), 정사현(鄭師賢)에게 시집갔다. 그 중 정운은 두 아들을 두었는데 첫째인 정준민(鄭俊民)은 판서를 지냈고, 둘째 아들 정헌민(鄭憲民)은 생원을 지냈다. 남명의 가계도를 그려 보면 다음 표와 같다.3)

남명 조식의 가계도

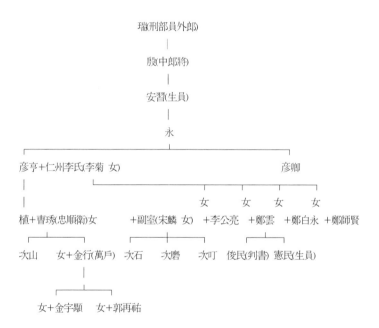

3) 註 2)와 같음.

남명은 어려서부터 총기가 뛰어나고 성품이 강건, 정중하여 어른과 같았다 한다. 아버지로부터 가학(家學)으로 가르침을 받았는데 배우는 것마다 모두 암기했다고 한다. 7살부터 공부를 시작했는데 스스로 열심히 익히고 모르는 곳이 있으면 반드시 질문하여 이해한 다음에 그만두었다. 그런데 9살에 병이 위독하여 어머니가 걱정하자 "하늘이 나를 낳았으니 어찌 공연한 일이겠습니까. 다행히 남자로 태어났으니 하늘이 반드시 해야 할 사업을 주셨을 테니 어찌 일찍 죽을까봐 걱정할 일이겠습니까" 라고 했다 한다.

18세에 아버지가 단천(端川)군수로 있다가 서울 집으로 돌아왔을 때 따라가 그곳에서 열심히 공부해 천문(天文), 지지(地志), 의방(醫方), 수학(數學), 궁마(弓馬), 행진(行陣), 관방(關防), 진수(鎭戍)에 통달하지 않은 바 없었다. 이때 이웃에 살던 대곡(大谷) 성운(成運)과 깊이 사귀었다. 또한 뜻을 보존하기 위해 매일 새벽 정화수를 한 그릇 받쳐 들고 밤새도록 움직이지 않았다고도 한다. 19살에 친구들과 함께 산사(山寺)에서 『주역(周易)』을 읽었는데 주역이 어렵다 하는 것은 사서를 숙독하지 않았기 때문이라고 했다 한다. 이해 12월에 정암(靜菴) 조광조(趙光祖)가 죽었다는 소식을 들었으며 이때 숙부 조언경도 연루되어 죽었다. 이를 보고 사림(士林)의 진출이 어려운 것을 알았다. 20세 되던 1520년(중종 15)에 어머니의 강권으로 생원진사시와 문과 초시에 응시해 합격했으나 다음 해 있는 생진회시는 그만두고 문과회시에는 떨어졌다. 소과(小科)는 자기 일시적인 영달을 위한 것뿐이요, 출사의 길이 아니라고 해서 소과는 포기하고 문과만 응시한 것이다.

22세 되던 1522(중종17)에 남평조씨(南平曹氏) 충순위(忠順衛) 조수(曹琇)의 딸에게 장가갔다. 25세 되던 1525(중종 20)에는 다시 친구들과 함께 산사에서 『성리대전』을 읽었는데 이것이 남명의 학문을 좌우하는 계기가 되었다. 남명은 『성리대전』을 읽다가 원나라 노재(魯齋)

허형(許衡)의 "뜻은 이윤(伊尹)의 뜻을 갖고, 학(學)은 안자(顔子)의 학을 배운다(志伊尹之志 學顔子之學)"는 대목에 이르러 크게 깨달은 바 있었다. "출처(出處)를 분명히 해 나가면 하는 것이 있어야 하고 물러나면 지킴이 있어야 한다(出則有爲 處則有守)"는 것이다. 남명이 벼슬하여 현실 참여하는 것을 원초적으로 거부한 것이 아니라, 나가서 자기의 뜻을 펼 수 없는 바에야 물러나 처사(處士)로서 뜻을 지키는 것이 낫다는 생각이었다. 당시 사림이 화를 입을 때이니 출사의 때가 아니요 처사로서 뜻을 지켜야 할 때라는 것이다. 그리하여 "성리(性理)를 궁구해 경의(敬義)를 실천한다(祇窮性理 居敬集義)"는 모토를 가지고 경의(敬義)를 강조하기에 이른 것이다. 그는 정자(程子)의 사물잠(四勿箴)을 경(敬)의 실천의 모본으로 삼았다.

남명은 공자(孔子)·주자(周子)·정자(程子)·주자(朱子)의 상을 산천재(山天齋)에 모셔 놓고 매일 아침 예를 갖추었으며, 평상시에도 일찍 일어나 관대(冠帶)를 띠고 가묘(家廟)와 선성(先聖), 선사(先師)에 배례했다.

1526년(중종 21) 3월에 아버지인 조언형(1469~1526)이 서울 집에서 58세를 일기로 돌아갔다. 조언형은 청직(淸直)한 사람으로 일찍이 지방관으로 나가라고 했을 때 병을 이유로 나아가지 않았기 때문에 삭탈관작의 처벌을 받았는데 남명이 신원(伸寃)을 요구해 복관되었다. 삼가현(三嘉縣) 관동(冠洞 또는 枸洞)-선영(先塋)이래 장사지내고, 3년(1526~1528) 동안 여묘(廬墓) 살이를 철저히 했다. 복(服)을 마치면서 아버지의 묘갈명(墓碣銘)을 짓고, 대곡 성운과 두류산(頭流山, 智異山)을 돌아보았으며, 다음 해 정월에는 도굴산(闍掘山)에 들어가 공부했다.

30세 되던 1530년(중종 25)에는 처가가 있는 김해(金海)의 탄동(炭洞-주영동(主營洞) 신어산(神魚山) 밑에 산해정(山海亭)을 짓고 학문과 제자교육에 힘썼다. 그는 좌우명(座右銘)으로 "庸信庸謹 閑邪存性"을 내세우고 일용(日用)에는 "충신(忠信)"을 기본으로 살았다. 궁리(窮理)에는 명명덕(明明德)을 제1공부로 삼고, 지경(持敬)이 가장 중요하므로 주일(主一)·성성불매(惺惺不昧)에 치중했으며, 심학(心學)에는 과욕(寡慾)만 한 것이 없으니 극기(克己)·척정사재(滌淨査滓)·함양천리(涵養天理)에 힘써야 한다고 생각했다.

1531년(중종 26년)에는 동고(東皐) 이준경(李浚慶)이 보내온 『심경』 후서(後序)를 써주고, 다음 해인 1532년(중종 27년)에는 규암(圭庵) 송인수(宋麟壽)가 보내온 『대학』의 후서(後序)를 써 주었다. 이로 미루어 보아 남명은 중앙의 당로자들과도 교류하고 있었던 것을 알 수 있다. 이해 아예 서울 집을 처분해 없애버리고 다시는 서울에 가지 않기로 작심했다. 1533년(중종 28세) 가을에 어머니의 성화로 다시 문과 향시에 응시하여 합격했으나 회시(會試)에는 낙방했다. 1536년(중종31세)에 장자 조차산을 낳고 가을에 다시 무과 향시에 응시해 3등으로 합격했으나 어머니를 설득하여 회시에는 나아가지 않았다.

38세 되던 1538년(중종33)에는 이언적(李彦迪)·이림(李霖)의 추천으로 헌릉참봉(獻陵參奉)을 제수받았으나 나아가지 않았으며, 1539년(중종 34세) 여름에는 제자들과 함께 지리산(智異山) 신응사(神凝寺)에 들어가 독서했다.

1543년(중종 38년)에는 경상도 관찰사 회재(晦齋) 이언적이 만나기를 청했으나 지위가 서로 다르니 그만둔 다음에 만나도 늦지 않는다고 거절했다. 그러면서 회재가 중종(中宗)에게 10가지 봉사(封事)를 올려 칭찬을 받고 가선대부(嘉善大夫)로 승진한 것을 비판했다. 관료의 정책건의는 고유업무인데 상을 받는다는 것은 합당치 않다는 이유에서였다.

다음 해 6월에 장자 조차산이 죽었다. 이 해 도구(陶丘) 이제신(李濟臣)이 내방했는데 바둑을 좋아한다고 나무랬다. 11월에 중종이 승하했고 다음 해 7월 인종이 승하했다. 그해 11월에 어머니가 돌아가 아버지의 묘 동쪽에 장사하고 어머니의 묘지명을 썼다. 이즈음에 이림성(李霖成)·성우(成遇)·곽순(郭洵)·이치(李致)·송인수(宋麟壽) 등이 사화로 죽었다는 소문을 들었다.

1548년(명종 3) 전생서(典牲暑) 주부(主簿)에 임명되었으나 나아가지 않았고 삼가현 포동(包洞)으로 다시 옮겨갔다. 그리하여 계복당(鷄伏堂, 정신을 함양하는 것은 닭이 계란을 품는 것같이 한다는 뜻)과 뇌룡정(雷龍亭, 연묵(淵默) 하기를 우레가 쳐도 움직이지 않으면 용이 보인다는 뜻)을 짓고 후진을 양성했다.

남명은 제자를 가르칠 때 고원(高遠)한 이치(理致)를 따질 것이 아니라, 지근(至近)한 자기의 행동을 고쳐 실천하는 것이 더 중요하다고 강조했다. 이는 퇴계(退溪)를 비롯한 학자들이 이기론, 심성론과 같은 학문논쟁에 빠져 효제(孝悌)나 쇄소응대진퇴지절(灑掃應對進退之節)과 같은 실천을 소홀히 하는 것을 비판한 이유이기도 하다. 1547년(명종 2)에는 종부시(宗簿寺) 주부(主簿)를 제수받았으나 사직했다. 다음 해 사인(士人) 송인(宋麟)의 딸인 후실(後室)에서 아들 조차석을 낳았으며, 1551년(명종 6)에는 단성현감을 제수받았으나 사직했다. 단성현감 사직소는 남명의 결의를 드러낸 상소로 유명하다. 그가 55세 되는 해이다. 남명도 "명종의 국정이 이미 그릇되었고 나라의 근본이 이미 망했으며 하늘의 뜻이 이미 떠났고, 인심이 이미 이산되었다(殿下之國事已非 邦本已亡 天志已去 人心已離)"고 하고 "문정왕후(文定王后)는 생각이 깊지만 깊은 궁중의 일개 과부에 지나지 않고, 명종은 유충해 단지 선왕의 일개 고단한 후계일 뿐이니 천재의 빈발과 인심의 여러 갈래를 어떻게 감당하겠느냐(慈殿之塞淵 不過深宮之一寡婦 殿下幼沖 只是先王之一孤嗣 天災之百千 人心之億萬 何以當之 何以收之耶)"고 격렬히 비판했다. 아래로 소관(小官)이 주색(酒色)으로 희희낙락하고 있고, 위로 대관(大官)이 뇌물을 받아 챙기고 있어 백성을 착취하는 데 여념이 없는데, 나와 같은 하잘 것 없는 신하가 무엇을 어찌하겠는가, 지금이라도 전하께서 마음을 바로 잡고 서정(庶政)을 쇄신한다면 그때 가서 도울 수 있으면 돕겠다고 했다. 이 상소가 올라가자 명종은 말이 군왕과 대왕대비에 미쳐 불경죄(不敬罪)로 처벌하려 했으나 심연원(沈連源) 등의 재상들이 일사(逸士)의 나라를 걱정하는 마음에서 나온 말일뿐이고 언론을 막는다는 혐의가 있으니 그만두도록 무마했다. 남명은 몇 달 동안 석고대죄(席藁待罪)하면서 죄를 받기를 기다리고 있었다고 한다. 사림의 정신적 지주로서 목숨을 걸고 할 말을 했다는 평을 들어 남명의 위상은 높아지고 후세에 끼친 영향도 컸다. 무릇 국가를 유지하기 위해서는 생명을 걸고 옳은 주장을 하는 사람이 있어야 한다. 남명은 그 증표이다.[4] 남명의 출처관이 분명한 대목이다. 퇴계는 "남명의 상소는 진실로 금세에 얻기 힘들지만, 말은 정도를 지나 남의 잘못을 꼬집는 것에 가깝다. 국왕이 노하는 것은 당연하다"고 평했다.[5]

1557(명종12)에는 부실(副室)에서 둘째 아들 차마(次磨)를 낳았다. 이해 남명은 보은(報恩) 속리산(俗離山)으로 대곡 성운을 찾아보고, 다음해 4월 두류산과 해인사(海印寺)를 돌아보았다. 1559년(명종14)에는 조지서 사지를 제수했으나 병을 핑계로 나아가지 않았다. 다음 해 부실이 셋째 아들 조차정을 낳았다. 이때 남명은 진주 덕산(德山)의 사륜동(絲綸洞)으로 이사했다. 토동의 전장은 모두 아우인 조환(曺桓)에게 주었다. 남명은 동생과의 우애가 매우 깊었다고 한다. 덕산에 새로이

---

4) 史官들은 南冥의 상소에 대하여 "植以逸士而在畎畝 視爵祿如浮雲 而猶不忘君倦倦 有憂國之心 拔於言辭 向直不避 可謂名不虛得者矣 其賢矣哉"(『明宗實錄』 卷 19, 明宗 10年 11月 庚戌)이라 평했다.

5) 『退溪先生言行錄』 卷 5, 類編, 論人物.

산천재(山天齋, 『주역』의 "剛健尊矣 輝光日新"을 딴 것)를 짓고 창과 벽 사이에 "경의(敬義)" 두 글자를 크게 써 붙이고 자리 오른쪽에는 신명사도명(神明舍圖銘)을 써 붙였다. 이는 마음공부를 국가 관제에 비견해 지은 것이다. 남명은 이것을 김우옹(金宇顒)에게 시켜 천군전(天君傳)으로 개작하게 하기도 했다. 남명의 심성수련을 정리한 교본이라고도 할 수 있다. 이로부터 김효원(金孝元)·정구(鄭逑)·이노(李魯)·최영경(崔永慶)·이대기(李大基)·김우옹(金宇顒) 등 많은 제자들이 운집했다. 남명은 이들을 데리고 지곡사(智谷寺)·단속사(斷俗寺)·옥산동(玉山洞) 등지를 돌아다니며 강학했다.

1565년(명종 20) 문정왕후가 죽고 윤원형(尹元衡)이 실각했으며 오년 뒤에 명종마저 승하했다. 그리하여 사림의 시대가 도래했다. 이에 남명이 출사를 거부할 명분은 줄어들었다. 명종은 재야의 일사(逸士)들을 불러올리고자 했다. 1566년(명종21년) 7월에 남명도 징소(徵召)되었으나 나가지 않았다. 8월에 경상도 관찰사 강사상(姜士尚)의 추천으로 상서원(尙瑞院) 판관(判官)을 제수하자 10월 3일 일단 사정전(思政殿)에서 왕을 숙배(肅拜)하고 돌아왔다. 이때 남명은 국정을 바로 잡기 위해서는 심득(心得)이 제일이니 요체는 "경(敬)"일 뿐이라는 지론을 폈다. 왕은 삼고초려(三顧草廬)의 뜻도 물었다. 인재를 널리 구하겠다는 의지를 보인 것이라 했다. 그러나 남명은 아직 출사할 분위기가 아니라 해 돌아왔다. 이 당시 한강을 건널 때 오건(吳健), 정온(鄭蘊) 등 도하의 많은 인사들이 운집해 배 두 척이 가득할 정도였다고 한다. 인심의 동향을 알 만하다.

1567년(선조 즉위년) 6월에 명종이 승하히고 선조가 섰다. 선조는 사림정치를 구현하기 위해 널리 인재를 구했다. 남명에게도 퇴계 이황 일재(一齋) 이항(李恒) 등과 함께 징소(徵召)의 명이 떨어졌다. 그러나 왕의 측근에 있는 자가 남명을 헐뜯어 병을 이유로 나아가지 않았다. 그러면서 "구급(救急)" 두 자를 나라를 일으킬 말로 권하고 시사(時事) 10조를 올려 폐정을 조목조목 나열했다. 이해 한강(寒岡) 정구(鄭逑)가 찾아와서 한 달여 머물렀다. 남명은 한강 등의 출처가 그만하다고 허여하고 사군자에게는 출처가 중요하다고 강조했다. 사람들은 남명이 나서서 큰일을 해 보라고 했으나 자기는 재덕이 모자라니 후배들이 성공하는 것을 볼 뿐이라 했다.

1568년(선조1) 5월에 선조가 다시 남명을 징소했으나 사양하는 상소를 올렸다. 이 상소에서도 명선(明善)과 성신(誠信)을 강조하고 유명한 서리망국론(胥吏亡國論)을 제기했다. 명선은 궁리(窮理)요, 성신은 수신(修身)이니 궁리를 통해 의리(義理)를 강명(講明)하고 비례불시청언동(非禮不視聽言動)의 4물(四勿)로 수신의 요체를 삼아야 한다는 것이다. 철저한 도덕적 수양의 기초 위에 정치가 수행되어야 한다는 강한 수양론(修養論)을 거듭 개진한 것이다.

인사(人事)도 수신에 바탕을 두지 않으면 선악 용사를 구별할 수 없고 군자와 소인을 구별할 수 없게 된다는 것이다. 그러므로 수신은 출치(出治)의 근본이요 용현(用賢)은 위치(爲治)의 근본이라는 것이다.

한편 자고로 권신, 외척, 부시(婦寺)가 전횡했다는 말은 들었어도 지금처럼 서리(胥吏)가 전횡한다는 말은 못 들었다. 그런데 지금은 서리들이 군민(軍民)의 서정(庶政)과 방국(邦國)의 기무(機務)가 모두 서리의 손에 의해 좌우되니 이들의 착취와 부정으로 백성들이 흩어지고 방납(防納)이 성행하니 망국의 징조라는 것이다. 그러므로 이들 소리(小吏)의 작간을 막지 않으면 국맥이 끊어질 우려가 있다는 것이다. 남명의 이 서리망국론(胥吏亡國論)은 후세에 큰 영향을 미쳐 인용하는 사람이 많았다. 율곡 이이가 남명의 이 말을 인용하여 선조에게 "我國亡於胥吏云云"이라 한 것이 그 대표적인 예이다.

이해 7월에 부인 남평조씨(南平曺氏)가 죽었고 다음 해(1569) 종친부

(宗親府) 전첨(典籤)에 제수했으나 병을 이유로 나아가지 않았다. 정확히 언제인지는 모르나 남명은 제자들에게 일본의 침략을 분쇄해야 한다는 책문을 내어 방왜의 경각심을 불러일으키기도 했다. 요즈음 도이(島夷)들이 제포(薺浦)를 돌려 달라거나 불경(佛經) 30질을 찍어 보내 달라는 등 허장성세로 나라를 능멸하는 태도를 보이는데 정부는 좋은 말로 적당히 무마하려고 만 하니 이는 방어책이 없는 것이나 다름없지 않느냐는 것이다. 이것은 제자들에게 충의를 강조하고 대비책을 세워야 한다고 주지시킨 것이다. 그리하여 임진왜란이 일어났을 때 남명 문하의 제현들이 의병을 일으켜 국가를 위험에서 구하는 데 앞장서게 한 것이다. 남명의 주장이 공리공담으로 경의를 내세운 것이 아니라 국리민복을 실천하는 데 역점을 두고 있었음을 알 수 있다.

남명이 70세가 되던 1570년(선조3)에 마지막으로 징소되었으나 역시 나아가지 않았다. 국가의 부름에 한 번도 응하지 않은 셈이었다. 다음해(1571) 정월에 퇴계 이황이 타계했다는 소식을 듣고 "이 사람이 죽었다 하니, 나도 얼마 남지 않았구나(斯人云亡 吾亦不久於世)" 하고 『사상례절요(士喪禮節要)』 1책을 지어 문인인 하응도(河應圖)·손천우(孫天祐)·유종지(柳宗智) 등에게 주면서 내가 죽거든 이 책을 따라 장사를 지내라 했다. 남명은 퇴계와 비록 출처관은 달랐으나, "퇴계가 왕도(王道)를 돕는 학문이 있고 근일에 벼슬하는 이들이 출처(出處)의 절개가 있다는 말을 못 들었는데 오직 퇴계(退溪)만이 고인(古人)에 가깝다(先生嘗言 景浩有佐王之學 又言 近日仕進者 於出處之節 蔑乎無聞 惟退溪庶幾於古人)"고 허여(許與)했다.

그해 4월에 선조가 경상감사를 시켜 식물(食物)을 하사했으나 받지 않고 여러 번 부르는데도 따르지 못한 것을 죄송스럽게 생각한다는 뜻을 전했다. 그는 당시가 아직 나아갈 만한 분위기가 아닌데다가 늙어서 스스로 할 일은 없고 장차 후진들이 성공하는 것을 볼뿐이라고 여긴 것이다.

그해 12월에 병이 나서 다음 해(1572) 2월 8일에 서거했다. 작고하기 전에 한강(寒岡) 정구(鄭逑), 동강(東岡) 김우옹(金宇顒), 각재(覺齋) 하응도 등이 문병 왔는데 12월 15일 남명이 위독해지자 동강이 동쪽으로 머리를 두면(東首) 생기가 좀 날 것이라 했으나 듣지 않았다. 또한 죽은 다음의 칭호를 무엇으로 할 것이냐를 물었더니 처사라고 하라 하고, 이날부터 일체의 약물과 미음을 사절했으며 부인들이 임종하지 못하도록 했다. 선비는 여자들이 보살피는 가운데 죽어서는 안된다는 신념 때문이었다. 전년 겨울에 명나라 사신이 "너희 나라의 고인(高人)이 곧 불리할 것(汝國高人 近將不利)"이라 하더니 이때 남명이 작고했다 한다. 그 날 큰 바람이 불고 폭설이 내렸으며 천지가 어둠침침해 졌다고 한다.

정월에 경상감사가 남명이 병에 걸렸다고 보고하자 선조는 중사(中使)를 보내 진맥하게 했다. 제자들이 마지막 가르침을 묻자 독신(篤信)과 경의(敬義)를 거듭 강조했다. 남명이 죽자 선조가 통정대부 사간원 대사간을 증직(贈職)하고 부물(賻物)을 내리고 예관을 보내 치제하게 했다. 4월에 산천재(山天齋) 뒷산에 장사지냈다. 향년 72세이다.

남명의 학덕은 사후에도 그 문인 사우들에 의해 현창되었다. 1576년(선조 9)에 산천재 서쪽 3리 떨어진 곳에 덕천서원(德川書院)을 세웠고, 1616년(광해군 8)에는 정인홍·이이첨(李爾瞻) 등 북인정권의 당로자들이 앞장서 삼각산 백운봉(白雲峯) 아래 백운서원(白雲書院)을 세워 사액했으며,[6] 삼가현 서쪽 20리 되는 회현(晦峴)에 회산서원(晦山書院)을 세웠으며(터가 좁다고 하여 뒤에 향천(香川)에 용암서원(龍巖書院)으로 옮겨 세웠다. 1578년(선조 11)에는 김해 탄동에 신산서원(新山書

---

6) 『光海君日記』 권 109, 光海君 8年 11月 丁日.

院을 창건했으며, 1609년(광해군 1)에는 북인정권에서 덕천·용암·신산서원에 사액을 내렸다. 그리고 1615년(광해군 7)에는 관학유생들의 요구로 남명에게 대광보국숭록대부 의정부 영의정 겸 영경연 홍문관 예문관 춘추관 관상감사 세자사를 증직하고 시호를 문정(文貞, 道德博文曰文 直道不搖曰貞)으로 정했다. 또한 1617년(광해군 9)에는 영남생원 하인상(河仁尙) 등이 상소해 남명을 문묘에 종사할 것을 청한 바 있었다. 남명의 수문(首門) 정인홍(鄭仁弘)은 북인정권의 실력자로서 회재 이언적과 퇴계 이황이 문묘에 종사되고 남명이 빠진 데 대하여 불만을 가지고 회퇴변척(晦退辨斥)을 감행했다. 그러나 여론의 지지를 받지 못하고 오히려 성균관 청금록(靑衿錄)에서 삭제되는 데 이르렀다. 더구나 정인홍이 인조반정으로 실각하자 남명 추숭운동(南冥 追崇運動)은 힘을 잃게 되고 많은 문인들이 퇴계 문하로 옮겨가기까지 했다.[7]

3. 남명의 사상

남명의 사상을 이해하는 데는 시대 배경이 중요하며 지역적인 특성과 생장환경도 감안되어야 한다. 15세기 말부터 50년간 훈구파와 사림파의 대결로 여러 차례의 사화가 일어났다. 그리하여 뜻있는 선비들이 사환 길을 버리고 처사로서 지방에 은거하는 사람이 많았다. 남명은 그중의 대표적인 학자이다.

필자는 훈구파를 수양대군(首陽大君)의 계유정란(癸酉靖亂) 이후에 수차례에 걸쳐 책봉된 250여 명의 공신 그룹으로 규정하고자 한다. 세조는 난국을 헤쳐가기 위해 공신그룹 뿐만 아니라 종실세력과 지방의 사림세력을 끌어들였다. 여기에 세 세력을 중심으로 끊임없는 권

---

7) 신병주,『남명학파와 화담학과 연구』, 일지사, 2000.

력투쟁이 일어났다. 단종 복위운동이나 남이(南怡)의 옥으로 종실세력이 제거되고 4대 사화로 사림세력이 제거되었다.[8]

지방사림들은 조선의 건국과정에서 집권사대부들과 결탁하여 사족으로 성장하여 부단히 중앙정계로 진출했다. 김종직(金宗直)과 그 문하들의 진출이 대표적 예이다. 이에 기득권층인 공신세력이 사림 세력을 일망타진하고자 했다. 이것이 사화이다. 특히 16세기에는 조광조·정여창·김굉필·김일손·이언적 등 재야사림들이 정계에 진출했다. 이들 중 조광조를 빼고는 거의 남명이 살던 경상우도 사람들이었다. 이들은 재지기반을 이용해 도덕적 수양을 내세워 훈구파들의 비리와 부정을 공격했다. 『소학』과 『가례』를 강조하고 향약·향음주례·유향소 등 향촌자치기구를 구성하여 재지적 기반을 다지고 지치주의를 내세워 국왕과 훈구 대신들을 압박했다. 그 반발로 훈구파에 의한 사화가 거듭되었으며 이 때문에 사림들은 벼슬길에 나아가지 않고 처사나 일사로서 지방에 칩거하면서 도학을 닦고 있었다.

남명도 이러한 분위기에서 출사하는 것은 마땅치 않게 여기고 고향인 삼가와 처가인 김해에서 학문을 닦고 후진을 양성하는 데 힘을 기울이고 있었다. 그러나 국왕의 입장에서는 이들 사림세력을 끌어들여 훈구대신들의 권력독점을 막을 필요가 있었다. 중종·명종·선조의 재야학자 징소가 그것이다.

그런데 이러한 상황에서 관직에 나아갈 것인가 그만둘 것인가를 가지고 견해 차이가 있었다. 경상좌도의 퇴계 계열은 해볼만하다고 여겨 중앙정계에 적극 참여했고, 경상우도의 남명 계열은 분위기가 성숙되지 않았다 하여 처사로 남아있는 사람이 많았다. 성호(星湖) 이익(李瀷)이 "남명 선생은 우도에, 퇴계 선생은 좌도에 일월과 같이 있었

---

8)　李成茂,『조선왕조사』(1), 동방미디어 1998;『조선시대 당쟁사』(1), 동방미디어, 2000 참조.

으며 …… 좌도는 인(仁)을 숭상하고 우도는 의(義)를 숭상한다(南冥先生之於右 退溪先生之於左 如日月 …… 左道尙仁 右道尙義.")9)라 한 것이다. 영사 윤승훈이 "상도는 이황이 있어 학문을 숭상하고 하도는 조식(曺植)이 있어 절의(節義)를 숭상한다(上道 則李滉在而學問相尙 下道 則有條植而節義尙高)"10)라 한 것 등이 그러하다. 그렇다고 남명 계열이 정치참여를 완전히 포기한 것은 아니었다. 현실정치에도 많은 관심을 가지고 있었으나 분위기가 무르익지 않았다 하여 그런 날이 오기를 기다리고 있을 뿐이었다. 퇴계는 성리학을 이론적으로 정리해 조선의 주자학으로 정립하면서 왕도정치의 이론적 근거를 만든 반면에 남명은 선비가 할 일은 고원한 이론 따위에 있는 것이 아니라 일상생활에서 스스로 몸을 닦고 성리학의 원리대로 실천하는 것이 더 긴요한 일이라 생각했다.11) 남명은 퇴계가 좌왕지학(佐王之學)이 있다고 했고,12) 금일의 폐단은 고원한 것을 힘쓰는 것이 많고 지근한 자기의 병통을 살피려 하지 않는 데 있다고 한 것이 그것이다.13)

그리하여 남명은 이기론·심성론과 같은 의리를 궁구하는 학문보다는 그가 이기론에 대한 관심을 갖지 않은 것도 그 때문이다. 실천을 철저히 하는데 치중했다. 모든 이론은 이미 정주(程朱) 이후의 선현들이 다 말했으니 문필은 할 것이 없고 실천에 치중하는 것이 옳다고 생각했다. 그리하여 그는 저서를 남기지 않았다. 그가 쓴 『학기유편(學記類編)』도 독서 노트에 불과하다.

남명의 사상은 연궁성리(研窮性理) 거경집의(居敬集義) 8글자에 함축되어 있다. 여기에 그의 학문관과 출처관이 응집되어 있다고 할 수

---

9) 『星湖僿說』 권 9, 人事門 <退溪南冥>.
10) 『宣祖實錄』 卷 42, 宣祖 34年 10月 己丑.
11) 註 과 같음.
12) "先生嘗言 景浩有佐王之學", 『南冥先生編年』.
13) "嘗曰 今日之弊 多務高遠 不察切己之病", 『南冥先生編年』.

있다. 남명은 실천하는 데는 『소학』을, 학문은 4서(四書) 중에서도 『대학』, 대학 중에서도 "대학의 도는 명덕(明德)을 밝히는 데 있고, 백성을 새롭게 하는 데 있으며, 그리하여 지극한 선의 경지에 이르는 데 있다(大學之道 在明明 在新民 在至於至善)"는 16자에 있다고 했다.14) 『대학』을 공부하는 것의 반은 명덕을 밝히는 것이요, 나머지 반은 신민(新民)을 하는 것이다. 이 둘을 잘해야 지어지선(至於至善)에 이를 수 있다는 것이다. 이 중에서 명덕이 우선이요 신민이 다음이라는 것이다. 철저한 수양론에 바탕을 두고 있다. 그러므로 경전의 자구를 자세히 궁구하는 것이 중요한 것이 아니라 자득하는 데 치중해야 한다는 것이다. 경전을 읽을 때도 10줄씩 읽어 나가다가 수양에 관한 대목은 세밀하게 궁구하면서 읽어야 한다는 것이다. 그의 『학기유편』은 그러한 남명의 학문 태도를 반영하고 있다. 읽다가 모르는 부분이 있으면 그냥 넘기고 그 대체를 파악하는 것이 중요하다는 것이다.

남명의 수련은 "경(敬)"과 "의(義)"에 집약되어 있다. 그러므로 북송 학자들이 들먹이는 상성성(常惺惺) 주일무적(主一無適) 방구심(放求心)을 강조했다. 자신의 잃어버린 마음을 되찾기 위해 항상 조심하고 마음 수련을 철저히 실천할 필요가 있다는 것이다. 그는 그러한 상징으로 항상 성성자(惺惺子)라는 방울을 차고 다녔고, 경의검(敬義劍)이라는 칼을 가지고 있었다고 한다. 이 성성자는 뒤에 동강(東岡) 김우옹(金宇顒)에게, 칼은 내암(來庵) 정인홍(鄭仁弘)에게 주었다고 한다. 그리고 옆에 "경의(敬義)" 두 자와 신명사도(神明舍圖)를 그려서 붙여 놓고 마음이 흐트러지는 것을 경계했다고 한다. 또한 김우옹에게 천군전(天君傳)을 짓게 하여 마음공부의 모델을 삼았다고 한다.

그러므로 남명은 장구를 희롱하거나 이기론·심성론과 같은 의리

---

14) 한형조, 「남명, 칼을 찬 유학」, 『남명 조식』, 청계, 1999, 64쪽.

(義理)를 담론하는 데는 관심이 없었다. 남명이 이기심성론에 대해 언급한 적이 없는 것도 그 때문이요. 과거(科擧)를 포기한 것도 그 때문이다.

"선생이 말하기를 학은 반드시 자득을 귀히 여긴다. 책자만 의존해서 의리를 강명하고 실득이 없으면, 끝내 수용을 보지 못한다. 학자는 능언을 귀히 여기지 않는다."[15]

"요즈음 공부하는 자들을 보건대, 손으로 물 뿌리고 비질하는 절도도 모르면서, 입으로는 천리를 담론하여 헛된 이름이나 훔쳐서 남들을 속이려 하고 있다. 그러다 도리어 남에게 상처를 입게 하고 그 피해가 다른 사람에게까지 미치게 하니 아마도 선생 같은 어른이 꾸짖어 그만두게 하지 않기 때문일 것입니다. 저와 같은 사람은 마음을 보론한 것이 황폐하여 배우러 찾아보는 사람이 드물지만 선생 같은 분은 몸소 상등의 경지에 도달하여 우러러보는 사람이 참으로 많으니 십분 억제하고 타이르심이 어떻겠습니까. 삼가 헤아려 주시기 바랍니다."[16] 라고 한 퇴계 이황에게 준 편지가 그의 뜻을 잘 나타나 주고 있다. 실천 없이 이론만 추구하는 것은 "세상을 속이고 이름을 훔치는 것(欺世盜名)"이라 했다. 이론적 교양인보다는 실천적 교양인을 지향한 것이다.[17]

남명은 "경"과 함께 "의"를 강조했다. 경과 의는 내외요 표리라고 생각했다. 성호 이익이 말한 것처럼 퇴계는 상인(尙仁), 남명은 주의(主義)로 평가했다. 의는 내수(內修)한 경을 밖으로 실천하는 것이었다. 그는 자신의 칼에 내명자경(內明者敬)이요 외단자의(外斷者義)라 새겼다. 남명은 내명(內明)이건 외단(外斷)이건 칼로 끊은 것처럼 철저히

---

15) 『南冥集』 言行總錄.
16) 『南冥集』 與退溪書.
17) 한형조, 「남명, 칼을 찬 유학자」, 『남명 조식』, 청계, 2001, 정신문화연구원, 51쪽.

해야 한다고 했다. 그래서 그는 늘 칼을 차고 다녔다. 그리고 이를 경의검이라 했다. 그는 생질인 이준민(李俊民)의 사위 조원(趙瑗)에게 칼자루에

"불 속에서 하얀 칼날 뽑아내니
　서리 같은 빛 달에까지 닿아 흐르며
　견우성·북두성 떠 있는 넓디넓은 하늘에
　정신은 놀아도 칼날은 놀지 않는다"[18]

라고 써주었다. 칼에 대한 찬미요 신앙이다. 그는 마음을 닦는 데 있어서도 조그마한 티끌도 용납지 않았다.

"사십 년 동안 더럽혀져 온몸
　천섬 되는 맑은 물에 싹 씻어 버린다.
　만약 티끌이 오장에서 생긴다면
　지금 당장 배를 갈라 흐르는 물에 부쳐 보내리라"[19]

라는 시에 그의 결의가 엿보인다. 칼날 같은 수양론이다. 마음(太一眞君)은 외물의 유혹을 받기 쉽다. 그 문은 아홉 가지이지만 이(耳) 목(目) 구(口) 3적(三敵)이 제일 위험하다고 했다. 그러므로 마음이 깨어 있지(惺惺) 않으면 언제 적이 쳐들어올지 모르니 조심해야 하고 적을 발견하면 여지없이 시살(廝殺)해야 한다는 것이다. 이는 남명의 타고난 기질과도 무관하지 않다.

"나는 애초에 타고난 자질이 매우 둔한 데다 스승과 벗들의 규계(規戒)도 없어서 오직 남에게 오만한 것으로 고상함을 삼았다. 사람에

---

18) 『교감국역 남명집』, 이론과 실천, 경상대 남명학연구소 편역, 1995, 33쪽.
19) 『교감국역 남명집』 본집, 설(說), 1995, 74쪽.

게만 오만했을 뿐 아니라 세상에 대해서도 오만한 마음이 있었다. 부귀와 재리를 보면 마치 지푸라기나 진흙처럼 멸시했다."[20]라고 술회한 것을 보아도 그렇다.

그는 과거를 포기하고 출세와 영달을 꾀하지 않았으며 재물을 초개와 같이 여겼다. 제자들이 그를 벽립천인(壁立千仞)이 기질이 있다 했고, 우암(尤菴) 송시열(宋時烈)이 추상열일(秋霜烈日)의 품격을 가지고 있었다고 평한 것도 그 때문이다. 그는 가난에 찌들고 병마까지 겹쳤는데도 이러한 정신으로 꿋꿋이 버텨냈다.

그의 칼은 스스로의 수양(修養)에서 뿐 아니라 밖으로도 뻗어있다. 탐욕과 보신에 찌든 무리들 뿐 아니라 퇴계처럼 예법에 밝은 유학자들도 준엄하게 비판했다. 그리고 국가를 위협하는 왜구(倭寇)나 민생을 좀먹는 고위관료나 서리(胥吏)들도 맹렬히 비난했다. 그는 목숨을 걸고 문정왕후(文定王后)를 과부(寡婦)로, 명종을 고아(孤兒)로 비유했으며, 제생들에게 책문(策問)을 내어 왜구의 운동을 경계했다. 그러기에 임진왜란이 일어나자 그의 제자들 중에 의병을 일으키는 사람이 많았다. 그리고 국가의 기강을 확립하고 형정(刑政)을 바로 잡을 것을 주장했다.

그러므로 그의 수양론은 스스로의 수양에 그치는 것이 아니라 국가사회의 올바른 길을 추구하는 데까지 이어졌다. 따라서 그의 출처관은 내명과 외단의 변증법적 상호관계에 바탕을 두고 있었다. 나아가면 하는 것이 있어야(有爲) 하고, 물러나면 지킴이 있어야(有守) 한다는 것이다. 이런 점으로 미루어 보아 남명은 출사(出仕)를 원초적으로 포기한 것이 아니었다고 할 수 있다. 다만 나갈 만한 여선이 되시 않았기 때문에 그럴 바에야 물러나서 뜻을 지키는 것이 옳다고 생각했

---

20) 『교열국역 남명집』, 1995, 195쪽.

을 뿐이다. 그러기에 선조가 즉위하여 사림정치를 펴고자 할 때 그는 일단 왕을 만나보고 자기의 주장을 펴보기는 했으나, 아직까지 분위기가 성숙하지 않았고 나이도 많으며 자기의 기질이 지나치게 오만한 병통이 있음을 느껴 그만두었던 것이다. 그러나 그의 제자들이 출사하여 성공하는 것을 보고자 했고, 광해군 대에 당로자가 되기까지 한 것이다.

남명의 출처관의 모본은 이윤(伊尹)과 안회(顔回)에 두고 있었다. 백이(伯夷) 숙제(叔齊)와 같이 지조에 합당하지 않으면 결코 벼슬하지 않는다는 것은 아니었다. 이윤은 "어느 임금이든 섬기면 다 임금이지 섬기지 못할 임금은 없으며, 어느 백성이든 부리면 다 백성이지 부리지 못할 백성은 없다"[21]는 태도였다. 그러나 남명은 이윤처럼 아무 임금이나 섬기지 않았다. 뜻을 펴는 데 도움이 되지 않는 임금은 섬기지 않았다. 현실참여를 부정한 것은 아니나 나가면 하는 것이 있어야(有爲) 한다는 지론 때문에 그렇지 못할 바에야 벼슬하지 않는다는 것이다. 나가서 하는 것이 없을 바에야 물러나서 지킴이 있어야(有守) 한다는 것이다. 안회와 같이 나물 먹고 물 마시고 팔을 베고 누었어도 낙(樂)이 그 가운데 있다는 지조를 지키려 한 것이다. 경(敬)으로 마음을 닦고 의(義)로서 사회참여를 해야 한다는 것이다. 그러니 내경(內徑)에만 치우친 것은 사경(死敬)일 뿐이요, 의(義)와 결부될 때라야 활경(活敬)이 된다는 것이다. 여기서 우리는 남명의 변증법적 출처관을 볼 수 있다.

남명의 수양론이 지나치게 마음공부에 치중한다 해 양명학이나 도교, 불교에 경도된 흠이 있지 않느냐는 비판을 받기도 했다. 미발과 이발, 도심과 인욕을 구분하지 않고, 우주가 내 마음이요 내 마음이

---

21) 정순우, 「남명의 공부론과 처사의 성격」, 『남명 조식』 청계, 한국정신문화연구원, 2001, 89쪽.

곧 우주라고 한 그의 주관적 관념론은 왕양명(王陽明)의 양지(良知), 육상산(陸象山)의 본심(本心)과 같고, 그의 경(敬)과 의(義)가 결부되어야 한다는 생각은 왕양명의 지행합일(知行合一) 사상과 비슷하다는 비판을 받은 것이다.[22]

또한 남명의 마음을 가다듬는 데 호흡을 중시한 것은 도가의 수행법과 유사하다는 비판도 받았다. 뿐만 아니라 마음을 태일진군(太一眞君)으로 명명한 것도 그러한 혐의를 받는다.[23]

"잘 갈무리하는 사람은 태허(太虛)에 갈무리한다. 태허란 하늘의 실체이다."[24] 라고 한 것도 그러하다. "눈과 귀와 입을 막고 야기(夜氣)를 쏘이며, 호연지기(浩然之氣)를 길러 몸 안의 본성을 회복하면 눈앞에 새로운 차원의 세계가 열린다"[25]는 대목에 이르러서는 도가의 불로장생법(不老長生法)을 상기하게 한다.

한편 "위로 천리를 통달하는 측면에서는 유교와 불교가 한 가지이다(其爲上達之理 則儒釋一也)"[26]라고 한 남명의 말을 보면 마음공부에 관한 한 불교까지도 수용하고 있는 것을 볼 수 있다. 다만 다른 것은 인사(人事)를 폐하는 부분이라는 것이다. 그러므로 퇴계는 "남명이 남화(南華)의 학설을 주장했다"[27]고 하였다. 『광해군일기』에서 사신(史臣)은 "조식의 학문이 의리를 강론하는 것을 크게 꺼리니 이것은 주자가 육상산을 공격한 점이다. 경을 논하면서 심식(心息)으로서 서로 의뢰하는 요점을 삼으니 이는 도가 수련법(道家修練法)에서 나온 것이어서 우리 유자는 일찍이 이러한 공정이 없다"[28]는 비판을 받았다.

---

22) 한형조, 앞의 논문.
23) 한형조, 위의 논문 68쪽.
24) 『南冥集』, 寒暄堂金先生畵屛記.
25) 정순우, 앞의 논문, 122쪽.
26) 『南冥集』卷 2, 乙卯辭職疏.
27) "南冥唱南華之學", 『退溪先生言行錄』卷 5, 類編 崇正學.

다른 한편으로 남명은 국가의 기강을 확립하기 위해 형정을 강화하고 상하관리의 작폐로부터 민생을 보호해야 한다고 했다. 그는 당대를 기강이 없어지고 원기(元氣)가 물렀으며, 행정이 어지러운 난세로 진관했다. 기근이 겹치고, 창고가 고갈되고, 세금과 공물이 규율을 잃고, 변경의 방비가 비었으며, 뇌물이 일상화되고, 사치가 성한 시대로 보았다.[29] 이러한 주장을 그의 사상이 법가와 유사하다고 공격하기도 했다.

이와 같이 남명은 문과 아울러 무를, 덕치와 아울러 법치를, 유교뿐만 아니라 불교, 도교, 양명학을 수용하면서 폭 넓은 경의(敬義)에 바탕을 둔 수양론을 폈다. 이러한 지식인상은 유교가 독선화·교조화되기 전에 사림들이 가지고 있던 정형이었다고도 할 수 있다. 유교가 교조화된 것은 퇴계, 율곡의 순정주자학의 의리론이 부각된 뒤의 일이며, 남명이나 화담과 같은 처사형 지식인들에게는 친숙하지 않은 것이었다. 다만 인조반정으로 남명학파와 화담학파가 정치적 패퇴를 한 이후에 이단을 배격하는 사상이 극대화된 것일 뿐이다. 그가 살던 시대에는 두 가지 사상이 양립되어 있었으나, 처사형 지식인들이 정치적으로 타격을 입은 뒤에 남인의 퇴계학파와 서인의 율곡학파가 학계의 정통으로 자리 잡은 것이다. 더구나 율곡학파는 화담학파가 무너진 뒤에 기호세력을 규합한 급조한 학파에 불과했다. 율곡과 사계의 학통이 학맥과 관계없이 조성된 기미가 보이기 때문이다.

북인이 몰락한 다음에 남명에 대한 비판은 고조되었다. 농암(農菴) 김창협(金昌協)은 남명이 출사했다 해도 별로 효험이 없었을 것이라고 했다. 퇴계 이황은 "남명 등이 노장(老莊)을 숭신(崇信) 하는 점이

---

28) "史臣曰 植之學 以講論義理大忌 此似以朱子攻陸氏者也 論敬 以心息相依爲要 此 出於道家修練法 吾儒未嘗有此之工程也", 『光海君日記』光海君 元年 3月 26日.
29) 한형조, 앞의 논문, 21쪽.

많으니 우리 유교에 깊지 못한 점이 있다"고 했다. 이천보(李天輔)도 "조식의 학문 문로(問路)가 순정(純正)하지 못한 까닭에 그 문하에서 정인홍이 나왔다(曺植學問門路不純正 故其門下出鄭仁弘)"[30]고 했다.

이리하여 남명의 학풍은 설 자리가 없어졌고 그 제자들도 퇴계학파로 옮겨 간 사람이 많았고 일부는 노론으로 자정한 사람들도 있었다. 경상우도를 호령하던 남명의 학풍이 스러짐으로써 사상계의 다양성을 잃은 것은 불행한 일이다. 그러나 그의 벽립천인(壁立千仞)의 기상을 가진 철저한 수양론은 사림의 모본이 될 만한 것이었다.

4. 맺음말

남명은 경의를 바탕으로 하는 철저한 수양론을 제시했다. 그의 칼에 "내명자경(內明者敬) 외단자의(外斷者義)"라 새겨놓고, 벽에 "경의" 두 글자를 써 붙여 놓은 것도 그러한 뜻을 표방한 것이라 하겠다.

그리고 그의 수양론에는 불교·도교·양명학·법가의 요소를 포괄하고 있기도 했다. 사상의 다양성을 내포한 독자적인 수양론이라 할 수 있다. 그는 또한 엄정한 출처관을 가지고 있었다. 나아가면 하는 것이 있어야 하고 물러나면 지키는 것이 있어야 한다는 것이다. 그가 출사를 무조건 거부한 것이 아니라, 나가서 뜻을 펼 수 없을 바에야 물러나서 마음을 닦는 일에 열중해야 한다는 것이다. 그는 당시가 아직 나아가서 뜻을 펼 수 있는 분위기가 아니라고 생각했다. 그래서 일생동안 이욕을 버리고 국가의 부름에 한 번도 나아가지 않았다. 이것을 오활하다고 비난할 수는 있으나 도덕적 수양을 지식인의 기본소양으로 생각하던 사림정치시대에 있어서 모본이 될 만한 자세이기도

---

30) 『英祖實錄』卷52, 英祖 16年 12月.

하다. 당시 사회에서는 그러한 모본이 되는 사상가도 필요하다. 목숨을 걸고 권력과 돈을 초개와 같이 여기고 사회의 병폐를 철저히 비판하는 양식 있는 사상가가 있어야 한다. 그래서 그의 사상은 큰 영향을 미쳤다.

그러나 그의 제자들의 비타협적인 정치행위로 그의 사상이 성공하지는 못했으나 조선사회를 이끌어온 하나의 사상경향으로 평가할 수 있다. 남명의 사상은 북인정권의 몰락과 함께 그 영향력을 잃어갔다 그리하여 퇴계학파의 남인과 율곡학파의 서인이 주도하는 순정주자학의 시대가 열린 것이다. 물론 이러한 사상경향이 조선적 주자학 이론을 정립하는 데는 기여했으나, 주자학의 독선화·교조화의 외길로 사상계를 경직시킨 것도 지적하지 않을 수 없다. 사상의 독선화·교조화는 사상의 다양성을 폐쇄시키고 결국은 나라가 망하는 극단적 보수화로 치닫게 되는 것이기 때문이다. 고려는 불교의 독선화·교조화로 망했지만 조선은 주자학의 독선화·교조화로 망했다. 17, 8세기에 이 정통주자학자들의 독선적인 주장을 비판하는 실학(實學)이 배태하기도 했으나 이를 극복할 수 있는 단계에까지는 이르지 못했다. 남명사상과 실학이 직결되는 것은 아니나, 사상의 다양성을 추구한 점은 일맥상통한다. 오늘날 우리가 남명사상을 재조명하고자 하는 것도 조선조의 사상경향을 거울삼아 현재의 우리의 지표를 재점검해 보자는 의도에서이다.

동고(東皐) 이준경(李浚慶)의 가계와 행적

1. 머리말

광주이씨(廣州李氏) 둔촌계(遁村系)는 15세기 훈구파의 핵심이었다. 고려 말 둔촌 이집(李集)으로부터 대대로 문과에 급제해 현달해 오다가 손자 이인손(李仁孫)대에 이르러 세조의 측근 공신으로서 훈구파의 핵심이 된 것이다. 그리하여 다음 대엔 이른바 8극(八克, 克培·克堪·克增·克墩·克均·克圭·克基·克堅)이 모두 문과에 급제해 고위관직을 역임하거나 공신이 되어 성현(成俔)은 그의 『용재총화(慵齋叢話)』에서 "당금문벌지성(當今門閥之盛) 광주이씨위최(廣州李氏爲最)"라고 할 정도로 대표적인 명문이 되었다.

그러나 그러한 광주이씨도 그 후 계속 영달을 누린 것만은 아니다. 연산군이 즉위하면서부터 이 문중에도 풍파가 불기 시작했다. 이인손의 손자 이세좌(李世佐)가 폐모 윤씨에게 내리는 약사발을 가지고 간 죄로 핍박을 받기 시작했다. 그리하여 그 형제와 인척들이 줄줄이 죽음을 당하거나 귀양을 갔다. 이준경 형제도 어린 나이에 괴산으로 귀양 갔다가, 중종반정 이후에 겨우 풀려났다. 그리고 사화가 일어날 때마다 근친들이 화를 입었고, 이홍윤(李洪胤) 역모사건으로 이준경은 또 보은으로 귀양 갔다 왔다.

이런 과정에서 이준경 가문은 자연스럽게 사림파로 전향하게 되었다. 전향 사림파가 된 것이다. 그리하여 김안로(金安老)·이기(李芑)·이량(李樑) 등의 핍박을 받아가며, 때로는 문정왕후(文定王后)나 윤원형(尹元衡)과 같은 독재자들과도 타협하면서 고급관료로 성장할 수 있었다. 그가 그럴 수 있었던 데에는 그의 지도자적인 자질이 훌륭했고, 행정능력이 뛰어났으며, 장상(將相)으로서, 외교관으로서 몸을 아끼지 않고 국가를 위해 봉사한 때문이었다.

그러나 기회만 오면 사림정치를 활성화시키기 위해 신명을 돌아보지 않고 사림파를 지지하는 발언을 했다. 중종이 사림파에 동정적인 태도를 보이자 남곤 등 사화의 가해자들을 탄핵해 삭탈관작을 시키는가 하면 조광조·김굉필 등의 피화자들을 신원하고 그들을 문묘에 종사하자고까지 했으며, 문정왕후가 죽자 윤원형을 여러 번 탄핵해 권력에서 몰아냈다.

그리고 다른 한편으로 윤원형이 실각한 뒤 영의정이 되어서는 스스로 정국의 조정자를 자임해 이이(李珥)·기대승(奇大升)·정철(鄭澈) 등 신진사림의 과도한 주장을 견제하기도 했다. 이것은 그가 죽기 전에 올린 유차(遺箚)에 잘 나타나 있다. 이들의 주장대로 급진적인 개혁을 하다 보면 자칫 또 다른 사화가 일어날 위험이 있었기 때문이다.

이와 같이 이준경은 15세기 훈구파의 세상에서 16세기 사림파의 세상으로 이행하는 과도기에 전향 사림파 출신의 재상으로서 양자를 조율하는 조정자로서의 역할을 했다. 그러다 보니 신진 사림들의 불만을 사서 그들로부터 많은 비난을 받았던 것이다.

본고에서는 이러한 영의정 이준경의 생애와 행적을 실증적으로 검토해 보고자 한다. 관심 있는 분들의 질정(叱正)을 바란다.

2. 이준경의 가계

이준경은 광주이씨다. 광주이씨의 시조는 신라 내물왕 때 내사령을 지낸 이자성(李自成)이라 한다. 광주이씨의 선대는 칠원백(漆原伯)으로 그 자손들은 왕건에게 신복하지 않아 그 자손의 일부가 회안(淮安)의 역리가 되었다. 그 후 고려 성종조에 회안을 광주로 개명해 이곳을 본관으로 했다고 한다.

그러나 광주이씨가 행세하게 된 것은 생원 이울(李蔚) 때부터였다. 이울은 이한(李漢)과 이당(李唐) 두 아들을 두었는데, 이 중 이당은 이인령(李仁齡)·이원령(李元齡)·이희령(李希齡)·이자령(李自齡)·이천령(李天齡) 등 다섯 아들을 두었다. 이들은 모두 문과에 급제했다. 이 중 이원령이 이준경의 조상이다. 이원령(1327~1387)은 뒤에 이름을 집(集)으로 바꾸었는데, 판전교시사(判典校寺事)를 지냈으며, 광주이씨의 중시조이다. 그는 이지직(李之直)·이지강(李之剛)·이지유(李之柔) 등 3남과 옥천부원군(玉川府院君) 유창(劉敞)에게 시집간 딸 하나를 두었다. 그의 세 아들은 모두 문과에 급제했으며, 사위 유창은 태조 이성계의 스승이었다.

이 중 이지직(1354~1419)은 1394년(태조 3)에 처음으로 거처를 광주에서 한양 향교동(鄕校洞)으로 옮겼으며, 이방원이 제1차 왕자의 난을 일으켜 세자 이방석을 치려 하자 말고삐를 붙들고 말리다가 자손까지 금고(禁錮)되어 광주 탄천(炭川) 가에 은거했다. 세종이 즉위하자 태종이 불러 쓰라고 해 벼슬을 주었으나 부임하기 전에 죽었다.

이지직은 이장손(李長孫)·이인손(李仁孫)·이예손(李禮孫) 등 3남과 4녀(김허(金虛)·우효안(禹孝安)·류심(柳深)·정오(鄭晤))를 두었다. 이

중 이인손은 이준경의 고조로 세조의 측근이었다. 그는 1453년(단종 1) 11월 계유정란 이후 호조판서를 거쳐 우의정을 역임한 훈구파의 핵심인물이었다. 그는 이극배(李克培)·이극감(李克堪)·이극증(李克增)·이극돈(李克墩)·이극균(李克均) 등 5남과 3녀(이윤식(李允植)·김순우(金順禹)·이돈(李塾))를 두었는데 그의 아들은 모두 문과에 급제했다. 5자등과(五子登科)다. 그래서 이인손의 부인은 매년 은사미 20석을 받았다. 그뿐이 아니었다. 장자 이극배는 영의정에 광릉부원군(廣陵府院君), 차자 이극감은 형조판서에 광성군(廣城君), 3자 이극증은 병조판서에 광천군(廣川君), 4자 이극돈은 평안도관찰사에 광원군(廣原君), 5자 이극균은 강원도관찰사에 광남군(廣南君)을 지냈다. 그리하여 성현은 그의 『용재총화』에서 "당금문벌지성 광주이씨위최"라고 했다.

이극감은 이준경의 증조할아버지로 이세좌(李世佐)·이세우(李世佑)·이세걸(李世傑) 등 3남과 6녀(현분(玄賁)·이순응(李舜膺)·박은(朴垠)·손경조(孫景祚)·선팽손(宣彭孫)·송윤은(宋胤殷))를 두었다. 세 아들은 모두 문과에 급제했으며, 이세좌(1445~1504)는 서거정(徐居正)의 제자로 대사간을 거쳐 판중추부사에 광양군(廣陽君)에 피봉되었으나 갑자사화에 폐비 윤씨에게 약사발을 들고 간 죄로 1504년(연산군 10)에 귀양 가다가 죽었다.

이세좌는 이수원(李守元)·이수형(李守亨)·이수의(李守義)·이수정(李守貞) 등 4남과 5녀(정홍손(鄭弘孫)·조영손(趙永孫)·양윤(梁潤)·정현(鄭鉉)·윤여해(尹汝海))를 두었다. 이수원은 도사, 이수형은 문과에 급제해 사인, 이수의는 문과에 급제해 검열(檢閱), 이수정은 문과에 급제해 부수찬(副修撰)을 지냈다. 이들 네 아들은 1504년(연산군 10) 갑자사화 때에 아버지의 죄에 연좌되어 참형을 당했다.

이 중 이수정이 이준경의 아버지다. 이수정의 자는 간중(幹仲), 호는 정재(貞齋), 한훤당(寒暄堂) 김굉필의 제자로 김안국과 함께 사마시에 합격했다. 1447년(성종 8) 문과에 급제해 관직이 홍문관 부수찬에 이르렀으나 1504년(연산군 10)에 갑자사화에 연루되어 죽었다. 향년 28세. 중종반정으로 도승지로 추증되었다가 이준경의 출세로 다시 영의정에 추증되었다.

이수정은 이윤경(李潤慶)·이준경(李浚慶) 등 2남을 두었다. 형 이윤경(1498~1562)의 자는 중길(重吉), 호는 숭덕재(崇德齋)로 1534년(중종 29)에 문과에 급제해 벼슬이 병조판서에 이르렀다. 특히 그는 문·무겸전으로 1555년(명종 10) 을묘왜변(乙卯倭變) 때 전주부윤으로서 영암성(靈岩城)전투에 참여해 왜적을 무찌르는 데 공로를 세웠다.

이세우의 아들 이자(李滋)도 문과에 급제했는데 이약수(李若水)·이약빙(李若氷)·이약해(李若海) 등 3남을 두었다. 이 중 이약수는 생원에 그쳤으나, 이약빙은 문과에 급제해 벼슬이 좌통례에 이르렀고, 이약해도 문과에 급제해 벼슬이 직제학에 이르렀다. 그러나 이약빙의 아들 이홍남(李洪男)이 아우 이홍윤(李洪胤)의 역모를 고발해 그 공으로 공조참의가 되었다.

이준경은 이예열(李禮悅)·이선열(李善悅)·이덕열(李德悅) 등 3남과 1녀(이옥(李沃))를 두었는데 이예열은 군수를 지냈고, 이선열은 18세에 일찍 죽었으며, 이덕열은 당숙인 이유경(李有慶)에게 양자로 갔는데, 문과를 거쳐 벼슬이 승지에 이르렀다.

이상의 이준경의 가계도를 간단히 그려 보면 [표 1]과 같다.

[표 1] 동고 이준경의 가계도

```
集(文, 判典校寺事)+鄛州 黃碩範女
 子 之直(文)+李元普女  子 之剛(文, 左叅贊) 子 之柔(文, 星州牧使)
 ├子 長孫(文, 舍人)
 │└子 克圭(兵曹叅議)
 ├子 仁孫(文, 右議政, 靖難功臣)
 │├子 克培(文, 領議政, 廣陵府院君)
 ││├子 世忠(郡守)
 ││├子 世弼(大司憲)
 ││├子 世匡(都承旨)
 ││└子 世柱
 │├子 克堪(文, 刑曹判書, 左翼功臣, 廣城君)+忠州 崔德露女
 ││└子 世佐(文 , 大司諫, 廣陽君)+楊州 趙謹(觀察使)女
 ││  ├子 守元(都事)
 ││  │├子 延慶(文, 弘文校理)
 ││  │├子 宗慶(出)
 ││  │├子 承慶(出)
 ││  │├子 有慶(郡守)
 ││  ││└子 德悅(文, 承旨)(系)
 ││  │└子 餘慶
 ││  ├子 守亨(文, 舍人)
 ││  │└子 宗慶(系)
 ││  ├子 守義(文, 檢閱)
 ││  ├子 守貞(生壯, 文, 弘文修撰)+平山 申承演(判官)女
 ││  │├子 潤慶(文 , 兵曹判書)
 ││  ││├子 中悅(文, 吏曹正郎)
 ││  ││├子 淑悅
 ││  ││└子 繼悅
 ││  │├子 浚慶(文, 領議政, 忠正公)+豊山 金揚震(叅判)女
 ││  │├子 禮悅(郡守)+豊德 張彦邦(節度使)女
 ││  │├子 善悅
 ││  │└子 德悅(出)
 ││  ├子 世佑(文, 觀察使)
 ││  │└子 滋(文, 弘文博士)
 ││  │  ├子 若水(生)
 ││  │  ├子 若氷(文, 左通禮)
 ││  │  ├子 洪男(工曹叅議)
 ││  │  ├子 洪胤
 ││  │  └子 若海(文, 直提學)
 ││  └子 世傑(文, 僉知)
 │├子 克增(文, 判中樞, 佐理 · 翼戴功臣, 廣川君)
 ││└子 世弘(文, 正)
 │├子 克墩(文, 左贊成, 廣原君)
 ││├子 世銓(文, 府使)
 ││├子 世卿(文, 僉正)
 ││├子 世貞(文, 觀察使)
 ││├子 世綸(武, 正)
 ││└子 世應(奉事)
 │└子 克均(文, 左議政)
 └子 禮孫(文, 觀察使)
  ├子 克基(文, 叅判)
  └子 克堅(左通禮)
```

위 가계표에 의하면 조선 초기 50여 년간에 광주이씨 둔촌계는 문과 29인, 무과 1인을 배출했다. 가히 당대 최고의 가문이라고 할 수 있다. 특히 이인손은 5자(克培·克堪·克增·克墩·克均)를 등과시켰고, 근친 중에 극규(克圭)·극기(克基)·극견(克堅)을 합쳐 8극(八克)이라 일컬어지는 인물들이 쏟아져 나온 것이다.

그러나 문벌이 성한 만큼 정치적 박해도 많이 받았다. 이세좌가 폐비 윤씨의 약사발을 가지고 갔다는 사실이 밝혀지자 당사자는 물론 네 아들이 모두 죽임을 당하게 되었다. 거기다가 이홍윤 역모사건이 일어나 근친인 이준경 가문에게도 불똥이 튀어 많은 사람이 다쳤다. 이런 과정을 거치는 동안 이준경 가문은 자연히 사림파로 전향하게 되었다.

이준경은 광주이씨 둔촌계가 훈구파에서 사림파로 전향하는 과도기에 이를 연착륙시키는 역할을 한 것이다. 그러한 역사적 조건 때문에 이준경은 양측을 조율해 충돌과 갈등을 덜 일으키도록 노력한 것이다.

3. 이준경(1499~1579)의 행적

이준경의 자는 원길(原吉), 호는 남당(南堂)·홍련거사(紅蓮居士)·연방노인(蓮坊老人)·동고(東皐)이다. 광주이씨인 아버지 홍문수찬 이수정(李守貞)과, 어머니 판관 신승연(申承演)의 딸 평산신씨(平山申氏)와의 사이에서 차자로 태어났다. 1499년(연산군 5) 12월 27일 축시(丑時)이다. 태어난 곳은 한양 연화방(蓮花坊) 연지동(蓮池洞)이다. 홍련거사, 연방노인이란 호도 여기서 생긴 것이다. 어머니는 학문도 깊었지만 꿋꿋한 여자였다. 갑자사화로 일족이 멸문의 화를 당했고, 자신도 내자시 소속의 종으로 있었고 한때 장녹수(張祿水)의 종으로 예속되었다가 풀려나온 시련 속에서도 이윤경(李潤慶)·이준경 형제를 국가의 동량으로 길러냈다.

5세 때에는 어머니에게 『소학』을 배웠다. 그러나 갑자사화가 일어나자 이준경 형제는 6세에 괴산으로 귀양갔다. 1503년(연산군 9) 9월에 할아버지 이세좌가 연산군의 용포에 술을 쏟아 온성(穩城)으로 귀양 갔다가 풀려났으나 폐비 윤씨에게 사약을 가지고 간 것이 탄로나네 아들과 함께 죽었다. 이세좌는 거제도로 귀양 가는 도중에 곤양군 양포역에서 자살하게 했다. 이때 종증조부 이세걸(李世傑)·재증조부 이세광(李世匡)·재종숙 이수공(李守恭) 등 여러 족친이 화를 입었다. 이들은 중종반정으로 신원되어 중종은 어필로 9현문(九賢門)이라고 써주었다고 한다. 이준경 형제도 귀양에서 풀려 청안(淸安)으로 옮겼다. 그러나 의탁할 데가 없어 8세부터 14세까지 외가에 의탁했다. 외할아버지 신승연은 요행히 화를 당하지 않았고, 적처에 아들이 없어 이준경 형제가 의탁할 만했다.

어머니는 형제에게 『효경』과 『대학』을 가르쳤다. 9세 때는 외할아버지가 상주판관으로 부임해 따라가서 축재(蓄齋) 황효헌(黃孝獻)에게 『소학』을 다시 배웠다. 그는 안동부사를 역임한 황희(黃喜)의 후손이었다. 15세 때인 1513년(중종 8)에는 유산(栖山)에서 남명 조식과 함께 글을 읽었다.

16세가 되던 1514년(중종 9)에는 공조참판을 지낸 김양진(金揚震)의 딸 풍산(豊山)김씨와 혼인했다. 부인은 시어머니에게 효도하고, 비복(婢僕)을 사랑하며, 친척들에게 베풀기를 좋아했다. 이 해에 11세 연상인 종형 탄수(灘叟) 이연경(李延慶)에게 성리학을 배웠다. 그는 1519년(중종 14) 두 번째 현량과(賢良科)에 급제한 정암 조광조의 문인으로 기묘사화 때 유배되게 되어 있었으나 중종이 봐주어 파직만 당했다. 이준경 형제는 이연경을 따라 조광조를 만나 보았다. 사림파가 된 것이다. 1519년(중종 14)에 일어난 기묘사화에는 4촌형 이연경·재종형 이약수(李若水)·이약빙(李若氷)·3종숙 이영부(李英符) 등이 화를 입었다.

기묘사화 이후 이준경은 과거시험을 포기했으나 어머니의 간곡한 권유로 1522년(중종 17)에 생원시와 진사시에 모두 장원하고, 1531년(중종 26)에 문과에 급제했다. 어머니는 집안을 다시 일으키기 위해 이준경 형제에게 과거를 권한 것이다. 그러나 어머니는 이준경이 문과에 급제하는 것을 보지 못하고 죽었다(1524). 이준경은 가난해 처가살이를 했다. 그러나 형 이윤경과 우애가 좋아 늘 담을 나란히 하고 살았으며 서로 떨어져 있을 때는 편지를 주고받았다.

문과에 급제한 이후 홍문관 정자 등 여러 관직을 역임했다. 1533년(중종 28) 부수찬으로서 야대(夜對)에 나아가 기묘사화와 안처겸(安處謙) 옥사에 화를 입은 사람들을 신원해 주어야 한다고 주장했다. 중종은 술 석 잔을 내리면서까지 동조하다가 김안로(金安老) 등이 반대하자 오히려 이준경을 파직시켰다. 이준경은 문을 굳게 닫고 성리학 공부에 매진했다.

그러나 1538년(중종 33)에 김안로가 문정왕후를 폐위시키려다 실패해 실각하자 이준경도 풀려났다. 39세였다. 그는 홍문관 부수찬으로 기용되었다. 1541년(중종 36) 4월 그는 이언적·이황과 함께 1강(綱) 9목(目)소를 올렸다. 왕이 도학을 실천해야 한다는 것이다. 도학을 왕의 상투 끝에 올려놓은 것이다.

이준경은 국방에 대해 조예가 깊었다. 1541년(중종 36) 6월 이준경은 경차관이 되어 제포(薺浦)의 왜란을 조사·보고했다. 이준경은 왜인을 만나면 죽이지 말라는 금령을 고치고, 쾌속선을 많이 만들어 배치해야 한다고 주장했다. 그리고 왜인이 강매하려는 유황 등의 물건을 억지로 사주지 말아야 한다고 했다.

1544년(중종 39) 11월에 중종이 죽자 세자를 즉위하게 했다. 그리고 정사 민제인(閔齊仁)을 따라 고부청시부사(告訃請諡副使)가 되어 명나라에 다녀왔다. 돌아와서 형조판서가 되었다. 그는 인종에게 후손이 없으니 경원대군을 태제(太弟)로 정하자고 했으나 뜻을 이루지는 못했다. 이준경은 3년간 시강원 찬선·보덕을 겸임했다. 1545년(인종 1) 7월 인종이 죽고 명종이 서자 문정왕후가 수렴청정했다.

명종이 즉위하자 윤원형·이기 등이 을사사화를 일으켰다. 이에 이기의 미움을 받아 이준경은 평안도관찰사로, 이윤경은 성주부사로 쫓겨났다. 그리고 조카 이중열(李中悅)은 갑산(甲山)으로 귀양 갔으며, 종형 이유경(李有慶)·재종형 이약빙과 이약해·3종숙 이영현(李英賢)·4종제 이수경(李首慶) 등도 파직되거나 귀양 갔다. 1548년(명종 3) 7월에 이준경은 병조판서가 되었다. 그런데 1550년(명종 5) 4월에 이홍윤(李洪胤, 윤임(尹任)의 사위) 역모사건이 터졌다. 이홍윤은 아버지 이약빙의 원수인 이기·윤원형·정언각(鄭彦慤)을 죽이기 위해 충주에서 역모를 꾀했다. 형 이홍남은 집안이 멸문이 되는 것을 방지하기 위해 고변했다. 이준경은 이약빙의 6촌이요, 이중열(李中悅)의 3촌이라 해 보은으로 귀양 보냈다. 이무강(李無疆)은 "이모는 재주가 문·무를 겸해 국가에 이롭지 못하다"고 모함하기까지 했다. 그러나 심연원(沈連源)이 반대해 곧 지중추부사·형조판서로 복귀했다. 반대로 이무강은 문외출송(門外出送)되었다. 이준경이 살 수 있었던 것은 대윤과 소윤이 다툴 때 일방적으로 소윤만 처벌할 수 없다고 주장해 윤원형이 돌봐 준 때문이었다.

1552년(명종 7) 6월 이준경은 북도순변사(北道巡邊使)가 되어 이응거도(伊應居島)에 침입한 여진족을 다스리는 일을 맡았다. 이준경은 장재(將才)가 있어 북노(北虜)와 남왜(南倭)의 침입이 있을 때마다 발탁되어 이를 군사적, 외교적으로 해결하는 일을 맡았다. 그러나 그의 해결

책은 되도록 외적을 위무해 전란으로 확대되지 않는 방향으로 타협하는 것이었다. 을묘왜변 때 적을 일망타진하지 못하고 오히려 세견선(歲遣船) 50척을 다 회복시켜 주자고 주장한 것이 그 예이다.

그해 10월 이준경은 4번째 대사헌이 되었으며, 11월에는 염근인(廉謹人)으로 피선되었다. 그는 청백한 관료로 이름이 있었다. 그리고 사람을 볼 줄 알아 이원익(李元翼)·이황·조식·성수침(成守琛)·윤두수(尹斗壽)·윤근수(尹根壽) 등을 기용했다. 반면에 심의겸(沈義謙)·윤두수·덕흥(德興)대원군 등의 인사 청탁을 물리친 것으로 유명하다.

1555년(명종 10) 5월에 이준경은 전라도 도순찰사에 임명되어 을묘왜변을 수습하는 일을 맡았다. 이준경은 나주에 주둔하고 있으면서 달양진(達梁鎭)에 쳐들어 온 왜적을 진압하지 못하고 있다가 전라좌도 방어사 남치근(南致勤)으로 하여금 녹도에서 전함 60척으로 왜적을 추격해 달아나게 했다. 이에 왜선 28척을 격파하는 전공을 세웠다고 하지만 전쟁에 승리한 것은 아니었다. 오히려 형 이윤경은 전주부윤으로서 달양진에서 왜적을 무찌르는 데 공을 세웠다. 그 때문에 이준경은 승전축하식에도 참여하지 않았다. 그리하여 이 사실은 두고두고 이준경의 업적에 하자로 거론되기도 했다. 그러나 그해 10월에 이준경은 우찬성으로서 병조판서를 겸임하게 되었고, 이윤경은 전라도관찰사로 승진했다. 이준경이 재상이 된 것이다. 그리고 병조판서에는 3번째 임명된 것이었다.

이준경은 1558년(명종 13) 5월에 좌찬성, 11월에 우의정, 1560년(명종 15) 6월에 좌의정으로 승진했다. 이준경은 재상으로서 문정왕후의 비위를 맞추어 중종의 정릉(靖陵)을 옮기는 산릉도감(山陵都監)의 총호사(摠護使)를 맡기도 했다. 1564년(명종 19) 8월에 형 이윤경이 죽었다. 이준경은 상복을 입고 조석으로 곡을 해 거의 실명할 뻔했다. 1564년 4월 별감 옷을 입은 자가 거짓으로 문정왕후의 내지(內旨)를 이준경에게 전해준 사건이 일어났다. 이 일로 이준경은 판중추부사로 밀려났다가 다시 영중추부사가 되었다.

1565년(명종 20) 8월 이준경은 드디어 영의정이 되었다. 이때 명종은 윤원형을 견제하기 위해 이량을 기용했다. 이준경은 그를 미워하면서도 비위를 거스르지 않으려고 애썼다. 김안로·이기 등 권신에게 맞서다가 곤혹을 치른 경험이 있었기 때문이다. 1563년(명종 18) 3월 이량은 그의 아들 이정빈(李廷賓)을 알성시에 부정으로 급제시켰다. 이준경이 이를 비판하자 이량이 앙심을 품었다. 그러나 이량이 곧 실각해 무사했다.

1565년(명종 20) 2월에 문정왕후가 죽었다. 이준경은 영의정으로서 백관을 인솔하고 윤원형을 쫓아낼 것을 여러 차례 상소했다. 그리하여 윤현형이 쫓겨났다. 그리고 9월 15일에 명종이 후사 없이 병이 났다.

이준경은 1565년 12월 명종에게 을사사화에 화를 입은 선비들을 풀어 주자고 했다. 그러나 재상들이 반대해 뜻을 이루지 못했다. 그러나 1567년(명종 22) 5월에 이준경은 영의정에서 물러났다. 이준경이 후사를 세우자고 주장한 데 대해 명종이 서운하게 생각해서였다. 그러나 홍문관에서 반대해 그대로 있었다. 6월 28일 명종이 위독해졌다. 이준경은 영의정으로서 중전 심씨의 명을 받아 덕흥군(德興君) 3자 하성군(河城君)을 옹립했다. 이가 선조이다. 10월에 이준경은 을사사화, 이홍윤 역모사건에 연루되어 처벌되었던 선비들을 풀어 줄 것을 강력히 요구했다. 노수신(盧守愼)·유희춘(柳希春)·백인걸(白仁傑) 등을 기용하고, 조광조·이언적·권벌(權橃) 등에게 시호를 내려주는 반면에 남곤(南袞)·이기·정언각·정순붕(鄭順鵬)·임백령(林百齡) 등의 관작을 삭탈하라고 했다. 3사는 이들 가해자의 위훈(僞勳)을 삭제하라고 했다. 그러나 이준경은 재상으로서 명종과 왕비가 관련되어 있고, 사화를 일으킨 무리들과 자손들이 살아 있으니 잘못하면 사화가 일어날 위험이 있기 때문에 너무 과격하게 밀어붙이면 안 된다고 했다. 실제로 김개(金鎧) 등 구신세력이 사림을 박해하려는 것을 억제하기도 했다. 영의정으로서 가해자와 피해자를 조정해 사림정치를 연착륙시키자는 것이었다. 이 때문에 이이·기대승·정철 등 사림들에게 미움을 산 것이다.

1568년(선조 2) 4월에 이준경에게는 궤장(几杖)이 내려졌으나 귀장연은 하지 않았다. 1570년(선조 3) 겨울에 이준경은 영의정에서 물러나 영중추부사가 되었다. 그는 물러가 동고정사(東皐精舍)에서 지내다가 청안면 구계(龜溪)에서 살았다.

이준경은 1572년(선조 5) 6월에 병이 심해지자 7월 7일에 유차(遺箚)를 올리고 죽었다. 향년 74세. 이 유차에서 장차 조정에 붕당이 일어날 것이라고 예언했다. 이이·정철 등 신진사림들이 크게 반발했다. 그러나 당시에 이미 노당(老黨)과 소당(少黨)의 설이 있었다. 그리고 1580년(선조 8)에 동서분당이 일어나 그의 예언이 적중했다.

4. 이준경의 역사적 위상

이준경은 광주이씨 둔촌계이다. 둔촌(遁村) 이집(李集)은 고려 말에 문과에 급제해 이색(李穡)·정몽주(鄭夢周) 등과 사귀던 명사였다. 이집의 세 아들 이지직·이지강·이지유가 모두 문과에 급제했고, 이지직의 세 아들 이장손·이인손·이예손도 모두 문과에 급제했다.

특히 이인손은 세조 공신으로서 우의정에 올라 광주이씨 둔촌계를 훈구파의 핵심으로 자리를 굳히게 했다. 뿐만 아니라 그의 다섯 아들 이극배·이극감·이극증·이극돈·이극균이 5자등과(五子登科)해 의정(議政)이 되거나 공신이 되었으며, 여기에 조카 이극규(李克圭, 이장손의 장자)·이극기(李克基, 이예손의 장자)·이극견(李克堅, 이예손의 차자) 등과 함께 8극(八克)으로 알려질 정도로 현달했다. 그리하여 성현의 『용재총화』에서 "당금문벌지성 광주이씨위최"라고 할 정도로 당대최고의 문벌가문으로 성장했다.

그러나 그 다음 세대부터 시련을 겪었다. 1498년(연산군 4) 무오사화 때 이극배의 손자 이수공(李守恭)이 유배된 것을 비롯해 1504년(연산군 10) 갑자사화 때 이극감의 아들 이세좌와 손자 이수원(李守元)·이수형(李守亨)·이수의(李守義)·이수정(李守貞)이 몰살당하는가 하면 이수정의 두 아들 이윤경·이준경도 괴산으로 귀양 가는 사태가 벌어졌다.

광주이씨 둔촌계의 불행은 여기서 끝나지 않았다. 1519년(중종 14) 기묘사화 때 이준경의 4촌 형 이연경(李延慶, 이수원의 장자)과 이약빙(李若氷, 이준경의 6촌)이 파직되었으며, 1545년(인종 1)의 을사사화와 1550년(명종 5)의 이홍윤(李洪胤, 이약빙의 차자)의 역모사건으로 이약빙·이약해(이약빙의 동생)·이중열(李中悅, 이윤경의 장자)이 유배되거나 사사되었다. 그리고 이준경은 보은으로 유배가고 이윤경은 문외출송(門外黜送)되었으며, 이유경(이연경의 동생)·이수경(李首慶, 이극견의 증손) 등이 파직되거나 귀양 갔다.

이와 같이 이준경 가문은 사화가 있을 때마다 화를 입었다. 사림파에 속했기 때문이다. 그 시발은 이세좌가 연산군 생모 폐비 윤씨의 약사발을 들고 간 데서부터 비롯되었지만 그 이후 이준경 가문은 사림파로 돌아섰다. 우선 4촌 형 탄수(灘叟) 이연경(李延慶, 이세좌의 장손)은 조광조(趙光祖)를 추종해 현량과 병과에 급제한 사림파이고, 이윤경·이준경 형제는 조광조를 만나보고 이연경에게서 성리학을 배웠으니 역시 사림파에 속했다고 할 수 있다. 실상 이준경 형제는 스승인 이연경을 따라 조광조를 만나보기도 했다. 그리고 이영부(李英符,

이예손의 4대손·이수경의 아버지)는 조광조를 구하려다 25세의 젊은 나이로 장살당하기도 했다.

이로 미루어 보아 이준경 가문은 16세기에 들어오면서 이미 훈구파에서 사림파로 전향하고 있었음을 알 수 있다. 그러나 사림파의 주장은 정제되어 있지 않고 과격해 여러 차례의 사화가 일어났다. 이에 이준경은 사림파로서 주장할 것은 주장하지만 재상으로서 기득권층인 재상들과 신진사림 사이를 잘 조정해 사화가 일어나지 않도록 하고자 노력했다. 양자를 거중조정하는 역할을 한 것이다.

1533년(중종 28)에 이준경은 검토관 구수담(具壽聃)과 함께 안처겸(安處謙) 옥사에 연루된 사림 중 억울한 사람이 많으니 풀어주라고 말해 중종이 술까지 내려 주었다. 그러나 김안로 등 대신들이 이준경이 자기의 측근인 이연경·이약수·이약빙 등을 풀어주려는 것이라고 반대해 파직되었다. 그러나 기묘사화 이후 파직된 사림 60여 인이 풀려나왔다.

그리고 1541년(중종 36) 4월에 이준경은 당대의 석학 이언적·이황과 함께 유명한 1강 9목소를 올려 중종에게 사림정치를 실시할 것을 주장했다. 또한 1565년(명종 20) 문정왕후가 죽자 영의정으로 앞장서서 윤원형을 여러 차례 탄핵해 쫓아냈다. 나아가서는 이황·조식·성수침·서경덕·성운(成運)·이항(李恒)·임훈(林薰)·한수·남언경·김범(金範) 등 도학자들과도 일정한 연계를 가지고 이들을 불러들이도록 추천하기도 했다.

반면에 이이·기대승 등 과격한 개혁주장에 대해서는 일정한 견제를 가해 사화를 미연에 방지하고자 했다. 이에 대해 이이는 이준경이 식견이 짧고, 재기가 부족하며, 거만해 사림에게 인심을 많이 잃었다고 했다. 특히 이준경이 죽기 전에 올린 유차에 대해 "이준경이 죽을 때 그 말이 악하다"고 까지 맹렬히 비난했다. 이 유차가 심의겸을 견양한 것이라고 하나 사실은 신진사림들의 과격한 언론을 견제한 것이라 해야 할 것이다.

이황이 우찬성으로 불려 올라왔을 때도 이준경이 매우 호통을 친바 있다. 조광조와 같이 되고 싶으냐는 것이었다. 이미 당시에 이황을 필두로 하는 신진사림들을 "소기묘(小己卯)"라고 지목해 위험시하는 분위기였다. 이때 이황은 이를 받아들여 곧 물러나 무사했지만 이이와 기대승이 과격한 언론을 할 때에는 김개(金鎧) 등 윤원형·이량의 잔당들이 들고 일어나 자칫하면 사화가 일어날 뻔했다. 이준경은 오히려 김개를 실각시켰다. 이이와 기대승이 일찍 죽은 것도 이러한 반대세력의 위협으로 인한 스트레스 때문이 아닌가 생각된다.

훈신세력과 신진 사림세력 사이를 조정하려면 스스로 흠이 없고 인망이 있어야 한다. 이준경은 우선 키가 커서 일찍부터 장재(將才)가 있다는 말을 들었고, 청렴결백해 남에게 흠을 잡힐 일을 하지 않았다. 뿐만 아니라 인사에 공정하고 권력자들의 청탁을 과감히 물리쳤다. 이원익·이황·조식·성수침·윤두수·윤근수 등 인재들을 추천하고, 심의겸·덕흥군·심통원·윤두수·윤근수 등의 은근한 청탁을 받아주지 않았다. 그는 두 번씩이나 염간인(廉簡人)으로 표창되기도 했다.

그리고 능력도 있었다. 그는 국가가 어려울 때 외국에 사신으로 다녀왔고, 명종이 죽어 명나라 사신 허국(許國)이 왔을 때 막후에서 종계(宗系)를 바로잡아 주도록 로비를 해 종계무변(宗系誣辨)을 해결하는 데 공헌했다. 뿐만 아니라 외적이 쳐들어 올 때는 병조판서로서, 아니면 대신으로서 국방에 관한 건의를 많이 했고, 을묘왜변 때에는 직접 전라도순찰사로 나가 왜적을 물리치기도 했다. 그러나 그의 국방사상은 되도록 강적과 마찰을 피해 생령을 도탄에 빠지지 않게 하는 것이었다. 이는 비단 이준경의 국방사상일 뿐 아니라 문치주의 국가인 조선의 국방사상이기도 했다.

오리(梧里) 이원익(李元翼)의 생애와 치적(治績)

1. 머리말

이원익(1574~1634)은 선조·광해군·인조 3대에 걸쳐 40년간 재상으로 있었고, 영의정을 6번이나 지낸 종실 출신 현상(賢相)이다. 그는 태종의 12번째 왕자인 익령군(益寧君)의 4세손으로 1569년(선조 2)에 문과에 급제해 1634년(인조 12)에 88세로 죽을 때까지 65년간 관직생활을 했다. 또한 그는 국난을 당할 때마다 4차례나 도체찰사가 되어 이를 극복하는 데 앞장섰다.

그러면 무엇이 이원익으로 하여금 목숨을 걸고 나라를 지키는 데 앞장 설 수 있게 했을까? 그는 키가 작았으나(3척 3촌) 담대하고 사명감에 가득 차 있었다. 타고난 자질이 총명하고 기억력이 뛰어났으며, 자신에게 편리한 것만 일삼지 않고, 사사로운 뜻을 가지고 남을 대하지 않았다. 그는 도량이 넓었으며, 표리가 일치했다. 평소에는 사기(辭氣)가 온화하고 얼굴빛이 밝았으나, 일에 다다르면 마치 산악과 같이 우뚝해 움직이지 않았다. 그는 공무를 집행할 때는 책도 읽지 않았으며, 지은 글도 즉시 없애버려 집에 간직한 사고(私稿)가 없었다. 글을 지을 때는 이치를 근본으로 삼고 수식을 일삼지 않아 간략하고 담담한 것 같으나 의미는 매우 심장했다. 임금에게 아뢰는 말은 지성이 넘쳐 임금을 감동시켰다.

그는 백성을 사랑했다. 그리하여 그가 발하는 정령에 백성들이 기쁜 마음으로 따르고, 그가 떠날 때는 비석과 사당을 세워 추모했다. 그리하여 그의 사돈 이준(李埈)은 그를 "원우(元祐, 송 철종의 연호. 이때 당쟁이 심했다)의 완인(完人)"이라 했다. 당쟁에 불편부당(不偏不黨) 했다는 뜻이다. 그는 당파에 치우치지는 않았지만 남들은 그를 남인으로 치부했다. 유성룡·이순신 등 남인 인사들과 생각이 같았기 때문이다.

그는 청렴결백해 재물을 탐하지 않았으며, 녹봉조차 남에게 나누어 주었다. 그래서 항상 가난하게 살았으며, 임금이 내려 주는 집이나 하사품도 극력 받으려 하지 않았다. 풍수도참설도 믿지 않아 모든 종원을 선산에 차례대로 묻도록 유언했다. 병이 있는데도 왕을 극진히 모셨으며, 국가의 환란이 있을 때는 목숨을 걸고 앞장서 싸웠다. 그러나 국왕이 원칙 없이 일을 처리하면 준엄하게 따졌다.

이러한 이원익의 성품이나 공무에 대한 자세는 가히 공직자의 모범이 될 만하다. 이에 본고에서는 그동안 잘 알려지지 않은 오리 이원익의 가계, 생애, 치적을 밝혀 후세 사람들의 전범을 삼게 하고자 한다. 그는 양심적인 테크노크라트였기 때문에 그동안 연구자들의 관심을 끌지 못했던 것은 사실이다.

2. 가계

오리 이원익은 전주이씨다. 시조는 신라 문성왕 때 사공(司空)을 지

낸 이한(李澣)이며, 중시조는 태종의 12번째 아들인 익령군 이치(李袳)
다. 이원익은 이치의 4세손이다. 왕손은 4대가 지나면 친진(親盡)이 되
어 일반 양반처럼 과거시험을 보아 벼슬을 할 수 있었다. 이원익의
직계 존·비속을 도표로 그려 보면 [표 1]과 같다.

[표 1] 이원익의 직계존·비속[1]

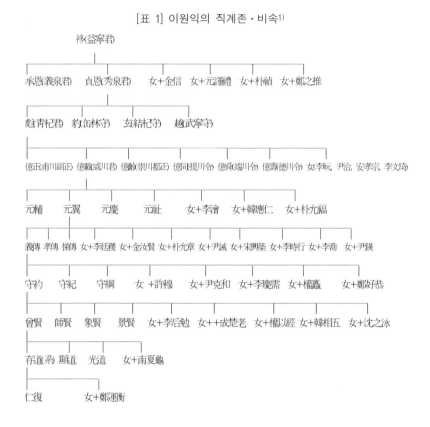

이원익의 고조는 익령군 이치다. 그는 태종의 12남으로 유복자요
불천위였다. 1422년(세종 4) 10월에 태어나 1464년(세조 10) 7월 10일

1) 『全州李氏益寧君派譜』, 回想社, 1980.1~3, 157~163쪽.

에 죽었다. 향년 43세. 어머니는 숙선옹주(淑善翁主, 뒤에 善嬪) 1468년(세조 14) 6월 7일에 죽었다. 첫째 부인은 절제사 박종지(朴從智)의 딸인 청송박씨요, 둘째 부인은 첨지중추부사 조철산(趙鐵山)의 딸인 평양조씨다.

이원익의 증조는 수천군 이정은(李貞恩)으로 익령군의 차자다. 처음에 수천부정이 되었다가 뒤에 도정, 군으로 추봉되었다.[2] 그는 타고난 바탕이 총명하고 특히 음률에 능했다. 그는 나면서부터 부귀했으나 교만하지 않았고, 비단옷 대신 흰옷을 입었다. 증손인 영의정 이원익의 현달로 숭헌대부(종친계 정2품 상계)에 추증되었다.[3] 한때 문학으로 이름이 있었으며, 검약을 좋아해 가난한 선비와 같았다. 평생에 사람을 좋아하고, 위태로운 말이나 의논을 좋아하지 않았다. 그리하여 갑자사화 때도 화를 당하지 않았다. 유고가 있었으나 모두 불태워버려 전하지 않는다.[4]

가야금을 잘 탔는데 곡조가 간략하고 뛰어난 소리라고 칭송했다. 이에 사화 이후에는 세상일을 다 버리고 매양 달밤에 사람이 없을 때 거문고를 타면서 탄식했다. 손자 함천군 이억재(李億載)도 음악을 좋아해 수천군은 거문고를 타고 함천군은 경쇠를 쳤다고 한다. 추강(秋江) 남효온(南孝溫)의 수문(首門)으로 김굉필, 김시습, 안응세, 이총 등과 사귀었다. 남효온이 수천군의 음악을 평하기를 "수천군의 음률은 무풍정 백원(百源)과 이름이 가지런한데, 백원은 웅혼하지만 손이 거칠고, 수천군은 격조는 높으나 기(氣)가 편벽하다"고 하는데, "내가 친히 수천군의 거문고 뜯는 것을 보니 듣는 자가 반드시 우는지라 백아(伯牙, 고대에 거문고를 잘 탄 사람)가 죽은 지 천 년 후에 이 사람이

---

2) 李存道, 「(秀泉君)行錄」, 『全州李氏益寧君派譜』, 1994, 32~33쪽.
3) 동상, 27쪽.
4) 許穆, 「梧里 李元翼 遺事」, 『全州李氏益寧君派譜』, 1994.

제일이 아닌가?"라고 평했다.5) 수천군은 종실에 태어나 조정의 직책을 맡을 수 없었기 때문에 그가 가지고 있는 재능을 조금도 베풀지 못한 것이다.6) 첫째 부인은 감찰 유중발(柳重發)의 딸 문화유씨요, 둘째 부인은 양천허씨다.7)

이원익의 할아버지는 청기군 이표(李彪)다. 이표는 청기수가 되었다가 청기군으로 승진했다. 부인은 생원 조경(趙絅)의 딸인 배천조씨다.8)

이원익의 아버지는 이표(李彪)의 차자 함천군 이억재(李億載)다. 1503년(연산군 9) 11월 9일에 태어나 1584년(선조 17) 8월 13일에 죽었다. 향년 80세. 처음에는 함천부수가 되었다가 1535년(중종 30)에 시예(試藝)에 뽑혀 창선대부 함천정으로 승진되었다. 1560년(선조 15)에 나이 80이 되어 정의대부(종친계 종2품 하계) 함천군에 봉해졌다. 아들 이원익이 현달해 순충적덕보조공신(純忠積德補助功臣)에 추봉되고, 1품 현록대부(종친계 정1품 상계)에 올랐다.9)

함천군은 충성스럽고 성실해서 착하지 않은 것을 보면 자기 몸이 더러워지는 것 같이 여겼다. 또한 음악에 조예가 깊어 수천군 이정은 의 재주를 이었다고 했다. 매양 달밤에 사경(砂磬)을 치면서 스스로 마음을 붙이면 사람들이 눈물을 흘리지 않는 사람이 없었다. 그러니 지금 대악(大樂)이 사경에 그 소리가 전하는 것은 그로부터 시작되었다고 할 수 있다. 그는 오행(五行)의 운행을 잘 알아 항상 아들 이원익에게 경계하기를 "큰 나라에서는 경(卿)이 되고, 작은 나라에서는 상(相)이 될 거이나, 늦게는 화액(禍厄)이 있고 위험할 것이다"라고 했

---

5) 동상.
6) 李存道, 「(秀泉君)行錄」, 36쪽.
7) 『全州李氏益寧君派譜』, 1980, 2쪽.
8) 동상, 2쪽.
9) 許穆, 「贈純忠積德補助功臣顯祿大夫正義大夫咸川君墓誌銘」, 『全州李氏益寧君派譜』 卷上, 1994, 39~42쪽.

다고 한다.10)

부인은 둘이다. 첫째 부인은 첨지 우정(禹鼎)의 딸인 예안(禮安)우씨요, 둘째 부인은 감찰 정치(鄭錙)의 딸인 동래정씨다.11)

이원익은 함천군 이억재의 차자다. 1547년(명종 2) 10월 24일에 태어나 1634년(임조 12) 정월 29일에 죽었다. 향년 88세. 문과에 급제해 65년간 관직생활을 했으며, 그중 40년간 재상의 지위에 있었고, 선조·광해군·인조 3조에 걸쳐 6번 영의정에 오르고, 4번 도체찰사를 지냈다. 출장입상(出將入相)이다. 그는 국난이 있을 때마다 자진해서 북노남왜(北虜南倭)를 막는 데 앞장섰으며, 전후에 백성들을 안집(安集)하는 데 공로를 남겼다. 그리하여 호종공신(扈從功臣)에 녹훈되고, 완평부원군(完平府院君)에 책봉되었다. 그리고 만년에는 궤장(几杖)을 하사받았다. 시호는 문충(文忠)이다.12)

부인은 현신교위 정추(鄭樞)의 딸 정경부인 연일(延日)정씨다. 이원익은 3남(이의전(李義傳)·이효전(李孝傳)·이제전(李悌傳)), 8녀(이정식(李廷植)·김여현(金汝賢)·박윤장(朴允章)·윤성(尹誠)·송홍축(宋興築)·이시행(李時行)·이교(李喬)·윤영(尹鍈))를 두었다.13)

이의전은 1568년(선조 1) 11월 23일에 태어나 1617년(광해군 9) 7월 22일에 죽었다. 향년 50세. 과거에는 합격하지 못했으나 31세부터 벼슬하기 시작해 4현(고창·인천·양성·과천), 5군(풍덕·안산·양근 2·가평), 2부(철원·이천)의 수령을 지냈다. 영의정 이원익의 장자이기 때문에 역임한 관직들이다. 이원익은 이의전에게 항상 "청렴하면 공변되고 공변되면 밝아진다. 정치를 하는 데는 백성에게 어질게 하고,

---

10) 동상, 40~41쪽.
11) 『全州李氏益寧君派譜』, 回想社, 1980, 42~44쪽.
12) 동상, 全, 상권, 1994, 54쪽.
13) 동상.

물건을 사랑하는 것으로 마음을 삼아야 할 것이니, 호령이 공평하고 상벌이 사사롭지 않으면 백성이 따를 것이요, 인심이 흩어지면 만사가 다 그릇된다"고 훈계했다. 이에 그는 아버지의 훈계를 따랐더니 가는 곳마다 칭송을 들었다고 한다. 1634년(인조 12) 아버지 이원익이 죽자 67세의 나이에도 불구하고 효성을 다해 장례를 모셨고 3년간 여묘살이를 했다.[14]

1636년(인조 14)에 병자호란이 일어났을 때는 남한산성에 들어가 싸웠다. 이 공으로 가선대부(문산계 종 2품 하계)에 승진되고, 완선군(完善君)에 피봉되었다. 70세가 되어 봉조하(奉朝賀)로 있다가 죽은 후에 좌찬성에 추증되었다. 그는 책 읽기를 좋아했으며, 특히 5음(宮·商·角·徵·羽) 6율(12율 중에 陽聲에 속하는 黃鐘·大簇·姑洗·蕤賓·夷則·無射)의 변화를 알아서 음악에 통달했다. 그러나 아버지가 죽은 후에는 거문고를 뜯지 않았다고 한다.[15] 부인은 장사랑 안굉(安宏)의 딸인 정부인 순흥안씨다. 이의전은 3남(이수약(李守約)·이수기(李守紀)·이수강(李守綱)), 5녀(허목(許穆)·윤극화(尹克和)·이경수(李慶需)·권촉(權矗)·정호공(鄭好恭))를 두었다.[16]

이의전의 큰 아들은 이수약이다. 1590년(선조 23) 3월 18일에 태어나 1668년(현종 9) 2월 16일에 죽었다. 향년 79세. 10세부터 글을 배웠으나, 1615년(광해군 7)에 할아버지 이원익이 인목대비 폐비를 반대하다가 귀양 가는 바람에 과거시험을 보지 못했다.[17] 그러나 인조반정이 일어나 할아버지가 다시 영의정이 되자 이듬해 장원서 별좌가 되었다. 그해 생원시 2등 제9인에 뽑혀 사헌부 감찰, 장예원 사평, 연풍

---

14) 許穆, 「資憲大夫完善君李公墓表陰記」, 『全州李氏益寧君派譜』 全 上卷, 1994, 66~69쪽.

15) 『全州李氏益寧君派譜』, 回想社, 1980, 158쪽.

16) 『全州李氏益寧君派譜』 全, 1994, 157~163쪽.

17) 許穆, 通訓大夫行 宗親府典籤李公(守約)墓誌銘(『全州李氏益寧君派譜』, 70~71쪽).

현감을 역임했다. 그 후 사헌부 감찰, 공조좌랑, 양천현령을 지냈다. 그러나 인조가 삼전도에서 항복하자 아버지 이의전이 영남으로 귀양가 벼슬을 내놓고 따라갔다. 1639년(인조 17)에 형조좌랑으로 다시 기용되어 용담현령, 포천현감을 지내다가 병으로 물러났다. 1624년(인조 2)에 이괄난이 일어나자 상국 김모의 시장(諡狀)에서 기자헌(奇自獻) 등 37인을 죽일 때 "마땅히 3공(三公)을 죽여야 한다"고 했다. 이수약은 아버지 상중인데도 상소를 올려 할아버지의 죄를 발명해 무사하게 되었다. 1651년(효종 2)에 할아버지 이원익이 인조묘정에 배향되자 효종은 그를 장원서 별제에 임명했다. 1653년(효종 4)에 광흥창수로 옮겼다가 고성군수로 나갔는데, 1년 후에 상사의 미움을 받아 그만두었다. 그 후에도 사재감 첨정, 장악원 첨정, 광흥창수를 역임했으나 늙어서 그만두었다. 그때 그의 나이 73세였다. 그는 몇 해 동안 앓다가 1668년(현종 9)에 죽었다. 『한중잡록(閑中雜錄)』10권을 지었다.[18] 손자 완성군(完成君) 이존도(李存道)의 현달로 이조참판에 증직되었고, 완능군(完陵君)에 봉해졌다. 부인은 둘인데 첫째 부인은 도승지 백인영(白仁英)의 고손녀인 정부인(내외명부 2품계) 수원백씨요, 둘째 부인은 감찰 서필화(徐必華)의 딸인 부여서씨다. 수원백씨는 5녀(이후면(李后勉)·성초노(成楚老)·권이경(權以經)·한상오(韓相五)·심지영(沈之泳))를 두었고, 부여서씨는 4남(이증현(李曾賢)·이사현(李師賢)·이상현(李象賢)·이경현(李景賢))을 두었다.[19]

이수약의 장자는 이증현이다. 그는 1629년(인조 7) 11월 4일에 태어나 1694년(숙종 20) 10월 23일에 죽었다. 향년 66세. 1657년(효종 8)에 선조조 3대신의 후손을 녹용하라는 명이 있어 사옹원 참봉에 임명되어 예빈시 봉사, 종묘서 직장, 사축서 별제, 예빈시 별제, 광흥창 주부,

---

18) 『全州李氏益寧君派譜』 全, 回想社, 1980, 71~73쪽.
19) 동상, 157~161쪽.

사재감 주부, 군자감 주부, 내섬시 주부, 장예원 사의, 교하현감, 고산현감, 영유현감, 회덕현감, 영천군수, 선산부사, 풍덕부사, 공주목사 등의 관직을 역임했다. 1634년(인조 12)에 성주목사에 임명되었으나, 나이가 많아 사임하고, 그해 10월 23일에 죽었다. 아들 이존도의 현달로 이조판서에 추증되고, 완성군(完成君)에 봉해졌다. 부인은 수찬 김설(金卨)의 딸인 상산(商山)김씨다.[20]

이수약의 3자는 이상현(李象賢)이다. 1635년(인조 13) 정월 5일에 태어나 1705년(숙종 31) 12월 6일에 죽었다. 향년 71세. 허목에게 배웠다. 1675년(숙종 1)에 학천(學薦)으로 의금부 도사가 되었고, 이어 전별서(典別署) 검교관(檢敎官), 세자익위사 익위(翊衛), 장악원 주부, 군자감 판관, 삭령군수에 임명했으나 나가지 않았다. 그리고는 이원익의 영당(影堂)을 왕이 내려 준 집터 위에 세우고, 인조의 교서에 따라 당의 편액을 관감(觀感)이라 했다. 손자인 이인복(李仁復)이 상소해 영조의 특명으로 이조참의에 추증되었다.[21]

이증현의 아들은 이존도(李存道)다. 이증현은 아들이 없어 동생 이상현의 장자 이존도를 양자로 들였다. 1659년(효종 10) 5월 14일에 태어나 1745년(영조 21) 정월 20일에 죽었다. 향년 87세. 1677년(숙종 3)에 진사가 되고, 1692년(숙종 18)에 벼슬길에 올라 선공감역, 의금부 도사, 군기감 주부, 형조 좌랑·정랑, 세자익위사 위솔(衛率)·익찬(翊贊) 등의 관직을 역임하고, 통정대부(문산계 정3품 상계, 당상관)·가선대부(문산계 종 2품 하계)로 승진해 동지중추부사에 제수되고, 완성군(完成君)에 습봉(襲封)되었다. 시종신(侍從臣)인 아버지 덕으로 정의내부(종친계 종2품 하계)로 승진되고, 나이가 많다고 자헌대부(문산계 정 2품 하계)·정헌대부(문산계 정2품 상계)로 승진해 지중추부사가

---

20) 동상, 162~163쪽.
21) 동상, 161쪽.

되었다. 5현, 2군, 2부의 수령을 지냈다. 아들 완양군(完陽君) 이인복(李仁復)이 원종공신이 되어 이상(貳相)으로 증직되었다. 『전사통감(全史通鑑)』 60권, 『망와만록(忘窩漫錄)』 4권 등을 지었다.[22] 1740년(영조 16)에 그린 영정이 전한다.[23] 부인은 둘이다. 첫째 부인은 군수 송수도(宋守道)의 딸인 정경부인(외명부 1품계) 은진송씨요, 둘째 부인은 첨지 권석(權碩)의 딸인 정경부인 안동권씨다.[24]

이존도의 외아들은 이인복(李仁復)이다. 1683년(숙종 9) 10월 14일에 태어나 1730년(영조 6) 정월 10일에 죽었다. 향년 48세. 1705년(숙종 31)에 진사가 되고, 1710년(숙종 36)에 금부도사가 되었다. 1714년(숙종 40)에 증광문과 갑과 제3인으로 급제해 홍문관 수찬·응교가 되고, 그 뒤 통정대부(문산계 정3품 상계, 당상관)로 승진해 승지, 가선대부(문산계 종2품 하계)로 승진해 도승지, 참판이 되었으며, 완양군(完陽君)에 봉해졌다. 그 후 곡산부사, 안동부사로 나갔는데 치적이 좋다고 칭송이 자자했다. 문집 6권이 전한다. 부인은 목사 남수명(南壽明)의 딸인 정부인(외명부 2품계) 의령남씨다. 이인복은 2남(이언수(李彦秀)·이언충(李彦忠)) 2녀(유성지(柳誠之)·홍수(洪隧))를 두었다.[25]

이원익의 가계를 조사해보니 두 가지 특징이 발견되었다. 하나는 장수(長壽)를 한 사람이 많다는 것과 천부적으로 노래를 잘하는 사람이 많다는 것이다. 즉, 이억재는 80세, 이억령은 83세, 이원익은 88세, 이수약은 79세, 이증현은 66세, 이사현은 68세, 이상현은 71세, 이존도는 87세를 살았다. 그리고 이정은(수천군), 이억재(함천군), 이원익(문충공), 이의전(완선군) 등은 다 악기를 잘 다루었다. 종실이기 때문에 경

22) 동상, 157~158쪽.
23) <李存道 影幀>, 『오리 이원익 종가의 이야기』, 충현박물관, 2005, 18~19쪽.
24) 『全州李氏益寧君派譜』 全, 回想社, 1980, 158쪽.
25) 동상, 157~158쪽.

제적으로 넉넉하고 예능을 천부적으로 타고난 것이 아닌가 한다.

3. 생애

이원익의 자는 공려(公勵)요, 호는 오리(梧里)다. 1547년(명종 2) 10월
24일에 태어나 1634년(인조 12) 정월 29일에 죽었다. 향년 88세. 이원
익은 어려서부터 명민해 눈에 한 번 거치면 곧 외웠다고 한다. 그러
나 이원익은 5살 때 중병이 걸려 건강이 좋지 않았다. 그래서 키가 3
척 3촌밖에 안 되었다고 한다. 이준경이 이원익을 선조에게 추천할
때에도 산삼을 내려 주라고 할 정도로 건강이 좋지 않았다.26) 1559년
(명종 14)에 13살의 나이로 동학(東學)에 입학해 침식을 잊고 글을 읽
었다. 1564년(명종 19)에 생원초시에 합격하고, 가을에 복시에 3등 제
35인으로 합격했다.27) 그는 평소에 남과 잘 어울리지 않았으나, 유성
룡이 지나가다가 그를 보고 크게 찬탄했다.28)

이원익은 이준경의 제자였다. 1547년(명종 2)에 이준경이 성 중에서
보니 자색 기운이 있어 나라를 도울 인재가 태어났다고 생각했는데,
그가 바로 이원익이었다고 한다. 1565년(명종 20) 그가 19세가 되었을
때 정몽주의 7세손인 현신교위(무산계 종5품 상계) 정추의 딸인 연일
정씨와 혼인했다. 그 후 1569년(선조 2) 10월에 부태묘별시(祔太廟別
試)에 병과 제4인으로 급제했다. 그리하여 다음 해에 승문원 권지정자
에 임명되었다. 이 때 문관 5인을 뽑아 중국어를 가르쳤는데, 이원익
은 매번 우등을 차지했다 한다.29) 그때 배운 중국어는 그가 대명외교

---

26) 양원철 편저, 『梧里 李元翼-民의 정치를 추구한 經世濟民의 실천가』, 광명문화
　　원, 17쪽.
27) 동상, 18쪽.
28) 李埈, 「完平府院君李元翼神道碑銘」, 『梧里先生文集』 卷 2, 續集附錄, 1955, 850쪽.

를 하는 데 유용하게 쓰였다. 1571년(선조 4)에 그가 창릉(昌陵) 전사관(典祀官)로 있을 때 태상시(太常寺)의 어린 종 곤이(昆伊)가 잣을 훔쳐 교수형을 당하게 생긴 것을 재상에게 잘 말해 살려 주었다. 이것을 보고 친구 강서(姜緖)가 "공이 이 아이를 살렸으니 공의 목숨이 길 것이다"라고 했다고 한다.[30]

1573년(선조 6)에 그는 성절사 권덕여(權德興)의 질정관(質正官)으로 명나라에 다녀왔다. 그가 예부에 들어가 중국어로 볼일을 잘 해결하자 모두들 놀랐다고 한다.[31] 1574년(선조 7) 9월에 황해도 도사가 되었다. 이원익은 그동안 정리하지 못하던 군적을 깔끔하게 정리했다. 이 때문에 이원익은 사간원 정언으로 발탁되었다.[32] 이원익은 여러 청요직(淸要職)을 역임했다. 그는 5~6년간 경연에 가장 많이 참석해 명쾌한 강설을 한 것으로 유명하다. 1582년(선조 15) 10월에 우부승지로서 영위사(迎慰使)가 되어 명 사신 황홍헌(黃洪憲)과 왕경민(王敬民)을 영접했는데, 황호헌이 이원익의 행동거지를 보고 장차 소년재상이 될 것이라 했다.[33]

1583년(선조 16)에 이원익은 다시 우부승지가 되었다. 이때는 동서 분당이 있을 때였다. 동인인 도승지 박근원(朴謹元)은 서인 영의정 박순(朴淳)이 하는 일을 사사건건 물고 늘어졌다. 이에 8월에 왕자사부 하락(河洛)이 승정원이 언로를 막는다고 공격했다. 선조는 승지 중에 누가 계사(啓辭)를 지었느냐고 물었다. 이원익은 이 일은 승정원의 승지 전원이 한 것이니 특정한 집필자만 처벌하면 안 된다고 했다. 그 때문에 그도 삭직되었다.[34]

---

29) 李元翼, 『李相國行錄』 奎 4250-49A.
30) 동상.
31) 연보, 723쪽.
32) 『선조수정실록』 권 10, 선조 9년 정월 병술 .
33) 『선조실록』 권 15, 선조 14년 3월 신사.

1587년(선조 20) 10월에 이조참판 권극례의 추천으로 안주목사에 기용되었다.[35] 그는 평안감사 김수(金晬)에게 환곡 만 석을 빌려 백성들에게 양식과 종자로 나누어주었다. 1년 후에 풍년이 들어 빌려 간 곡식을 다 갚고도 남았다 한다. 그리고 안주에는 도적이 많았는데, 법을 엄격하게 적용하자 도적이 없어졌다. 또한 뽕나무를 심어 수익을 올리게 했다. 그래서 그 뽕나무를 이공상(李公桑)이라 했다고 한다.[36] 그는 인징(隣徵)·족징(族徵)을 없애기 위해 대동법을 실시하고자 했다.[37] 전에는 주세(州稅)를 의례히 변읍에 갔다 내어 아전들이 그 사이에 농간을 부릴 여지가 있었다. 이원익은 자기가 직접 가서 주세를 내 아전들의 작간을 막게 했다. 안주가 다스려지자 평양감사 윤두수가 왕에게 보고해 가선대부(문산계 종2품 하계)로 승진시켜 주었다.[38] 이때 이미 이원익은 정승감으로 지목되었던 것이다.

1591년(선조 24) 4월에 치적이 훌륭하다고 해 형조참판으로 불려 올라와 3월에 대사헌이 되었다. 그는 대사간 이덕형(李德馨)과 함께 기축옥사(己丑獄事)를 빌미로 동인을 과도하게 핍박한 정철을 탄핵해 변방에 위리안치(圍籬安置, 가시나무로 울타리를 치고 나가지 못하게 하는 형벌))하도록 했다.[39]

그런데 1592년(선조 25) 4월에 임진왜란이 일어났다. 이원익은 "신은 나라의 후한 은혜를 받았으므로 가만히 앉아서 나라가 전복되는 것을 볼 수 없으니, 전쟁터에서 죽음으로써 보답하기를 원합니다"라

---

34) 『선조실록』 권 17, 선조 16년 8월 을묘.
35) 『선조수정실록』 권 21, 선조 20년 4월 경신.
36) 연보, 726쪽.
37) 『李相國行錄』 奎 4250-49A.
38) 연보, 72쪽.
39) 李存道, 「忠勤貞亮效節協策扈聖功臣大匡輔國崇祿大夫議政府領議政兼領經筵弘文館藝文館春秋館觀象監事世子師完平府院君行錄撮要」, 『全州李氏益寧君派譜』 上卷, 1994, 55쪽.

고 했다. 그러나 대신들은 "이원익은 하나의 병든 서생인데 주린 범에게 던지는 것이 무엇이 유익하겠습니까"라고 반대해 뜻을 이루지 못했다. 이에 선조는 그를 이조판서 겸 평안도 도체찰사에 임명해 왕이 피란가기 전에 관서(關西)의 병마를 점검하고 민심을 수습하게 했다.[40] 안주목사로 있을 때 백성들을 잘 보살핀 경험이 있기 때문에 선조가 그곳으로 피란가기 전에 파견한 것이다. 5월 3일 적이 선봉이 서울로 들어오자 선조는 개성을 거쳐 6일에 평양으로 피했다. 그러나 적이 10일에 대동강을 건너 진격하자 선조는 다시 의주로 달아났다. 선조가 여차하면 명나라에 귀부(歸附)하려 하자 이원익은 "국왕은 사직을 위해 죽음을 불사해야 합니다. 비록 부모의 나라라 하더라도 의리상 가서는 안 되는데 지금 가면 어디로 가겠습니까?"라고 반대했다. 선조는 평양을 철수하면서 이원익을 평양감사 겸 순찰사로 임명해 좌의정 윤두수와 함께 3천 군을 거느리고 남아서 평양을 지키게 했다.[41] 14일 이원익은 고언백(高彦伯) 등을 시켜 왜적을 쳐서 말 80여 필을 빼앗았으나, 물이 깊지 않은 대동강 상류의 왕성탄(王城灘)이 노출되어 왜적이 그곳을 통해 평양으로 진격했다.[42]

그런데 원수(元帥) 김명원(金命元), 한응인(韓應寅), 권징(權徵) 등이 모두 도순찰사라고 이원익과 자리를 다투자 스스로 몸을 낮추어 원수에게 배알하니 군령이 서게 되었다.[43] 그는 "8도 중에 7도가 와해되고 평안도의 수십 고을만 온전하니 이곳이 7도를 회복할 근본이 되라"라 하면서 밤낮으로 노력해 인심을 무마하고 선조에 대한 봉공(捧供)이나 군량조달을 힘껏 마련했다. 그리하여 평양사람들은 그를 위해

---

40) 연보, 726쪽.
41) 연보, 727쪽.
42) 『선조실록』 권 27, 선조 25년 6월 기해.
43) 연보, 727쪽.

생사당을 세워 숭배했다.44)

평양이 함락되자 선조는 이덕형을 명나라에 보내 원병을 청했다. 그리하여 7월 18일 요동총병 조승훈(祖承訓)과 유격 사유(史儒)가 5,000군을 거느리고 아군 3,000군과 함께 평양성을 공격했으나 대패했다.45) 8월 말에 절강인 유격 심유경(沈惟敬)이 와서 고니시 유키나가와 회담을 했는데 무슨 얘기가 오갔는지 알 수 없다. 그 이후 평양성 밖 30리 까지 서로 공격하지 않게 되었다. 이원익이 싸워야 한다고 설득했으나 허사였다. 12월 15일 이여송(李如松)이 4만 5천군을 이끌고 압록강을 건너왔다.46) 2월 6일 평양성을 공격해 함락했다. 이여송은 적의 수급 1,300여 급을 베었다. 왜적들이 남쪽으로 도망했으나 명군은 추격하지 않았다. 오히려 조선군의 진격도 말렸다.47)

왜적들은 서울로 후퇴했다. 이여송은 마병 1,000여 명을 거느리고 벽제참(碧蹄站)을 공격하다가 대패했다. 그리고는 개성으로 돌아와 심유경을 보내 왜적과 화친을 맺도록 했다.48) 이여송은 평양전투의 승리로 왜적을 서울까지 밀어낸 것만 해도 큰 성과라고 생각했다. 왜적을 요동으로 들어오지 못하게 했으니 황제에게 체면이 선 것이다. 더 진격할 뜻이 없었다. 이원익은 평양승전의 공으로 숭정대부(문산계 종1품 하계)로 승진했다.49)

1593년(선조 26) 10월에 선조는 서울로 돌아왔다. 이원익은 계속 관서지방을 진무하라고 했다. 그는 먼저 학교를 수리하고 생도를 유치했다. 부역을 경감하고 백성들의 곤궁을 완화해주었다. 또 군사를 뽑

---

44) 동상.
45) 『李相國日記』 卷第 1, 宣祖朝 二十五年 壬辰(奎 4250-49A) 2~3쪽.
46) 동상, 2~4쪽.
47) 동상, 4~5쪽.
48) 동상.
49) 權愈, 「梧里 李元翼 行狀」, 『梧里先生文集』, 續集附錄 第2卷, 803쪽.

아 훈련을 시켰다. 선조는 그를 숭록대부(문산계 종1품 상계)로 승진시켰다.[50] 선조는 "오늘날 중외의 임무를 부여받은 신하 중에서 오직 이원익만이 나라를 위해 성의를 다하고 그밖에는 한 사람도 비슷하게 하는 자가 없으니 나는 매우 통탄스럽다"[51] "평양감사 이원익은 재주가 있을 뿐 아니라 검박하게 처신하고, 나라를 위해 정성을 다하며, 무기와 군무에 대해서도 다 극진히 조치를 취하면서 밤낮으로 애쓴다고 하니 만일 8도에 다 이런 사람을 얻어서 임명한다면 힘을 들이지 않고서도 성과를 이룩할 수 있을 것이다"[52] 라고 했다.

1594년(선조 27) 4월에 명은 도독 이종성(李宗城)과 총병 양방형(楊方亨)을 일본에 보내어 도요토미 히데요시를 왕으로 봉하려 했다. 그러나 이종성은 부산 왜영(倭營)에서 위협을 느껴 미복 차림으로 도망했다. 명은 양방형을 일본에 파견했으나 도요토미 히데요시가 내가 왜 명의 봉함을 받아 왕이 되어야 하느냐면서 쫓아 보내고 정유재란을 일으켰다.[53]

동년 11월 유성룡은 이원익을 재상 후보로 추천했다. 그러나 누구로 하여금 평양감사를 이어받게 하느냐가 문제였다. 유성룡은

"평양감사의 임무가 오늘에 있어서 매우 중요하므로 경솔하게 교체해서는 안 될 것입니다. 설사 다른 사람으로 임명한다 하더라도 결국은 이원익이 그대로 눌러 있는 것만 못할 것입니다. 신이 그 의도를 모르지 않습니다만 다만 그에게 인망이 집중되어 있기에 추천하지 않을 수 없습니다. 대신할 만한 사람은 창졸간에 잘 모르겠습니다."[54]

---

50) 『선조수정실록』 권 29, 선조 28년 3월 갑술.
51) 權愈, 「梧里 李元翼 行狀」, 803쪽.
52) 『선조실록』 권 50, 선조 27년 4월 을축
53) 『李相國日記』(奎 4250-49A) 卷第 1, 宣祖朝 二十五年 壬辰, 5-7쪽.
54) 『선조실록』 권 57, 선조 27년 11월 경진

라고 했다. 이원익만큼 잘할 사람이 없다는 것이다. 이에 대해 선조는

> "평양감사는 실로 중요하기는 하나 아무럼 대신만 하겠는가? 만약
> 이원익을 정승으로 임명하고 이어 체찰사를 맡겨서 남쪽으로 내려가
> 여러 장수들을 닦달하고 통솔하게 하는 한편 이덕형을 그의 대신으로
> 임명하면 어떻겠는가?[55]

라고 했다. 그리하여 1595년(선조 28) 2월에 그는 숭록대부(문산계 종1
품 상계)로 승진되었다.[56] 이원익은 난리를 겪은 백성들을 안정시키고
군사 8,000명을 뽑아 훈련시켰다.[57] 그해 6월 이원익은 우의정 겸 4도
(경상·전라·충청·강원)도체찰사로 승진했다.[58] 그는 김륵(金玏)을
부체찰사, 남이공(南以恭)을 종사관으로 삼고 성주에 독부(督府)를 열
었다.[59] 8월에 한산도로 이순신을 찾아가 군사들에게 잔치를 베풀었
다.[60] 사람들은 군사들에게 잔치를 베푼 그 산을 정승봉(政丞峯)이라
고 불렀다. 이원익은 군기를 점검하고 군율을 엄하게 적용했다. 군율
을 지키지 않은 도원수 권율도 파직시켰다.[61] 그는 이순신으로 하여
금 거제(巨濟)를 지키게 하고, 곽재우로 하여금 남쪽 변방을 지키게
했다. 영남 사람인 정경세(鄭經世)에게는 성 쌓는 일을 맡기고, 호서안
찰사 이시발(李始發)에게는 수천 명의 정병(精兵)을 육성하게 했다. 그
리고 일본이 유리한 평지전보다는 조선이 유리한 산악전을 준비하기
위해 금오(金烏)·용기(龍紀)·부산(富山)·공산(公山)·황석(黃石)·화

---

55) 『선조실록』 권 57, 선조 27년 11월 경인.
56) 『선조실록』 권 60, 선조 28년 2월 무오.
57) 『선조수정실록』 권 29, 선조 28년 3월 갑술.
58) 權愈, 「梧里 李元翼 行狀」, 804쪽.
59) 『선조실록』 권 65, 선조 28년 7월 을유,『선조실록』 권 67, 선조 28년 9월 무술.
60) 權愈, 「梧里 李元翼 行狀」, 804쪽.
61) 동상.

왕(火王)·벽견(壁堅)산성을 쌓았다.62) 파직된 권율도 다시 도원수로 기용했다.63)

왜적이 다시 쳐들어오니 선조는 이원익으로 하여금 남쪽 변방을 진정시키게 했다. 그는 "적의 속셈은 예측할 수 없습니다. 그러나 그들에게는 천벌이 내릴 것이니 스스로 패망할 조짐도 없지 않습니다. 우리나라가 몇 해 동안만 좀 준비를 하면 자체로 해 볼 수 있을 것입니다"64)고 낙관론을 폈다. 그리고 선조에게는 "원컨대 성상께서는 의주에 계실 때의 일을 잊지 마시고, 재물을 절약해 백성을 편하게 해야 합니다"65)라고 충고했다. 이원익은 이순신을 여러 장수들 중에 제일 쟁쟁한 사람이라고 한 반면에, 원균에게는 군사를 맡겨서는 안 된다고 조언했다.66) 선조는 서인의 시각에서 이순신을 평가하고 있었다. 선조는 인기가 없고, 이순신은 인기가 있으니, 그를 위험시하는 것이기도 하다. 서인은 남인 유성룡을 견제하기 위해 이순신을 비판하고 원균을 지지한 것이다.

1597년(선조 30) 정월에 정유재란이 일어났다. 고니시 유키나가는 이중간첩 요시라(要時羅)를 김응서(金應瑞) 장군에게 보내 어느 날 어느 시에 가토 기요마사가 오니 상륙할 때 잡으라고 했다. 선조가 이에 속아 이순신에게 나가서 잡으라 했다. 그러나 이순신은 속임수임을 알고 나가지 않았다. 선조는 왕명을 거역했다고 이순신을 투옥해 사형을 시키려 했다.67) 이원익은 두 번이나 상소를 올려 "이순신을 체직시켜도, 원균에게 맡겨도 안 된다"고 만류했으나 듣지 않았다. 그

---

62) 동상.
63) 동상. 805쪽.
64) 『선조실록』권 81, 선조 29년 10월 무진.
65) 權愈, 「梧里 李元翼 行狀」, 729쪽.
66) 『선조실록』권 81, 선조 29년 10월 갑신.
67) 연보, 729쪽.

러나 원균이 왜군에게 속아 칠천양(漆川梁)전투에서 죽자 권율 휘하에서 백의종군(白衣從軍)하던 이순신을 다시 삼도수군통제사로 임명했다.[68] 이순신이 부임해 보니 배는 불타고 병사들은 흩어졌다. 그러나 남은 배 12척을 가지고 싸우는 족족 이겼다.

9월에 이원익은 성주에서 개령(開寧)으로 옮겨 성을 사수하려 했는데, 병이 나서 다시 청주로 돌아왔다. 9월에 왜적이 다시 쳐들어와 직산을 공격하자 조선은 명에 원병을 요청했다. 명은 우첨도어사(右僉都御史) 양호(楊鎬)를 경리조선군무(經理朝鮮軍務)로 삼아 남·북군을 거느리고 와서 돕게 했다. 양호는 이원익에게 군량조달을 위탁했다.[69] 양호는 12월에 제독 마귀(麻貴)와 함께 울산의 왜적을 쳤으나 외책(外柵)만 깨트리고, 내성(內城)은 깨트리지 못했다. 이 전투에서 명의 군마가 많이 다쳤다. 그러나 양호는 전과를 허위보고하다가 현지에 나와 있던 병부주사 정응태(丁應泰)에게 탄핵을 받아 불려 들어가고 만세덕(萬世德)이 대신 파견되었다.[70] 정응태는 조선까지 무함했다. 왜적을 끌어다가 요동 땅을 회복하려 했다느니, 제후국으로서 참람하게 "조(祖)"와 "종(宗)"을 썼다는 등이었다.[71]

선조는 이를 변명하고, 양호를 변호하기 위해 사신을 보내고자 했다. 선조는 영의정 유성룡이 가주기를 바랐다. 그러나 유성룡은 양호가 점령군처럼 군림한 것을 미워해 노모를 핑계로 가지 않았다. 이에 이원익은 병이 있는데도 불구하고 자원해서 양경리변무사로 가게 되었다.[72]

이원익 일행은 압록강에서 정응태를 만났다. 정응태는 이원익 일행을 명나라로 가지 못하게 했다. 이원익은 우리를 포박해 돌려보내면

---

68) 『李相國日記』(奎 4250-49A) 卷 第 1, 宣祖朝 二十五年 壬辰, 8쪽.
69) 연보, 730쪽.
70) 『梧里先生文集』 卷 2, 奏文, 丁應泰의 무고를 변명하는 주문, 驪工出版社, 1995, 77쪽.
71) 동상.
72) 權愈, 「梧里 李元翼 行狀」, 811쪽.

우리도 왕에게 할 말이 있으니, 마음대로 하라고 버텼다. 그러자 그대로 보내 주었다.[73] 1598년(선조 31) 9월에 이원익은 통정사(通政司)에 주본(奏本)을 올려 정응태가 조선을 무함한 정황을 낱낱이 해명했다. 예부가 빨리 돌아가라고 하자 머리를 짓찧으며 읍소했다. 드디어 황제는 "짐은 너희 나라를 보존시키는 데 힘을 다 할 것이다. 너희 나라가 대대로 충성해 오는 것을 생각하면 사람의 말로 인해 의혹될 수 없다"고 했다.[74]

1599년(선조 32) 정월에 복명하니, 선조가 그의 공로를 칭찬하고 좌의정에 임명했다.[75] 그는 5월에 사직하고 판중추부사로 동호초당에 은거하다가 9월에 다시 영의정으로 임명되었다.[76] 유성룡은 명나라에 변무사로 가지 않았다 해 이이첨(李爾瞻) 등의 공격을 받아 영의정에서 파직되었다. 이유는 주화오국(主和誤國)이었다. 그는 유성룡에게 사사로이 무리를 널리 박아 놓았다느니, 표창과 형벌에 대한 권한을 훔쳐 갔다느니 하는 등의 말은 터무니없고 억울한 말이라고 항변했다.[77] 이이첨 등은 이원익도 유성룡의 패거리로 몰았다. 이때 노량해전을 승리로 이끈 이순신도 죽었다. 그러나 승승장구한 그에게 약간의 부의를 하는 것으로 끝났다.[78]

10월에 이원익은 당쟁의 폐해를 극론했다. 특히 홍여순(洪汝諄)·임국노(任國老) 등 북인의 소행을 맹공했다.[79] 그는 1600년(선조 33) 정월에 체직되었다가 4월에 다시 좌의정이 되었다.[80] 지평 박효생(朴孝

73) 李埈, 「李元翼神道碑銘」, 『梧里先生文集』 卷 2, 續集附錄, 驪江出版社,, 1955, 855쪽.
74) 權愈, 「梧里 李元翼 行狀」, 812쪽 및 연보, 730쪽.
75) 『선조실록』 권 99, 선조 31년 4월 병자.
76) 『선조수정실록』 권 33, 선조 32년 9월 정미.
77) 『선조수정실록』 권 33, 선조 32년 정월 병오.
78) 『선조실록』 권 99, 선조 31년 4월 경축.
79) 연보, 731쪽.
80) 『선조실록』 권 124, 선조 33년 4월 무인.

生) 등은 즉각 반발했다. 이에 대해 선조는

"좌의정은 나랏일에 정성을 다하는 어진 정승이다. 옛날에도 견줄 만한 사람이 드물었거니와 지금도 그를 앞설 사람이 없다. 이런 사람을 버린다면 어떤 사람을 쓰겠는가? 그에게 편견이 없지 않다고 하는 말은 옳다. 대체로 그것은 그의 견해가 그렇다는 것이지 처음부터 그의 마음속에 사심이 있어서 그렇게 두둔할 꾀를 낸 것은 아니다."[81]

라고 반박했다.

1600년(선조 33) 8월에 이원익은 4도(호서·호남·영남·관동) 도체찰사에 임명되었다.[82] 그러나 병 때문에 1601년(선조 34) 1월에 사직하고 금천(衿川)으로 내려갔다. 그러나 그해 8월에 다시 3도(평안·함경·황해) 도체찰사가 되었다.[83] 북쪽 오랑캐가 변장을 죽이는 사건이 일어났기 때문이다. 그러나 유성룡을 두둔한 이후 선조도 그를 멀리했다.[84] 그리하여 그를 양서관북도체찰사로 밀어냈다.[85] 이원익은 영흥을 거쳐 성천에 부를 세우고, 종사관을 먼저 내려 보내 군량을 마련하게 했다.[86]

1601년(선조 34) 10월에 이원익은 유성룡·허잠(許潛)·이시언(李時彦)과 함께 2품 이상의 염근리(廉謹吏)로 뽑혔다.[87] 1602년(선조 35) 언덕에서 떨어져 병이 악화되었다. 선조는 어의 허준을 보내 진찰하게

---

81)『선조실록』권 124, 선조 33년 4월 신사.
82) 權愈,「梧里 李元翼 行狀」, 817쪽.
83)『선조실록』권 140, 선조 34년 8월 병자.
84)『선조수정실록』권 34, 선조 33년 8월 신미.
85) 權愈,「梧里 李元翼 行狀」, 818쪽.
86)『선조실록』권 141, 선조 34년 9월 경자.
87)『선조실록』권 142, 선조 34년 10월 경진.

하고, 어실(御室)에 있는 담요와 발을 내려 주었다.[88] 권희(權憘)가 "이 원익이 지금 수도에 있는데 자주 식량이 떨어지곤 합니다.(…중략…) 지금 병중에 있으니 먹을 것을 내려 주어야 합니다"라고 상소했기 때문이다.[89] 6월에 지중추부사가 되고,[90] 4도 도체찰사는 이덕형에게 넘겼다.[91] 1604년(선조 37) 6월에 호성공신과 선무공신에 다 책훈되었으나 호성공신 2등만 받았다.[92] 이어 7월에 완평부원군(完平府院君)에 봉해졌다.[93]

이원익은 1602년(선조 35)부터 5~6년간 집에 물러나 있었다. 그동안 그는 위선사업(爲先事業)을 했다. 그런데 1608년(선조 40) 2월에 광해군이 섰다. 광해군이 즉위하자 이원익은 다시 영의정으로 발탁되었다.[94] 선조가 일찍이 광해군에게 "여러 신하 중에 오직 이원익만이 정승을 삼을만한데 다만 그 사람이 남과 화합하는 일이 적으므로 나는 그를 쓰지 않았으나, 모름지기 성심으로 그 사람을 쓰라"고 했다고 한다.[95] 임해군 사건이 일어나자 이원익은 전은론(全恩論)을 내세워 용서해야 한다고 주장했다.[96]

이원익은 23번이나 사직소를 올려 1610년(광해군 2) 정월에 물러났으나, 1611년(광해군 3) 8월에 다시 영의정으로 복귀했다.[97] 광해군은 왜 그만두겠다는 이원익을 붙드는 것일까? 북인의 독주로 좋지 않아진 여론을 무마하기 위해서이다. 이원익은 북인의 편당을 보고 그것은 왕

---

88) 연보, 733쪽.
89) 『선조실록』 권 147, 선조 35년 2월 을미.
90) 『선조실록』 권 151, 선조 35년 윤 6월 신해.
91) 『선조수정실록』 권 35, 선조 34년 정월 경자.
92) 『선조실록』 권 175, 선조 37년 6월 갑진.
93) 『선조실록』 권 176, 선조 37년 7월 임자.
94) 『광해군일기』 권 1, 광해군 즉위년 2월 신미.
95) 연보, 734쪽.
96) 李埈, 「李元翼神道碑銘」, 『梧里先生文集』 卷 2, 續集附錄, 驪江出版社, 1995, 858쪽.
97) 『광해군일기』 권 44, 광해군 3년 8월 신묘.

이 원칙을 지키지 않아서 혼란이 온다고 직설적으로 비판했다.98)

1613년(광해군 5) 5월에 영창대군 옥사가 일어났다. 그러나 이원익은 병을 핑계로 영창대군을 처벌하자는 정론에 한 번도 참여하지 않았다. 영의정 이덕형이 이를 반대하다가 처벌되었다. 이원익은 이덕형을 두둔했다. 정온(鄭蘊)도 이에 반대하다가 사형에 처해질 운명에 처했다. 이원익은 이에 대해서도 반대해 귀양 보내는 것으로 귀결되었다. 광해군은 일부러 이원익을 회의에 부르지 않았다 한다.99) 1615년 (광해군 7) 2월에 또 저주(詛呪)의 변에 연루되어 인목대비를 처벌하는 문제가 제기되자 이원익은 "어머니가 아무리 자애롭지 못하더라도 아들로서는 불효하게 처신할 수 없습니다"라고 하자100) 광해군은 "내가 봉양을 빠트린 적이 없고, 문안을 그만둔 적이 없는데, 억울하다. 부득이해서 하는 것이 아닌가?"101)라고 하고, 4월에 홍천(洪川)에 부처 (付處)하고 그의 종사관이었던 남이공마저 배후조종했다는 죄로 귀양 보냈다.102) 이원익이 홍천에 가자 가물다가 비가 내렸다. 이를 상국우 (相國雨)라고 했다고 한다.103)

그러나 1619년(광해군 11) 5월에 이원익은 유배에서 풀려나와 여주 앙덕리(仰德里)에 우거(寓居)했다. 초가 두어 칸에 비바람이 들이치고, 처자들은 끼니를 걸렀으나 그는 돗자리를 짜서 연명했다. 인조반정을 계획하는 사람이 찾아왔으나 지지하지 않았다.104)

1623년(인조 1) 3월에 인조반정이 일어나 이원익은 다시 영의정에 기용되었다. 인조의 혁명정부가 인기가 없자 명망 있는 지도자인 이

---

98) 『광해군일기』 권 46, 광해군 3년 10월 경진.
99) 연보, 737쪽.
100) 『광해군일기』 권 87, 광해군 7년 2월 임오.
101) 동상.
102) 연보, 737쪽.
103) 연보, 738쪽.
104) 연보, 738쪽.

원익을 영의정에 추대함으로써 이를 만회해 보려 한 것이다. 인조는 광명전에서 영의정 이원익을 인견하고 많은 의견을 나누었다. 누르하치를 방비하는 일, 안민정책, 인재를 발굴하는 일, 붕당타파에 관한 일들이었다. 인조는 이원익에 의지해 난국을 풀어 가려 했다. 그만큼 이원익에 대한 신뢰가 깊었다. 3월에 원상(院相)이 되었다.105) 이원익은 민심을 수습하기 위해 폐모론을 주장한 주범들은 처벌하되, 종범이나 연루자들은 용서해 주자고 했다.106) 인목대비는 광해군을 꼭 죽이려 했다. 그러나 이원익은 자기도 한때 그의 신료였으니 자기가 먼저 그만두어야 한다는 논리로 이를 거절했다. 그리하여 광해군은 죽음을 당하지 않고 강화도로 귀양 갔다.107) 광해군이 귀양 갈 때 이원익은 신하 중에 일찍이 광해군을 섬긴 자들을 거느리고 남쪽 교외에 가서 "임금으로 하여금 이 지경이 되게 한 것은 저희들의 죄입니다"라고 하면서 눈물을 흘렸다 한다.108) 이원익은 또한 변란이 생길지 모르니, 무사 10명을 뽑아 그들로 하여금 한 사람이 100명씩 군사들을 뽑아 정예군을 만들자고 건의했다.109) 5월에 광해군 아들 이지가 도망하다가 잡혔는데 이원익은 용서해주어야 한다고 했다. 이 사건으로 대사헌 이귀는 이원익의 행위를 믿을 수 없다고 했다.110) 이원익은 즉각 사의를 표했다. 인조는 이를 무마하기 위해 궤장(几杖)을 내리고 잔치를 베풀어 주었다.111)

1624년(인조 2) 정월에 이괄난(李适亂)이 일어났다. 이원익은 2월에 영의정이기 때문에 8도 도체찰사가 되었다. 그는 "신이 비록 늙고 병

105) 연보, 739쪽.
106) 동상.
107) 『인조실록』 권 1, 인조 1년 4월 신유.
108) 權愈, 「梧里 李元翼 行狀」, 828~829쪽.
109) 『인조실록』 권 1, 인조 1년 4월 병자.
110) 『인조실록』 권 2, 인조 1년 4월 병술.
111) 연보, 740쪽.

들었지만 어찌 나라를 위한 일에서 목숨을 아끼겠습니까?"라고 하면서 반란 제압에 앞장섰다.112) 공신들이 기자헌(奇自獻) 등 38인을 죽이는 것도 반대했으나 실패했다.113) 이원익은 도감군을 이끌고 적을 치려고 했다. 그러나 적이 임진강에 이르자 인조는 공주로 피란가고, 이원익도 군사를 거느리고 따라갔다. 며칠 후 이괄이 잡혀 죽자 인조를 따라 서울로 돌아왔다. 장만(張晩)이 머뭇거린 죄로 일단 백의종군(白衣從軍)하게 했다. 그러나 이원익은 장만이 이괄난을 진압한 공이 있으니 사면해야 한다고 주장했고, 인조도 그 의견을 따랐다.114)

이원익은 이괄난으로 흐트러진 민심을 수습하기 위해 재생청(裁省廳)을 만들어 국가의 경비를 절약하고, 백성들의 세금을 탕감해 주었다. 이것은 대동법(大同法)의 근거가 되었다.115) 또한 강화도와 남한산성을 수리해 여진족의 침입에 대비했다.116)

이원익의 집은 대단히 초라했다. 이에 인조는 교동(校洞)에 있는 정조(鄭造)의 집을 하사했으나 받지 않았다.117) 공주에서 올라온 후 병이 심해서 사직하고자 했으나, 인조는 "경의 한 몸은 나라가 흥하는가 다스려지는가 어지러워지는가에 관계가 있다"118)고 하면서 허락하지 않았다. 다만 8도 도체찰사는 풀어 주었다. 1624년(인조 2) 11월에 21차례나 사직상소를 올려 영중추부사가 되었다.119) 그러나 1625년(인조 3) 8월에 다시 영의정이 되었다.120) 1626년(인조 4) 정월 14일에 생

---

112) 『인조실록』 권 4, 인조 2년 1월 기묘.
113) 연보, 740쪽.
114) 權愈, 「梧里 李元翼 行狀」, 832쪽.
115) 동상.
116) 동상.
117) 연보, 741.
118) 『인조실록』 권 7, 인조 2년 11월 을묘.
119) 『인조실록』 권 8, 인조 2년 11월 경신.
120) 『인조실록』 권 9, 인조 3년 8월 계미.

모인 계운궁(啓運宮) 구씨가 죽었다. 이원익은 인조가 할아버지인 선조의 뒤를 이었으니, 3년복을 입어서는 안 되고 1년복을 입어야 한다고 주장했다.[121] 그리고는 30여 차례 사직소를 올려 금양(衿陽)으로 물러갔다. 인조는 할 수 없이 그를 영중추부사에 임명했다.[122]

1627년(인조 5) 정월에 정묘호란이 일어났다. 이원익은 4도(경기·충청·전라·경상) 도체찰사가 되었다.[123] 인조는 "경은 비록 늙었지만 누워서 장수를 거느리면 된다"고 했다. 이원익은 세자를 삼남에 보내어 분조(分朝)를 해야 한다고 주장했다. 인조도 허락했다. 그는 세자를 따라 남쪽으로 내려갔다.[124] 3월에 후금과 강화가 이루어지자 4월에 세자를 따라 서울로 돌아왔다.

인조는 승지 강홍중(姜弘重)을 보내어 이원익이 어떻게 사는가를 조사하게 했다. 병약해서 돌아누울 수도 없고, 집은 바람과 비를 막지 못한다고 보고했다.[125] 인조는 금천에 집을 하나 지어 주었다.[126] 적이 물러가자 이원익은 금천에 은거했다.[127]

1633년(인조 11) 12월에 이원익은 대궐에 들어가 인조에게 하직인사를 했다. 그리고 1634년(인조 12) 정월 29일에 88세를 일기로 죽었다.[128] 4월 6일 시흥 삼석산 아래에 장사지냈다.[129] 18년 뒤인 1651년(효종 2) 6월에 문충(文忠)이라는 시호를 받았고, 인조묘정에 배향되었다.[130] 저술로는 『오리집』·『속오리집』·『이상국일기』 등이 있다.

---

121) 『인조실록』 권 11, 인조 4년 1월 무오..
122) 『인조실록』 권 14, 인조 4년 12월 무신.
123) 『인조실록』 권 15, 인조 5년 1월 을유.
124) 연보, 743쪽.
125) 『인조실록』 권 24, 인조 9년 1월 을유.
126) 연보, 745쪽.
127) 『인조실록』 권 25, 인조 9년 7월 정축.
128) 연보 747쪽.
129) 權愈, 「梧里 李元翼 行狀」, 843쪽.
130) 연보, 747쪽.

4. 치적

1) 청백리

조선시대의 공직자들은 우선 청렴결백하고, 행정력을 갖추어야 했다. 청백리란 제도가 따로 있었던 것이 아니라 그때그때 깨끗한 성품을 가지고 직무에 충실한 사람을 뽑아 '염근리(廉謹吏)'라 했다.[131] 그러니 깨끗한 성품만 갖추고 직무에 소홀한 사람은 염근리가 될 수 없었다.

이런 관점에서 보면 이원익은 조선시대의 대표적인 청백리라 할 수 있다. 이원익은 장자 이의전(李義傳)에게

> "청렴하면 공변되고, 공변되면 밝아진다. 정치를 하는 데는 백성에게 어질게 하고 물건을 사랑하는 것으로 마음을 삼아야 할 것이니, 호령이 공평하고 상벌이 사사롭지 않으면 백성이 따를 것이요, 인심이 흩어지면 만사가 다 그릇된다."[132]

고 훈계했다. 청렴은 유교정치의 하나의 덕목이요, 시발점이기도 하다. 다시 말하면 인정(仁政)과 덕치(德治)가 유교정치의 기본이요, 청렴은 그 시발점이란 뜻이다.

이원익은 이미 1601년(선조34) 10월에 유성룡·허잠·이시언 등과 함께 2품 이상 염근리가 되었다.[133] 그러나 이원익은 "나는 벼슬에 있을 때 비록 조금 근신하기는 했지만 곤궁에 처할 때는 누가 물건을

---

131) 이영춘 외,『조선의 청백리』, 가람기획, 2003, 18쪽.
132) 許穆,「資憲大夫完善君李公墓表陰記」,『全州李氏益寧君派譜』上卷, 1994, 70~71쪽.
133)『선조실록』권 141, 선조 34년 9월 경.

주면 사양한 적이 없었는데 오히려 청렴이라고 할 수 있겠는가?"134)
라고 사양했다.

이원익은 벼슬에서 물러난 후 무척 가난하게 살았다. 인조는 이원익
에게 식량과 담요와 발을 하사했다. 재상을 지낸 이원익이 병이 들고
먹을 것이 없다는 보고가 있어서이다.135) 뿐만 아니라 1631년(인조 9)
정월에 승지 강홍중을 시켜 이원익의 형편을 살펴보게 했다. 강홍중은

> "이원익은 매우 여위었고 근력이 쇠약해 몸을 돌리거나 앉거나 누울
> 때 반드시 남의 부축을 받아야 합니다. 또한 그가 살고 있는 집은 초
> 가집 두 서너 칸뿐인데다 바람도 막지 못합니다. 비록 여러 대의 조상
> 무덤이 있는 산 아래에 살지만 1무(畝)의 토지나 노비도 없고 온 집안
> 은 달마다 주는 녹봉만 가지고 겨우 입에 풀칠이나 합니다."136)

라고 보고했다. 40년 정승을 지낸 사람치고는 너무 청빈하게 살았던
것이다. 인조는 "내가 한평생 이원익을 존경하는 것은 그의 공로와
덕행뿐 아니다. 그의 청백한 생활을 모든 관리들이 본받는다면 무엇
때문에 백성들이 곤란하게 사는 것을 근심하겠는가?" 하고 해당 도로
하여금 번듯한 집을 한 채 지어주고, 베 이불과 흰 요를 내려주었
다.137) 뒤이어 인조는 창고를 맡은 관리에게 녹봉을 실어다주게 했으
나 받지 않았다.138)

직위가 1품인데도 녹봉은 가난한 일가에게 나누어주어 때로는 식량
이 떨어지고, 집이 좁아 무릎을 제대로 펼 수 없었지만 태연하게 거
처했다고 한다. 임금이 집을 하사했으나 받지 않았다. 이에 인조는

---

134) 李埈, 「李元翼神道碑銘」, 『國譯 梧里先生文集』, 驪江出版社, 1995, 860쪽.
135) 연보, 733쪽.
136) 『인조실록』 권 24, 인조 9년 1월 을유.
137) 동상.
138) 『인조실록』 권 24, 인조 9년 4월 정자.

"나는 들으니, 옛날 정승 황희(黃喜)가 언젠가 술에 취해 누워 있을 때 비가 와서 집이 새니 우산을 받쳐 비를 막았으므로 세상에서 그 청렴을 알아주었는데, 영부사(이원익)의 청백이 어찌 황희에게 조금인들 양보하겠는가? 이것이 바로 내가 더욱 심복하는 바이다"[139]

라고 했다. 인정과 덕치에다가 청렴까지 겸비하니 존경하지 않을 수 없다는 것이다.

그는 수령으로 있을 때 백성들이 그의 공로를 기려 생사당이나 청덕비를 세우면 밤에 사람을 시켜 몰래 헐어버렸다.[140] 한편 남탁(南侘)이 상소해 이원익의 덕을 칭송하자 광해군에게 "나라의 체통이 존엄하지 못해 초야의 사람이 아첨하는 말을 하니, 이것은 마땅히 죄를 주고 칭찬을 받은 자도 죄를 받아야 한다"[141]고 했다. 그러므로 사관도 "이원익은 몸가짐이 청백하고 소박하며, 언제나 나랏일을 근심한다"[142]고 논평했다.

이러한 사례를 보건대 이원익은 3대 왕을 모시고 40년 동안 영의정 6번, 도체찰사 4번을 거치면서도 청렴결백해 생활은 대단히 곤궁했음을 알 수 있다. 공직자로서 당연한 것처럼 보이지만 실천이 어려운 것이다.

게다가 이원익은 공직자로서 소신과 사명감이 강했다. 1592년 4월 임진왜란이 일어나자 이원익은

139) 權愈,「梧里 李元翼 行狀」, 841쪽.
140) 李埈,「李元翼神道碑銘」,『國譯 梧里先生文集』, 驪江出版社 卷 2, 續集附錄, 1995, 860쪽.
141) 權愈,「梧里 李元翼 行狀」, 821쪽.
142)『선조실록』권 159, 선조 36년 2월 임진.

"신이 나라의 후한 은혜를 받았으므로 가만히 앉아서 나라가 전복되는 것을 볼 수 없으니, 전쟁터에서 죽음으로써 보답하기를 원합니다."[143]

라고 했다. 뿐만 아니라 1624년(인조 2) 정월 이괄난이 일어나자

"신이 비록 늙고 병들었지만 어찌 나라를 위한 일에서 목숨을 아끼겠습니까?"[144]

라고 하고 도체찰사가 되어 국난을 타개했다. 그가 문신인데도 불구하고 국난을 당할 때마다 네 차례나 도체찰사를 맡아 살신성인(殺身成仁)한 것이다. 이에 선조는 "오직 이원익만 나라를 위해 성의를 다하고, 그밖에는 한 사람도 비슷한 사람이 없다"[145]고 했다.

그뿐이 아니었다. 선조 말년에 유성룡이 명에 변무사로 가기를 꺼리자 자신이 자원해 대신 가서 그 일을 무마하고 돌아왔다.[146] 그리고 임해군 옥사, 영창대군 옥사, 세자 이지도망사건, 인목대비 폐비 때마다 전은론을 내세워 위험을 무릅쓰고 용서해 주어야 한다고 주장하다가 결국은 홍천으로 귀양 갔다. 그리고 비록 왕이라도 잘못하면 준엄하게 충고했다. 북인이 전횡하자 그가 광해군에게 전하가 원칙을 지키지 않아서 이런 혼란이 오는 것이라고 바른 소리를 했다.[147] 또한 인조의 어머니 계운궁 구씨가 죽자 인조는 3년복을 입고 싶어 하는데 예법대로 1년복을 입어야 한다고 주장했다.[148] 또 인목대비가 광해군을 꼭 죽이려 하자 광해군은 자기가 모시던 군주이니 자기를

---

143) 연보 726쪽.
144) 동상.
145) 『선조실록』 권 45, 선조 26년 11월 신축.
146) 연보, 730~731쪽.
147) 『광해군일기』 권 46, 광해군 3년 10월 임신.
148) 『인조실록』 권 11, 인조 4년 1월 무오.

먼저 내쳐야 한다면서 반대한 일도 있었다. 그래서 광해군은 강화로 귀양 가는 데 그쳤다.[149] 왕이나 대비가 좋아하지 않아도 공론에 어긋나면 따르지 않거나 반대의견을 개진한 것이다.

2) 안민책

이원익은

> "백성은 나라의 근본인 만큼 근본이 튼튼해야 나라가 편안한 법입니다. 백성이 없으면 먹을 것이 없고, 먹을 것이 없으면 백성이 없게 마련이므로, 백성들의 수고로움을 덜어주고 백성들의 먹는 문제를 풍족하게 해야 한다."[150]

라고 말한 바 있다. 유교의 민유방본(民惟邦本) 정신이었다. 백성이 임금을 따르고 따르지 않는 것은 임금이 백성을 학대하느냐 어루만지느냐에 달려 있다고도 했다.[151] 이원익이 연풍현감으로 부임하는 손자 이수약(李守約)에게 써 준 글에

> "왕소소(王昭素)가 평소 송나라 임금에게 아뢰기를 '세상을 다스리는 데는 백성을 사랑하는 것보다 더한 것이 없고, 몸을 닦는 데는 욕심을 적게 하는 것보다 더한 것이 없다'고 했으니 비록 사대부에게도 사리는 마찬가지다."[152]

라고 했다. 이원익은 이러한 원칙에 의해 백성의 생활을 안정시키는

---

149) 權愈, 「梧里 李元翼 行狀」, 828~829쪽.
150) 『인조실록』 권 25, 인조 9년 7월 병자.
151) 筵中論事, 『國譯 梧里先生文集』 卷 4, 驪江出版社 卷 4, 1995. 147쪽.
152) <書與孫守約赴延豊縣>, 『오리 이원익 이야기』, 충현박물관, 2005, 52쪽.

데 온갖 노력을 다했다. 그가 1587년(선조 20) 10월 안주목사로 가서 보니 백성들이 관가의 착취와 기근으로 굶어 죽은 시체가 즐비했다. 이에 이원익은 감영으로 달려가 곡식 만여 섬을 달라고 해 굶은 백성을 구제하고 조선(漕船)을 멀리 있는 바닷가 고을에 보내 세곡을 직접 실어오게 했다. 그리고 종자를 나누어 주고 가을에 갚으라고 했더니 대풍이 들어 곡식이 창고에 그득했다. 또한 법을 제정해 도적을 엄단하고, 뽕나무를 심어 잠업을 장려하니, 굶어 죽는 사람이 없어졌다.[153] 평양감사 윤두수는 이러한 선정을 왕에게 보고해 선조는 이원익에게 옷 한 벌을 하사했다. 특히 안주는 군액의 결원이 많아 족징(族徵)·인징(隣徵)이 횡행했다. 이원익은 창고에 있는 곡식으로 군포를 사서 백성에게 나누어 주어 가을에 갚도록 해 간교한 아전들의 농간을 방지했다. 그리고 이러한 일을 그가 직접 가서 해결해 줌으로써 아전들이 감히 작간을 하지 못하게 했다. 그러자 백성들이 술과 기생을 준비해 이원익을 환대하고자 했으나 물리치고 받지 않았다.[154] 이 때문에 임기가 찼는데도 이원익은 그 자리에 유임시켰다. 여기서 이미 이원익은 재상이 될 신임을 받게 된 것이다. 이러한 능력을 인정받아 1592년 임진왜란이 일어나자 이원익을 이조판서 겸 평안도 도순찰사로 삼아 관서의 병마를 관장하게 했다. 이원익이 안주목사로서 백성을 안정시켜 관서백성의 인기를 얻고 있는 점을 이용해 선조가 장차 평안도로 피난 갔을 때 신변의 안전을 도모하고자 한 것이다.[155]

전쟁 중에는 명군에게 제공할 군량을 준비하는 것이 급선무였다. 그런데 이러한 군량은 백성들로부터 걷지 않으면 안 되었다. 이에 반해 명군의 작폐가 심했다. 이 때문에 민란의 조짐이 상존하고 있었다.

---

153) 연보, 726쪽.
154) 동상.
155) 『선조실록』 권 26, 선조 25년 4월 정사

이러한 상황에서 이원익은 영의정 유성룡과 함께 군량을 모으고 부교를 놓는 등 백성을 동원하는 일을 맡았다. 그리하여 선조의 신임을 받아 1593년(선조 26) 10월 선조가 서울로 돌아오면서도 이원익은 계속 관서에 남아서 군민을 진무하게 했다. 유성룡도 이원익을 대신해서 평양감사를 맡을 사람이 없다고 해 유임을 지지했다.[156] 이에 이원익은 부역을 탕감해 주고, 학교를 세워 교육에 힘써 백성을 안정시켰다. 이러한 이원익의 행적을 보고 선조는 "평양감사 이원익은 재주가 있을 뿐 아니라 검박하게 처신하고, 나라를 위해 정성을 다하며, 무기와 군무에 대해서도 다 극진히 조치를 취하면서 밤낮으로 애쓴다고 하니, 만일 8도에 다 이런 사람을 얻어서 임명한다면 힘을 들이지 않고서도 성과를 이룩할 수 있을 것이다"[157]라고 했다. 이러한 안민책은 유성룡과 유사하다. 1594년(선조 27) 4월에 올린 유성룡의 진시무차(進時務箚)에서

 "오늘날 급한 일은 또한 여러 말에 있지 않습니다. 오직 급히 백성들을 편안하게 해주는 정책을 쓰고, 또 수시로 변통해서 양향을 조치하고, 정용(精勇)한 군사를 불러 모아 주야로 훈련을 시키는 것뿐 입니다. 대개 먹는 것이 부족하면 사람을 모을 수 없고, 사람을 모을 수 없으면 군사를 훈련시킬 수 없는 것은 필연의 이치입니다"[158]

라고 한 것과 유사하다. 유성룡과 이원익은 같은 남인으로서 정치노선도 같고 함께 임진왜란을 대처하는 데 공을 세운 바 있는 것은 잘 알려진 사실이다.

공물(貢物)·부역(賦役)제도의 개혁도 안민책의 일환이었다.

---

156) 『선조실록』 권 57, 선조 27년 11월 경진.
157) 『선조실록』 권 50, 선조 27년 4월 을축.
158) 「西厓先生年譜」, 『西厓全書』 卷 3, 附錄 261~262쪽.

세종대의 공법(貢法)은 정전제(井田制)의 공법에 전분6등제(田分六等制)와 연분9등제(年分九等制)를 결합한 새로운 수조법이었다. 공법은 풍년에는 농민에게 유리하지만 흉년에는 세금부담이 많아서 농민에게 불리했다. 조선 중기에는 공납의 불균형을 해소하는 것이 급선무였다. 그래서 수미법이 대두한 것이다.[159]

공물부담은 연산조 이래로 크게 늘어나 토지세보다 무거워졌다. 공물은 개인당 부담이 명시되어 있지 않고 다양한 토산물로 납부하기 때문에 부담이 불균등하고 아전의 농간이 심했다. 이에 방납(防納)이 횡행해 백성의 생활이 곤궁해졌다. 그리고 조선 전기에는 사족층이 군역을 지지 않고 그 부담을 평민에게 전가했다. 게다가 노비인구가 늘어나 소민(小民)의 군역부담이 늘어났다. 이에 방군수포(放軍收布, 군인을 집으로 내보내고 군포를 챙기는 것)·황구첨정(黃口添丁, 어린 애를 군정에 편입해 군포를 걷는 것)·백골징포(白骨徵布, 죽은 사람에게 계속 군포를 물리는 것)의 폐해가 만연했다.

이이는 1569년(선조 2)「동호문답(東湖問答)」에서 공물을 토지세로 전환해 1결에 쌀 1말을 거두어 방납의 폐단을 막고자 했다. 그러나 그는 실상 공안(貢案) 개정을 실현하는 데 그쳤다. 그 후 유성룡은 1594년(선조 27)에 공물작미의(貢物作米議)를 발의해 정부에 필요한 물자를 시전(市廛)에서 사도록 했다. 이 수미법은 1599년(선조 32)에 폐지되었지만 후일에 실시된 대동법의 전신이 되었다.[160]

이원익도 안민론의 일환으로 대동법을 실시하는 데 일조를 했다. 대동법을 경기도에 처음으로 실시하고 이 일을 담당할 선혜청(宣惠廳)을 설치하게 한 공이 있다.[161] 그리고 인조 초에 이원익이 제기한 경

---

159) 池斗煥,「仁祖代의 大同法 논의」,『歷史學報』第 155輯, 63~64쪽.
160) 이헌창,「서애 류성룡의 경제정책론」,『유성룡의 학술과 경륜』, 태학사, 2008, 122~130쪽.

기 선혜법은 1623년(인조 1) 9월 23일에 충청·전라·강원 3도 대동법으로 확대되고, 낭청 4명을 두어 우의정 신흠(申欽)의 건의대로 경상도를 제외하고 대동법을 시행했다.162) 이것은 공납불균형을 시정하기 위해 실시되었지만 흉년, 호강의 반대로 제대로 실시되지 못했다. 게다가 1624년(인조 2) 1월 24일 이괄난이 일어나 재정이 궁핍해지자 공물수취가 가중되었다. 이에 호강들이 반대동(半大同, 중앙에만 대동법을 실시하는 것)의 폐해를 들어 대동법을 강력히 반대했다.163) 그후 이괄난이 진압되자 1624년(인조 2) 8월 29일에 경외의 모든 잡역을 포함시키는 응행사목(應行事目)이 만들어졌다.164) 이전의 진상이나 잡역을 대동미에 포함시키지 않던 반대동에서 이를 모두 포함시키는 대동법으로 발전한 것이다.165) 그러나 서성(徐渻)·최명길(崔鳴吉) 등이 반대해 2년 만인 1625년(인조 3) 2월 7일에 제안자인 이원익이 대동법을 폐지할 것을 요청하기에 이르렀다.166) 그러다가 1633년(인조 11) 9월에 사헌부가 권분(權盼)이 공청감사로 있을 때 준비해 놓은 공안에 따라 공청도에라도 대동법을 실시하자고 했다.167) 그러나 1636년(인조 14)에 병자호란이 일어나 무산되었다가 1638년(인조 16) 9월 27일 충청감사 김육(金堉)이 경기·강원도에 이어 충청도에도 대동법을 실시하자고 했다.168) 이와 같이 이원익이 제기한 대동법은 효종 때에 이르러 김육에 의해 전국적인 대동법으로 확산되었다. 대동미 16두만

---

161) 「時務를 진달하는 차자」, 『국역 오리선생문집』, 驪江出版社, 권 3, 疏箚, 118쪽.
162) 『인조실록』 권 3, 인조 1년 9월 경술.
163) 趙翼, 『浦渚集』 卷 14, 論大同啓辭, 『韓國文集叢刊』 85冊 243~244쪽.
164) 『인조실록』 권 4, 인조 2년 1월 기묘.
165) 『인조실록』 권 7, 인조 2년 12월 정유.
166) 李廷喆, 「17세기 朝鮮의 貢納制 改革論議와 大同法의 成立」, 고려대학교 사학과 박사학위논문, 2004, 27~28쪽.
167) 『인조실록』 권 28, 인조 11년 9월 경자.
168) 『인조실록』 권 36, 인조 16년 9월 병술.

내면 모든 공납이 해결되었던 것이다.

이원익은 군병의 방수제도(防守制度)도 개편했다. 종래에는 병졸들이 1년에 3개월씩 4번 입번(入番)하던 것을 1년에 2개월씩 입번하는 것으로 고쳤다. 이 제도는 뒤에 황해감사 윤두수의 건의로 전국적으로 실실하기에 이르렀다.[169]

3) 당쟁관

당쟁은 사림정치의 부산물이다. 선조조 이후 사림정치시대가 되자 사림이 스스로 분열해 붕당을 만들고 붕당 간에 당쟁이 일어나게 된 것이다. 처음에는 선배와 후배 간에 동인과 서인이 생겼고, 동인이 집권하자 동인이 남인과 북인으로 갈렸으며, 북인이 집권하자 대북과 소북, 대북이 다시 골북과 육북으로 갈렸다.[170]

이원익은 당파에 치우치지 않기로 유명했다. 동인이 집권한 선조 대, 북인이 집권한 광해군 대, 서인이 집권한 인조 대에 걸쳐 계속 영의정으로 기용된 것만 보아도 알 수 있다. 그렇다고 이원익이 무당파이었던 것은 아니다. 선조 이후가 당쟁의 시대이기 때문에 본인의 의도와는 달리 사람들은 그의 정견과 인간관계로 보아 그를 특정 당파의 인물로 치부했다.

사람들은 이원익을 남인으로 보고 있다. 선조와 주고받은 다음과 같은 대화는 그가 남인에 속해 있음을 알 수 있다.

선　조: 남(南)이란 누구를 가리키는가?
이원익: 유성룡 때 사람을 가리킨 것입니다. 유성룡 때 사람들이 쫓겨

---

169) 姜周鎭, 『梧里小傳』, 探求堂, 1990, 157~158쪽.
170) 이성무, 『조선시대 당쟁사』, 아름다운날, 2007, 29쪽.

난 뒤에는 조정이 더욱 무너져서 일을 할 수가 없습니다.

선　조: 경은 매번 유성룡을 가지고 말하니, 경의 주된 뜻은 유성룡을
　　　내쫓은 것을 잘못으로 여기는 것이다.

이원익: 유성룡의 하는 일이 어찌 다 옳은 것이며, 그때 사류들이 어찌
　　　다 착한 사람들이겠습니까? 그 사이에는 좋지 못한 습관과 치우
　　　치고 사사로운 일이 많이 있었기 때문에 신은 그 당시에 매번
　　　그들의 허물을 헐뜯었던 것입니다. 작년에 그들이 쫓겨난 뒤에
　　　만일 대신 일어나 나라를 돕는 자들이 모두 어진 사람과 올바른
　　　선비로서 바른 도를 넓히고 나랏일을 정리한다면 신도 또한 마
　　　땅히 훌쩍 뛰어 일어나 협심해 봉직할 것입니다. 유성룡 때 사
　　　람들은 마음에 잊은 지 오래인데, 그 대신 일어난 자들이 사람
　　　들의 온건하지 못함을 크게 누르지 못하고 오히려 일을 그르치
　　　고 있는 것을 보기 때문에 신은 매번 전일의 사람들이 이들보다
　　　낫다고 생각한 것입니다. (…중략…) 남인이 국정을 맡을 때에는
　　　사(私)가 본디 많았고, 공(公)도 또한 10분의 3~4는 있었으나 북
　　　인이 일어난 뒤에는 공도가 멸절하고 사정이 크게 행했습니다.
　　　북인이 대북, 소북으로 갈린 뒤에는 오히려 사류로 자처한 자들
　　　이 많이 있었으나 대북의 경우는 대부분 사당이어서 순전히 사
　　　사로운 정을 쓰니 이들이 일어나 일을 본다면 국사는 끝장입니
　　　다.171)

　　이 대화를 보면 이원익은 유성룡을 중심으로 하는 남인에 속해 있
음을 알 수 있다. 신진사류로서 선배당인 서인보다 후배당인 동인에
속해 있었고, 급진파인 북인보다는 온건파인 남인에 속해 있었던 것
이다. 1591년(선조 24)에 그가 대사헌이 되었을 때 기축옥사를 동인을
일망타진하는 기회로 활용한 정철을 탄핵한 것이나,172) 1595년(선조
28)에 이순신을 극력 변호한 것173), 1599년(선조 32)에 유성룡을 편들

171) 이양희, 「오리 이원익의 임진왜란기 구나활동」, 『한국인물사연구』, 100~101쪽.
172) 李存道, 「李元翼行錄撮要」, 『全州李氏益寧君派譜』 上卷, 1994, 55쪽.

어 그의 억울함을 상소한 것[174] 등이 그의 그러한 성향을 들어낸 것이라고 할 수 있다.

그는 이이가 동·서인을 조정했다고 한데 대해서도

> "두 사람이 술에 취해 언덕 아래서 싸움을 하고 있었다. 그 때 한 사람(이이)이 언덕 위에서 타일러 말리다가 두 사람(동·서인)을 뜯어 말리는데, 결국 같이 끌리고 밀리고 한다면 어떻게 되겠는가?"[175]

라고 논평했다. 이이가 동·서인을 조정하다가 실패한 정황을 논평한 것이다. 그는 특히 대북을 미워했다. 적자도 아니요, 장자도 아닌 광해군의 정체성을 확립하기 위해 임해군·영창대군·인목대비를 차례로 핍박할 때마다 전은론(全恩論)을 내세워 용서해야 한다고 주장하다가 홍천으로 귀양 가기까지 하지 않았는가?

---

173) 『선조실록』 권 82, 선조 29년 11월 기해.
174) 『선조수정실록』 권 33, 선조 32년 1월 병오.
175) 李肯翊, 『국역 연여실기술』(고전국역원) 권 13, 선조고사본말.

이덕형의 생애와 업적

1. 머리말

한음(漢陰) 이덕형(李德馨, 1561~1613)은 선조·광해군조에 오리 이원익(1574~1634)·백사(白沙) 이항복(李恒福, 1556~1618)과 함께 3이(三李)로 추앙받던 명상(名相) 중의 한 사람이다. 이덕형은 광주이씨(廣州李氏) 둔촌공파(遁村公派)에 속하는 좌의정 이극균(李克均)의 5대손으로, 1580년(선조 13) 20세에 문과에 급제한 이후 34년간 관직생활을 하면서 문형(文衡)에 3번, 영의정에 3번, 체찰사에 2번이나 임명된 훌륭한 지도자였다. 그는 31세에 대제학을, 38세에 재상(우의정)에 임명되었으며, 이후 16년간이나 재상자리에 있었다. 이는 종친을 빼고 가장 빠른 고속승진이다.

특히 백사 이항복은 이덕형보다 5살 위이나 절친한 친구로서 비슷한 시기에 문과에 급제해 앞서거니 뒤서거니 하면서 국정을 이끌었다. 그러나 어려서 같은 마을에 산 것은 아니었다. 오성(부원군)은 필운동(弼雲洞)에, 한음은 남대문 밖에 살았다. 야화(夜話)에 나오는 오성(鰲

城)과 한음(漢陰) 이야기는 뒤에 윤색된 것이 아닌가 한다.

이덕형은 임진왜란이 일어나자 요동도사(遼東都司) 학걸(郝杰)을 찾아가 울면서 명나라 원병을 유치했고, 한편으로 이여송(李如松)·양호(楊鎬)·유정(劉綎) 등 명나라 장수들의 접반사(接伴使)가 되어 명군을 직접적으로 도왔으며, 다른 한편으로 일본사신의 접반사(接伴使)·강화사(講和使)로서 일본과의 강화회담에 앞장섰다. 뿐만 아니라 4도 도체찰사가 되어 군사를 진두지휘해 국란극복에 앞장서기도 했다. 다시 말하면 임진왜란과 같은 미증유(未曾有)의 국란을 당해 유성룡·이순신·이원익·이항복·윤두수 등과 함께 국가의 국방과 외교, 군사문제에 중추적인 역할을 한 것이다. 국운이 있어서인지 임란 때에는 이와 같이 많은 인재들이 배출되었다.

그러나 광해군조에 이르러서는 대북정권이 적자도 장자도 아닌 광해군의 정치적 위상을 지키기 위해 임해군·영창대군을 죽이고, 인목대비까지 폐위시키려 하자 3이가 함께 전은론을 내세워 목숨을 걸고 반대하다가 죽거나 귀양 갔다. 이덕형은 영창대군을 죽여서는 안 된다고 주장하다가 삭탈관작되어 용진(龍津)에 물러가 울면서 찬술만 마시다가 죽었다. 이항복은 북청으로 귀양 가서 죽고, 이원익은 홍천으로 귀양 갔다.

이와 같이 이덕형은 임란을 당해 부인까지 자결하는 아픔을 겪으면서도 명·왜군 진영을 왕래하면서 나라를 구하기 위해 불철주야 노력한 훌륭한 지도자였다. 이에 본고에서는 이러한 이덕형의 생애와 업적을 간단히 소개하고자 한다.

2. 가계

광주이씨의 시조는 신라 내물왕 때 내사령을 지낸 이자성(李自成) 이다. 그는 광주의 호족이었으나 그 자손의 일부가 왕건에게 저항 하다가 역리로 격하되었다. 그 후 고려 말에 판전교시사를 지낸 이 집(李集)이 광주이씨의 중시조가 되었다. 이집의 아버지 이당(李唐) 은 인령(仁齡)·원령(元齡, 集)·희령(希齡)·자령(自齡)·천령(天齡)을 두었고, 이원령(뒤에 이집) 은 지직(之直)·지강(之剛)·지유(之柔)를 두었는데, 모두 문과에 급제했다.

이 중 이지직은 장손(長孫)·인손(仁孫)·예손(禮孫) 등 3아들을 두 었고, 이인손은 극배(克培)·극감(克堪)·극증(克增)·극돈(克墩)·극균 (克均) 등 5아들을 두었는데 모두 문과에 급제하고 봉군(封君)을 받았 다. 5자등과를 한 셈이다. 그리고 이 이인손의 5자와 이장손의 아들 극규(克圭), 이예손의 아들 극기(克基)·극견(克堅)을 합해 8극(八克)이 라 할 정도로 가세가 융성했다. 그리하여 성현(成俔)은 그의 『용재총 화(慵齋叢話)』에서 광주이씨를 "당금문벌지성(當今門閥之盛) 광주이씨 위최(廣州李氏爲最)"라고 칭송했다.

이덕형의 5대조는 이극균이다. 이극균은 좌의정공파(左議政公派)의 시조로서 1437년(세종 19)에 태어나 1504년(연산군 10)에 죽었다. 향년 68세. 그는 1456년(세조 2)에 20세로 형 광천군(廣川君) 이극증과 동방 (同榜)으로 문과에 급제해 세조조에 유장(儒將)으로서 만포첨사에 차출 되어 1467년(세조 13)에 이만주(李滿住)를 칠 때 선봉장으로 큰 공을 세웠다. 그리하여 이극균은 1469년(예종 1)에 경상우도절제사로 승진 하고, 1472년(성종 3)에는 명나라에 천추사로 다녀왔다. 그리고 또 1475년(성종 6) 2월에 좌의정 한명회와 함께 덕종의 고명(誥命)을 내려

준 데 대해 감사하는 사은사로 다시 명나라에 다녀왔다. 1477년(성종 7)에 영안도관찰사가 되었다가 형조참판으로 승진했다. 1482년(성종 13)에 평안도절제사로 나가 군병의 훈련을 엄하게 했다. 1485년(성종 16)에는 병조판서, 다음 해에 이조판서가 되었다. 1487년(성종 18)에 다시 영안북도절도사가 되고, 1489년(성종 20)에 의금부지사, 1490년 (성종 21)에 좌참찬에 올랐다. 다음 해 이조판서, 좌찬성, 서북면도원 수, 1493년(성종 24)에 경상도관찰사, 평안도관찰사에 올랐다. 1499년 (연산군 5)에 광남군(廣南君)에 피봉되고, 1500년(연산군 6)에 우의정에 올랐다.

그런데 1502년(연산군 8)에 우의정 성준(成俊)과 함께 연산군이 창기 (娼妓)들과 놀아나는 것을 극간하다가 인동(仁同)에 중도부처(中途付處) 되어 사사되었다. 이극균이 죄 없이 죽는 것을 항의하자 연산군은 그 에게 쇄골장(碎骨葬)을 가했다. 부인은 군수 이철근(李鐵根)의 딸 성주 이씨로 이세준(李世俊)·이세걸(李世健) 두 아들을 두었다.

이 중 이덕형의 고조는 이세준이다. 이세준은 무과에 장원해 남양 부사를 지냈으나 일찍 죽었다. 1504년(연산군 10) 갑자사화의 화가 이 세준의 묘에까지 미쳤다. 그러나 중종반정으로 풀려 이조참판에 증직 되었다. 부인은 부사 우신(禹晨)의 딸인 예안우씨로, 이수충(李守忠)· 이수효(李守孝) 두 아들을 두었다.

이 중 이덕형의 증조는 이수충이다. 이수충은 사과를 지냈는데, 뒤 에 이덕형의 현달로 이조판서에 증직되었다. 부인은 현감 정뢰(鄭瀨) 의 딸 연일(延日)정씨로, 이진경(李振慶)·이태경(李泰慶)·이흥경(李興 慶) 세 아들을 두었다.

이 중 이진경이 이덕형의 할아버지다. 이진경은 이덕형의 현달로 뒤에 좌찬성에 증직되었다. 부인은 진사 김윤종(金胤宗)의 딸 상주김 씨로, 아들 하나를 두었는데, 이민성(李民聖)이다.

이민성의 초명은 천각(天覺). 1539년(중종 34)에 태어나 1618년(광해군 10)에 죽었다. 지중추부사를 지냈는데, 뒤에 아들 이덕형의 현달로 영의정에 추증되었다. 부인은 현감 증영의정 유예선(柳禮善)의 딸 문화유씨로, 이덕형(李德馨)·이여형(李餘馨)·이상형(李尙馨)·이구형(李久馨)·이종형(李鍾馨) 등 다섯 아들을 두었다.

이덕형은 1561년(명종 16) 2월 12일에 태어나 1613년(광해군 5)에 영창대군을 구명하는 차자를 올렸다가 용진(龍津) 대아당(大雅堂)으로 물러나 절사(節死)했다. 향년 53세. 1580년(선조 13)에 문과에 급제해 청요직을 두루 거치다가 31세에 문형(文衡)을 잡고, 38세에 정승(우의정)이 되어 34년간 관직에 있으면서 영의정 3번, 대제학 2번, 체찰사 2번을 지냈다. 특히 임진왜란을 당해 군사·외교에 앞장서 중흥(中興)의 공을 세웠다. 시호는 문익(文翼)이요, 『한음유고(漢陰遺稿)』 5권이 전한다. 포천의 용원서원(龍淵書院), 상주의 근암서원(近嵓書院)에 봉안되었다. 묘는 양평군 양서면 목왕리(木旺里)에 있다. 부인은 영의정 이산해(李山海)의 둘째딸인 한산이씨(1565~1592)다. 임란 때 절사해 정려(旌閭)를 받았다. 첩실은 양주목사 박의(朴宜)의 딸인 상주박씨(1572~1651)다.

이덕형은 7남(이여규(李如圭)·이여벽(李如璧)·이여황(李如璜)·이여박(李如璞)·이여민(李如珉)·이여방(李如㛒)·이여선(李如璇)) 4녀(정기숭(鄭基崇)·이등(李嶝)·허목(許楘)·이숙(李潚))를 두었다.

이여규는 1581년(선조 14)에 태어나 1635년(인조 13)에 죽었다. 1601년(선조 34)에 사마시에 합격해 상주목사, 판결사를 지냈다. 묘는 예산군 대흥면(大興面) 송림동(松林洞)에 있다. 그가 상주목사로 있을 때 『한음유고』 5권을 판각했다. 부인은 판서 권분(權昐)의 딸 인동권씨다. 이여규는 4남(이상건(李象乾)·이상곤(李象坤)·이상겸(李象謙)·이상정(李象鼎))을 두었다.

이 중 첫째 이상건(1600~1637)은 1627년(인조 5)에 진사시에 합격해

금부도사를 지냈다. 부인은 판서 유량(柳亮)의 딸 문화유씨다. 이상범은 외아들 이윤원(李允元, 1629~1661)을 두었다. 이윤원은 1657년(효종 8)에 진사시에 합격해 빙고별감을 지내다가 33세에 죽었다. 부인은 송유효(宋孺孝)의 딸 여산송씨다. 이윤원은 아들 하나(이수인(李壽仁)), 딸 하나(심단(沈檀))를 두었는데, 이수인(1659~1696)은 1689년(숙종 15)에 진사가 되고, 문과에 급제해 예문 봉교를 지냈으나 38세에 죽었다. 심단은 문과에 급제해 이조판서를 지낸 남인의 명사다.

이여벽(1585~1622)은 1603년(선조 36)에 사마시에 합격해 임실현감을 지냈고, 좌승지에 추증되었다. 이여황(1590~1632)은 1606년(선조 39)에 진사시에, 1612년(광해군 4)에 문과에 급제해 홍문관의 여러 관직을 역임하고, 벼슬이 예조참판에 이르렀다. 외아들 이상진(李象震, 1626~1659)을 두었는데 1648년(효종 3)에 생·진시에 동시 합격하고, 1652년(효종 3)에 문과에 급제해 벼슬이 병조정랑에 이르렀다. 그의 장자 이윤문(李允文, 1646~1717)은 1677년(숙종 3)에 진사시 장원, 1692년(숙종 18)에 문과에 급제해 사헌부 집의를 지냈다. 동복오씨, 사천목씨, 남양홍씨 등 명문들과 통혼했다.

이여선은 5자(이상관(李象觀)·이상항(李象恒)·이상태(李象泰)·이상임(李象臨)·이상수(李象隨)), 4서(四壻, 이시태(李時泰)·정석계(鄭錫啓)·윤두인(尹斗寅)·정이설(鄭爾卨))가 모두 무과에 급제했으며, 형조판서에 증직되었다.

이덕형의 가계도

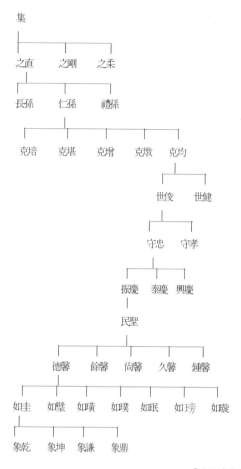

『광주이씨대동보』 권 1

3. 유년시절과 입사(入仕)

이덕형은 1561년(명종 17) 2월 12일 사시(巳時)에 한양 남부 성명방 (誠明坊, 지금의 대우연구재단빌딩)에서 아버지 지중추부사 이민성(李

民聖, 1539~1618)과 금성현령(金城縣令) 유예선(柳禮善)의 딸인 어머니 문화유씨의 첫째아들로 태어났다. 초명은 천각(天覺)이요, 자는 명보(明甫), 호는 한양 북쪽에 살았다 해 한음(漢陰)이라 했다. 태어나면서부터 침착하고 굳세며 순박하고 조심성 있고 함부로 장난을 치지 않았다.

이덕형은 어릴 때 외가가 있는 포천에 살기도 했으며, 진외가가 있던 상주 화령(化寧)에 우거하기도 했다. 그런데 복술가(卜術家) 함충헌(咸忠憲)이 "운명이 지극히 좋아 40세 안에 내각(內閣)에 들어갈 것이니, 속히 서울로 올라가 올바른 교육을 시켜 성공하도록 하라"고 했다. 이에 이민성은 즉시 아들을 데리고 서울로 올라와 도저동(桃楮洞, 지금의 혜화동)에 살았다고 한다. 1568년(선조 1) 8살에 아버지가 『소학』을 가르쳤다. 이덕형은 아버지에게 원형이정(元亨利貞)의 뜻을 물었다. 아버지는 그 뜻이 깊고 오묘해 어린아이들에게는 이해하기 어렵다고 했으나 한사코 해설해 달라고 했다고 한다. 그리고 의젓하고 덕기가 있어 "총각정승"이라 했다고 한다. 1574년(선조 7) 14세에 외삼촌 유전(柳㙉)이 사는 포천에 가서 글을 읽었다. 이때 양사언(楊士彦)·양사준(楊士俊)·양사기(楊士奇) 3형제가 이덕형과 시를 겨루어 보고 "그대는 나의 스승이다. 나의 적수가 아니다"라고 했다고 한다. 14세 때 이귀(李貴) 등과 함께 지사(知事) 윤우신(尹又新)의 문하에서 공부했다.

1577년(선조 10) 17세에 이지함(李之菡, 이산해의 숙부)의 추천으로 이산해(李山海, 1539~1609)의 둘째딸 한산이씨와 혼인했다.

1578년(선조 11) 18세에 생원시에 장원, 진사시에 3등으로 합격했다. 이때 비로소 이항복과 과장에서 만나 사귀게 되었다. 그리고 1580년(선조 13) 3월에 20세로 부묘별시(祔廟別試) 을과 제1인으로 급제했다. 그러나 같은 마을에 사는 시관이 어린 나이에 1등을 하는 것은 불행이 될 수 있다고 2등으로 낮추었다고 한다. 조금 있다가 이항복이 알성시(謁聖試)에 급제했다. 등과하자 다 같이 승문원 권지 정자에 분관(分館)되었다.

1580년(선조 13) 12월에 일본에서 현소(玄蘇)·평조신(平調信)이 왔을 때 이덕형은 선위사(宣慰使)로서 만났다. 이것이 뒤에 일본이 이덕형을 대화 파트너로 지목한 이유이기도 했다. 1582년(선조 15)에 중국사신 왕경민(王敬民)·황홍헌(黃洪憲)이 와서 한 번 만나보기를 원했으나 "예의상 사사로이 만날 수 없다"고 사양했다.

1583년(선조 16) 23세에 승문원 저작에 올랐다. 그런데 병 때문에 체직해 줄 것을 청하자 "지금 이 사람이 아니면 안 된다"고 하면서 일을 계속하라고 했다. 이때 이항복과 함께 호당(湖堂)에 피선되고 홍문관 정자가 되었다. 율곡이 이 두 사람을 호당에 추천하자 어떤 사람이 "이 두 사람의 의향을 알 수 없으니, 경솔히 추천해서는 안 된다"고 하자 율곡은 "두 사람의 명망이 이제 한창 고조되고 있는데, 어찌 어진 사람이 있는 것을 임금에게 속일 수 있겠는가?" 하면서 그대로 추천했다고 한다.

1584년(선조 17) 3월에 선조가 서총대(瑞蔥臺)에서 활 쏘러 나온 관료들에게 시회(詩會)를 열었는데, 이덕형이 일등을 했다. 이덕형은 시험이 있을 때마다 일등을 했다. 이때 또 정시(庭試)가 있었는데, 경쟁자가 내일도 이덕형이 나오느냐고 했다는 말을 듣고 병을 핑계로 시험장에 나가지 않았다 한다. 이즈음 이항복과 함께 숙직했는데, 선조가 『통감』 2질을 내주면서 각각 제목을 써 올리게 했다. 써 올릴 때마다 술 한 잔씩 내렸다. 그런데 이덕형은 갈수록 필력(筆力)이 신기해지고 몸가짐이 단정해졌다고 한다.

1585년(선조 18) 25세에 홍문관 부수찬, 평안도 어사, 사간원 정언, 홍문관 부교리를 역임했다. 부교리로 있을 때는 심의겸(沈義謙)을 두

둔한 서익(徐益)을 탄핵했다. 1588년(선조 21)에 교리로 있을 때 휴가를 얻어 안협현감으로 있는 아버지를 찾았다. 1587년(선조 20)에 대마도의 귤강광(橘康廣)이 와서 통신사(通信使)를 보내달라는 것을 거절한 바 있다. 이 때문에 왜사 현소와 평의지(平義智)가 다시 왔다. 선조는 이덕형을 이조정랑으로 삼아 선위사에 임명했다. 이덕형은 동래에 내려가 3일 만에 일을 처리하니 그들도 깍듯이 공경했다. 1589년(선조 22) 봄 현소(玄蘇) 등이 서울에 와서 강력히 답방(答訪)을 요구했으나 이덕형은 예조판서 유성룡과 함께 잘 처리했다. 외교수완을 발휘한 것이다. 이에 선조는 그해 가을에 이덕형을 동부승지에 임명했다. 7월에 다시 왜사가 와서 포로 116명을 쇄환하고 변경을 침범한 사화동(沙火同) 등을 잡아 바쳤다. 이덕형은 유성룡과 의논해 통신사에 관한 일을 결정지었다. 1590년(선조 23)에 통신사 정사 황윤길(黃允吉), 부사 김성일(金誠一), 종사관 허성(許筬)을 부산포에서 전송했다. 가을 이후로 동부승지, 우승지, 대사간, 부제학 대사성, 이조참의를 역임했다.

1591년(선조 24) 2월에 대사간이 되었다. 이덕형은 홍여순이 이산해를 기축옥사(己丑獄事)에 연루시켜 극형에 처하려는 것을 만류했다. 선조는 "연소한 나이에 노성한 재덕이 있으니, 참으로 큰 그릇이로다"라고 했다. 7월에 예조참판으로서 홍문관·예문관 대제학, 지성균관사가 되었다. 31세에 전문형(典文衡)을 한 것이다.

4. 임진왜란

1592년(선조 25) 1월 1일에 대사헌이 되었다가 동지중추부사로 옮겼다. 그런데 그해 4월 13일에 임진왜란이 일어났다. 왜장 36명이 20만 대군을 이끌고 쳐들어온 것이다. 이덕형은 좌의정 유성룡을 설득해 광해군을 세자로 삼게 했다. 29일에 순변사 이일(李鎰)이 상주에서 패했다는 장계가 올라오자 온 조정이 어찌할 줄 몰랐다. 이때 왜학통사 경응순(慶應舜)이 왜서(倭書)를 가져다 바쳤다. "조선이 만약 강화의 뜻이 있으면 이덕형으로 하여금 22일에 충주에서 고니시 유키나가(小西行長)를 만나게 하라"는 것이었다. 이덕형은 "진실로 사직을 이롭게만 할 수 있다면 신이 죽어도 무엇이 아깝겠습니까"라고 하고 용인에 도착해 역관 경응순을 적진에 보냈다. 그러나 왜군은 역관은 죽이고 역졸을 시켜 봉서(封書)만 보내왔다. 그래서 적장을 만나지 못하고 서울로 돌아와 보니 선조는 이미 서쪽으로 피란가고 없었다. 할 수 없이 낮에는 숨고, 밤에만 걸어 죽을 고비를 넘어 20일 만에 행재소(行在所)인 평양에 도착했다.

선조는 조신들에게 회복할 대책을 강구해 보라고 했다. 이덕형은 명나라에 구원병을 요청해야 한다고 주장했다. 처음에는 대신들이 난색을 표했으나 뒤에는 동조했다. 그리하여 정곤수(鄭崑壽)를 명나라에 보내 원병을 청했다. 그리고 삼남에 조도사(調度使)를 보내 군량을 마련해 명군을 접대하게 했다.

6월에 대사헌이 되었다. 이덕형은 자청해 단기(單騎)로 배를 타고 대동강에서 현소와 평의지를 만났다. 5월 17일 도원수 김명원(金命元) 등이 임진강에서 패하자 적들이 평양으로 몰려들었다. 6월 2일 선조는 의주로 몽진했다. 그런데 대동강 가에 조그만 종이쪽지가 꽂혀 있었다. 가져다 읽어 보니 "조선국 예조판서 이공 각하에게 올린다"고 되어 있었다. 이덕형은 강 가운데로 가서 "너희들이 아무런 이유도 없이 군사를 일으켜 수백 년 동안 맺어온 친교를 파괴한 것은 무슨 까닭이냐?"고 따졌다. 왜적들은 군사를 성대히 벌려놓고 짐짓 위세를 보였으나 그는 얼굴빛 하나 변하지 않고 말하는 태도도 평일과 다름이 없었다. 적들도 병위를 풀었다. 현소는 "우리는 명나라에 들어가는 길을 빌리려고 하는데, 조선이 허락지 않으니, 한 가닥 길을 빌려 주어 중원으로 들어가게만 하면 아무런 일이 없을 것이다"고 했다. 이에 이덕형은 "너희들이 우리 부모 같은 나라를 침범하려고 우리를 위협해서 길을 빌리라 말하니, 나라가 망할지언정 길을 빌려 줄 수 없다"라고 하니, 적장들이 감히 다시 입을 열지 못했다. 이 일이 있은 후 현소는 번번이 이덕형의 도량을 칭찬하며 "이 판서는 창졸 간에도 언사와 안색이 지난 날 선위(宣慰)할 때 술자리에서 하던 것과 조금도 다름이 없으니, 보통사람으로서는 참으로 미칠 수 없는 분이다"라고 했다고 한다.

어가가 평양을 떠나야 하는데, 갈만한 곳이 없었다. 어떤 사람은 함북 경성(鏡城)으로 가야 한다고 하고, 어떤 사람은 함흥으로 가야 한다고 했다. 그리하여 중전과 비빈들은 먼저 경성으로 떠났다. 12일에 선조도 뒤쫓아 출발해 숙천에서 유숙했는데, 이덕형이 이항복과 함께 "한 번 북쪽으로 가는 고개를 넘으면 명나라와는 동떨어지게 멀 것이니 어느 곳에 호소하겠습니까? 먼저 영변으로 가서 사태의 변동을 살피는 것이 어떻겠습니까?"하니 그대로 따랐다. 이덕형은 이항복과 함께 서로 청병사(請兵使)로 가겠다고 다투었다. 그러나 이항복이 병조판서이기 때문에 이덕형이 가게 되었다. 이덕형은 밤낮없이 200리를 달려 요동에 도착해 6차례나 안무사(按撫使) 학걸(郝杰)에게 글을 올려 원병을 애걸했다. 학걸은 자기 재량으로 요동병 5천을 차출해 총병 조승훈(祖承訓)에게 주고, 선조가 다급하면 요동으로 들어오는 것도 허락했다. 그러나 조승훈 등이 가벼이 평양성을 공격하다가 패해 요동으로 돌아갔다.

8월에 왕세자가 대리청정 하라는 유서(諭書)가 내렸다. 그런데 그해 9월에 부인 한산이씨가 안협(安峽) 백암산(白巖山)에서 왜적에게 쫓기다가 순절했다. 이덕형은 부모가 안협에서 생사가 불명하니 대제학

직책을 바꿔달라고 했으나 들어주지 않았다. 그에게는 오히려 세자 우빈객, 동지경연사가 더 제수되었다.

9월 4일에 명나라에서 사신이 다녀갔다. 이덕형은 원접사(遠接使)로서 대군을 보내 줄 것을 애원했다. 이에 명나라는 다시 제독(提督) 이여송에게 4만 5천 군을 주어 25일에 압록강을 건너 28일에 평양으로 향했다. 이덕형은 제독접반사 한응인(韓應寅)과 함께 명병을 돕는 데 최선을 다했다.

1593년(선조 26) 1월 이여송이 왜인 한두 명을 잡았으면 좋겠다고 했다. 이덕형은 심유경(沈惟敬)이 강화회담을 하자고 한다고 하면 나올 것이니 그때 잡으면 된다고 했다. 그리하여 평호관(平好官) 등 왜노 3명을 생포했다. 그리고 그 정보를 이용해 평양성을 공격해 함락했다. 이덕형은 이여송을 따라 위험을 무릅쓰고 평양성 탈환에 참여했다. 그는 유성룡·이원익 등과 함께 명군의 군량을 지원하는 데 앞장섰다.

이여송이 평양에 주둔한 지 8일 만에 왜적들은 서울로 후퇴했다. 이여송은 왜적을 얕보고 가정(家丁) 천여 명만 거느리고 진격했다가 벽제(碧蹄)에서 패해 동파(東坡)－개성(開城)－평양으로 후퇴했다. 이덕형 등은 패주하는 왜적을 계속 추격할 것을 요구했으나 듣지 않았다. 경략(經略) 송응창(宋應昌)은 심유경을 통해 왜적에게 화의를 제기하고 조선군도 왜적과 싸우지 못하게 했다. 왜적이 왕자와 배신(陪臣)을 송환하고 부산으로 철수하자 이여송은 평양에서 서울로 들어왔다. 이덕형은 불타버린 관아를 복구하고 전란에 시달리는 백성을 구제했다. 이여송은 충주를 거쳐 문경으로 내려갔는데, 5월 18일 송응창이 이여송에게 보낸 밀첩을 보고 "사세가 이와 같으니 하는 수 없이 군사를 거두어 돌아간다"고 하고 돌아갔다. 이덕형은 그 밀첩을 외워 조정에 보고했다.

5월에 심유경이 왜장 소서비(小西飛) 등을 데리고 도요토미 히데요시의 항복문서를 가지고 북경으로 들어가고자 했다. 이덕형은 왜장이 중국에 왕래하는 과정에서 조·명군의 허실을 탐지하면 곤란하다고 했다. 8월에 접반사 이여송을 송별하러 황주에 갔다가 선조를 만나 인견했다. 이여송에게는 명나라의 찰원(察院)이 따라붙었는데 그들을 설득해 이여송으로 하여금 남방에 남아 있는 왜적을 토벌하게 해 달라고 사정해야 한다고 했다. 이덕형은 압록강에서 이여송을 전별했다. 이여송은 타의에 의해 끌려가면서도 선조에게 정치를 잘하라고 충고했다.

10월 1일 선조는 환도한 후에 훈련도감을 설치하고 유성룡을 제조, 이덕형을 부제조, 조경(趙絅)을 대장을 삼았다. 이덕형은 유성룡과 의논해 『기효신서(紀效新書)』(청의 척계광(戚繼光)이 지은 신병법)에 입각해 병기를 개선하고 삼수법(三手法, 포수(砲手)·사수(射手)·살수(殺手))을 연습시켰다. 그리고 둔전(屯田)을 널리 설치하고 군비를 갖추었다.

1593년(선조 26) 윤 11월 28일에 이덕형은 병조판서가 되었다. 12월 16일 이덕형은 석성(石星)의 밀명을 띠고 송응창과 이여송을 조사하러 나온 주기(周基)와 척운(戚雲)을 만났다. 그들은 지금 명군이 출동하면 그 지방이 잔파되겠지만, 출동하지 않으면 왜적이 산동에 나타날 것이라 했다. 이덕형은 이런 내용을 조정에 보고했다.

12월에 충청도에서 송유진(宋儒眞)의 난이 일어났다. 선조는 영의정 유성룡과 병판 이덕형을 대궐에 들어와 숙직하라고 했다. 난이 진압된 후 12월 27일 이덕형에게 대사헌 겸 홍문·예문관 대제학, 지성균관사, 동지경연사를 제수했다. 두 번째 문형(文衡)을 잡은 것이다. 이때 석성은 오유충(吳惟忠) 등 남병을 평양전투에서 수고했다고 불러들이고 유정(劉綎)의 5천 군만 남겨두었다. 그리고 송영창을 불러들이고 시랑(侍郞) 고양겸(顧養謙)을 경리로 임명했다. 이덕형은 고양겸에게 진주와 경주가 무너지면 조선이 무너지는데 믿고 있는 명군이 돌아가면 어떻게 하느냐고 항의했다. 그러나 그는 심유경만 믿고 있었다. 이덕형은 급히 제장에게 정병을 모집해 입방(入防)하게 해야 한다고 주장했다. 선조도 그 주장을 따랐다.

1594년(선조 27) 1월 낙상지(駱尚志)와 함께 종부시(宗簿寺) 터를 새 궁궐자리로 잡았다. 경복궁이 타버려 선조는 임시로 정동 별궁에 거처하고 있었다. 이덕형은 유성룡과 함께 낙상지에게 부탁해 『기효신서』의 전법을 전수받았다. 4월 30일 어머니가 통진에서 죽어 병판을 교체했다. 장례를 치룰 때 훈련도감 군사들이 양식을 싸가지고 와서 역사(役事)를 도왔다. 장사가 끝나자 선조는 이덕형을 이조판서에 임명했다. 그는 이조판서로서 시무8조를 올렸다. 이덕형은 왜적이 다시 쳐들어 올 것 같으니 준비를 서둘러야 한다고 했다. 4월 17일 고양겸(顧養謙)의 위관(委官) 호대경(胡大經)을 면접했다. 호대경은 고양겸의 서신을 고니시 유키나가(小西行長)에게 보냈다. 현소(玄蘇)는 고양겸에게 잘 얘기해 심유경이 일본에서 돌아오기 전이라도 조선에 자문(咨文)을 띄워 일본과 통호하게 해 달라고 했다. 그러면 자기들도 대마도로 물러가겠다고 했다. 그러면 왜 남해안에 진을 치고 있느냐고 하니, 현소는 조선이 계속 복수하려고 하니 방비를 하지 않을 수 없기 때문이라고 했다. 유성룡은 저들이 이유 없이 물러가면 대마도가 무인지경이 될 것이기 때문에 통호를 요구하는 것이라 했다. 유성룡은 지금 송응창은 탄핵을 받아 두문불출하고, 양원(楊元)은 죄를 받아 요동으로 전임되었으며, 송응창·이여송도 곧 무사하지 못할 것으로 내다봤다.

4월 23일 명나라에서는 이제 도와줄 만큼 도와주었으니, 조선은 스스로 국가를 지킬 준비를 하라고 했다. 명군은 한 번 싸워 평양을 비롯한 2천여 리의 땅을 수복했고, 돈도 많이 썼으며, 사람과 말도 많이 죽었다. 이제 더 보내줄 군사나 군량도 없고, 왜노들도 겁에 질려 항복을 청하니 받아주어야 한다. 그런데도 조선은 걸핏하면 왜노의 성세(聲勢)를 과장하고 군사나 군량을 청할 계획만 꾸미고 있다는 것이다. 지금 조선이 할 일은 왜노로 하여금 명에 조공을 바치게 권하는 것이라 했다.

1595년(선조 28) 1월 이덕형은 지경연사가 되었다. 2월에 화약제조법을 개발하고, 화포를 만들어 시험발포했으며, 독약 만드는 법, 칼 쓰는 기술을 연마했다. 3월에 다시 병조판서가 되고 예문 제학을 겸임했다. 9월에 이덕형은 호택(胡澤)이 손광(孫鑛)에게 보낸 문서 1통을 빼내왔다. 그 문서에 의하면 경리 손광은 파면되어 환국하게 되어 있었다. 그리고 군량을 마련하기 위해 은광을 개발하라고 했다. 호택의 명이었다. 그러나 이덕형은 우리나라에는 광물이 나지 않는다고 회피했다.

이어서 10월에 4도(경기 · 황해 · 평안 · 함경) 부체찰사에 제수되었다(체찰사는 유성룡). 11월 유성룡과 이덕형은 남한산성을 돌아보았다. 산성을 돌아보고 그 고을 사람 권응원(權應元)에게 그 수리를 맡겼다. 권응원은 임진란 때 향병을 거느리고 군공을 세운 사람이었다. 그리하여 병자호란 때 유용하게 쓸 수 있게 했다. 12월 누르하치가 조선과 교역을 원했으나 들어주지 않자, 선물을 주면 물러가겠다고 해 비단 32필을 주었다. 여진족이 준동하기 시작한 것이다. 그리고 왜에는 황신(黃愼)을 심유경에게 딸려 보냈다.

1596년(선조 29) 7월 충청도 홍산(鴻山)에서 이몽학(李夢鶴)의 난이 일어났다. 그런데 병조판서 이덕형이 내응했다는 유언비어가 떠돌았다. 사실이 아니었다. 1597년(선조 30) 1월에 조선에서 복수군(復讎軍)을 설치해 8도의 군사를 모집했다. 화의가 결렬되어 왜적이 재침할 것 같았기 때문이다. 이덕형은 이 일을 주관했다.

2월에 통제사 이순신이 하옥되었다. 이중간첩 요시라(要時羅)가 경상병사 김응서(金應瑞)에게 가토 기요마사가 언제 어디로 오니 잡으라고 했다. 선조는 즉시 두 번이나 출병을 명령했다. 그러나 속임수인 것을 간파한 이순신은 명령을 어기고 출병하지 않았다. 선조는 3도수군통제사를 원균으로 바꾸었다. 이덕형은 해상의 사정을 정확히 모르니 도원수의 장계를 기다려 보고 신중하게 대처하자고 했다. 선조는 이순신을 죽이려 했다. 그러나 정탁(鄭琢)이 힘써 구원해 도원수 권율 휘하에 백의종군하게 되었다. 원균은 칠전양에서 전사했다.

1597년(선조 30) 3월에 이덕형은 공조판서로서 훈련도감 일만 전담했다. 유성룡이 병으로 사임했기 때문이다. 그리고 6월에 우참찬이 되었다. 4월에 정유재란이 일어나 명군이 다시 들어왔다. 그러나 마귀(麻貴)가 거느리고 온 군사 1만으로 왜군 10만을 감당할 수 없었다. 그리하여 명군은 서울의 외성(外城)과 남원·전주만 지키게 했다. 이에 왜군은 호남과 호서를 석권하고 한강이 얼면 서울을 공략하고자 했다. 명에서도 양호(楊鎬)를 새로운 경리(經理)로 삼아 14만 군을 파병했다. 선조는 이덕형을 좌의정으로 특진시켜 접반사로 임명했다. 양호는 이덕형에게 감복했다. 양호는 평양에 집과 사무실을 지으려 했으나 이덕형이 만류해 취소했다. 이덕형은 여러 차례 전진할 것을 하소연해 서울로 들어왔다. 8월 26일 양원(楊元)이 남원에서 패사하자 양호는 9월 2일 정병 2천을 거느리고 직산에서 왜적을 대파했다.

9월 29일 이덕형은 우찬성이 되었다. 이덕형은 시석(矢石)을 무릅쓰고 양호를 모셨다. 12월 11일 이조판서가 되었다. 명군이 도산(島山)을 공격했으나 비가 많이 내리고 바람이 심히 불어 외성만 깨고 내성은 함락하지 못했다. 왜적 5백 수를 베었으나, 7백 명이 죽고(조선군 1천 명), 3천 명이 부상했다. 그런데 전공을 과장해서 보고 했다가 병부찬획주사(兵部贊畫主事) 정응태(丁應泰)가 탄핵해 양호는 서울로 올라와 명정의 처분만 기다리게 되었다. 남병과 북병의 갈등에서 빚어진 사건이다.

1598년(선조 31) 4월에 우의정이 되었다. 선조는 양호를 구원하고자 했다. 이 일이 조선과도 관계가 있기 때문이다. 처음 최천건(崔天健)을 보내고, 이원익·허성(許筬)을 잇달아 보내 변병했다. 그런데 실상 선조는 영의정 유성룡이 진주사(進奏使)로 가주길 바랐다. 그러나 어머니가 아프다는 핑계로 가지 않았다. 실상 양호가 경리로서 조선을 직할하려 한 데 대한 불만도 있었다. 그래서 이원익이 대신 간 것이다. 양호는 이덕형의 인품을 "입상출장(入相出將)"할 재목이라고 극찬했다.

9월 25일 진주사로 가지 않은 죄로 유성룡은 이이첨 등의 탄핵을 받아 삭탈관작되었다. 10월 8일에 이원익이 영의정, 이덕형이 좌의정이 되었다. 그러나 제독 유정(劉綎)을 따라 남원으로 내려갔다. 유정의 원에 의해서이다. 유정은 "이공(이덕형)을 얻었으니 내 일은 성공한 셈이다"라고 했다고 한다. 이덕형은 8월에 전주로 내려가 수군을 시켜 군량을 운반할 배를 마련하게 했다. 유정이 진격하지 않고 고니시 유키나가를 놓아 보내려 하자, 통제사 이순신을 시켜 적을 공격해 대파했다. 적이 물러난 뒤에 유정은 성 안으로 들어와 사로잡힌 조선인이나 왜가 인질로 보낸 왜인의 목을 베어 전공(戰功)을 상신했다. 이덕형은 이를 미워해 조정에 밀계(密啓)했는데, 홍여순(洪汝諄)이 그를 해치려고 이 사실을 유정에게 알려주었다. 그래서 유정이 매우 미워했다. 이때 호남은 왜적이 분탕질을 치고 있었는데, 적이 이덕형이 왔다는 소식을 듣고 물러가 호남 일대가 안정되었다. 양호가 잡혀가자 만세덕(萬世德)이 3만 명군을 거느리고 새 경리로 왔다.

1598년(선조 3) 11월에 통제사 이순신이 노량해전(露梁海戰)에서 전사했다. 이덕형은 여론을 들어보니 이순신은 훌륭한 사람이고 공로도 많아 마땅히 대치할 사람이 없다고 했다. 조정에서 표창해야 한다고 했다. 이덕형은 충청병사 이시언을 임시 통제사로 차출하고, 전라방어사 원신(元愼)을 임시 충청병사로 차출했다. 그리고 해남현감 유형(柳珩)을 경상수사에 임명했다가 통제사로 기용했다.

1598년(선조 31) 12월 22일 이덕형은 군문(軍門) 형개(邢价)와 함께 대마도 정벌을 의논했다. 이덕형은 우선 항왜(降倭)와 왜군에게 포로가 되었다가 도망 나온 사람을 연속적으로 정탐하게 한 다음, 풍파가 없는 정월 안에 들이쳐야 한다고 했다. 그러나 점령해 위압만 할 뿐 주둔해 지킬 수는 없다고 했다. 12월 18일 세자 책봉을 세 번이나 건의했으나 선조가 듣지 않았다.

1599년(선조 32) 1월에 유성룡을 둘러싸고 붕당이 심해지자 이를 조정할 방안을 건의했으나 선조가 수용하지 않았다. 3월에 유정이 이덕형을 싫어해 동도(東道)로 내려가 남아있는 명군 3만의 군량을 조달하게 했다. 홍여순은 이를 악용해 이덕형을 탄핵했다. 이에 이덕형은 열 번이나 상소를 올려 재상직을 해임시켜줄 것을 요청했으나 들어주지 않았다. 이덕형은 8도의 양식을 다 모은다 해도 1만 명 정도밖에 먹일 수 없으니, 2만은 조선군을 뽑아 대체하자고 했다. 그러나 만세덕이 듣지 않고 2만 4천 명의 명군을 1600년(선조 33) 9월까지 주둔하다가 돌아갔다. 4월에 판중추부사가 되었다.

1600년 이덕형은 40세의 나이로 훈련도감 도제조를 맡았다. 그는 반년이나 앓아 사직 차자를 올렸으나 선조는 약물을 내려주며 만류했다. 그리하여 3월부터 이원익과 함께 비변사에 나아가 명군 철수에 대한 대책을 강구했다. 선조는 "이원익과 이덕형은 재주와 슬기가 가장 뛰어나니, 이렇게 국사가 어려운 때에 있어서는 마땅히 날마다 비변사에 출사해 군량을 마련하도록 해야 한다"고 했다. 그는 명군이 철수하면 대마도가 준동할 가능성이 있으니, 철수하기 전에 대마도를 들이치자고 했으나 조정의 의논이 합치하지 않아 무산된 것을 무척 아쉽게 생각했다. 그리고 명 조정의 허락을 받아 왜와 강화하고 명의 수군 일부를 남겨두어 대마도의 재침을 막아야 한다고 했다. 그리하여 선조는 처음에 육군 1천 명을 해안에, 수군 2천 명을 부산에, 도합

3천 명을 주둔해 줄 것을 청했으나 명 황제의 재가를 얻지 못해 다시 1천 명만 요청했다.

1600년 11월 25일 선조는 이덕형에게 『무경요람(武經要覽)』 8권을 내리고 군사를 열심히 조련하라고 했다. 사신(史臣)은

> "경륜(經綸)·절충(折衝)하는 재주와 감언(敢言)·항론(抗論)하는 실상은 없었으나, 특별히 문장과 사기(辭氣)로 한때의 중망을 얻었다. 나이 37세에 이조·호조판서, 대제학을 지내고 지위가 3공(三公)에 이르렀으니, 이렇게 갑자기 승진한 자는 일찍이 없었다. 유제독(劉提督)에게 있던 항왜(降倭)를 임의로 머물러 둔 일 때문에 임금의 돌봄이 조금 소홀해져 정승의 지위에서 물러났고, 훈련도감 제조도 파직되었다. 그런데 이때 일본에 대한 기미책(羈縻策)을 제정해 올리자 자주 등대(登對)하라는 언지를 내렸으며, 그의 말이 상의 뜻에 맞으니, 상이 매우 좋아했다. 사람됨이 막상 일에 임하면 자질구레해 큰 줄기를 세우지 못한데다가 청절(淸節)에 힘쓰지 않으니, 사람들이 욕심장이라고 기롱했다."

고 논평했다.

1601년(선조 34) 1월에 이덕형은 이원익을 대신해 충청·전라·경상·강원 4도 도체찰사가 되어 2월에 성주에 개부(開府)했다. 부사는 한준겸(韓浚謙), 종사관은 오윤겸(吳允謙)이었다. 그는 소모관(召募官) 이귀(李貴)와 훈련첨정 한교(韓嶠)를 시켜 『기효신서』를 번역해 3책으로 간행하게 했다. 4월에 평의지(平義智)가 귤지정(橘持正)을 보내 포로를 쇄환하겠다고 했다. 그러나 이덕형은 대마도의 속임수라고 보아, 상륙하지 못하게 하고 조정에 치계했다. 예조에서는 즉시 화친과 개시(開市)를 허락하는 공문을 내려 보냈다. 이덕형은 옳지 않게 여겨 답서를 환송하고, 명조에 알리고 나서 화친을 의논해야 한다고 했다. 선조는 이덕형에게 알아서 하라고 했다. 이덕형은 "명나라에서는 너희들이

무도한 짓을 반복한 때문에 우리나라에 군사를 남겨 뒤처리를 하려는 계책을 세우고 있다. 감히 이런 때 거짓으로 우리를 속이려 하느냐?"고 하고, 만세덕에게 통보해 왜를 효유하는 고시문(告示文)을 공고케 했다.

1601년 5월 3일 호종공신(扈從功臣)을 정하는데 이덕형은 공무로 남쪽에 내려가 있었기 때문에 처음부터 호종하지 않았다 해 공신책정에서 빠졌다. 이원익은 이덕형이 명의 원군을 불러 오는 데 공로가 크니 호종공신에 넣어야 한다고 주장했다. 이때 대마도의 평조신(平調信)이 내년 봄에 와서 화의를 청한다는 말이 있었다. 체찰사 이덕형은 사명대사(四溟大師)로 하여금 영남에 머물러 있다가 왜사를 맞이할 준비를 하라고 했다. 유정은 산성을 쌓고 1601년에 부산성에 곡식을 쌓아놓는 일을 맡고 있었다. 귤지정은 1602(선조 35)~1605년(선조 38) 간에 7번이나 와서 포로를 쇄환하고 화의를 간청했다. 이덕형은 이를 만세덕에게 보고했으나 거절당했다.

1602년 42세에 이덕형은 영의정으로 승진했다. 이때 호서지방에서 이몽학의 난이 일어났다. 유영경(柳永慶)은 이를 이용해 무고한 사람을 많이 얽어 넣으려 했다. 영의정 이덕형은 고변한 자를 찾아내어 무고한 사람을 다 풀어주었다. 10월 15일 이덕형은 문신 368인, 무신 245인의 연명으로 명에 세자 책봉을 청원했다. 그는 병을 이유로 사직을 청했으나 4도 체찰사만 체직하고 영의정을 그대로 하라고 했다.

1603년(선조 36) 선조는 영의정 이덕형으로 하여금 임난 공신을 감정(勘定)하라고 했다. 그런데 1601년(선조 34)에 선조가 호성(扈聖)공신·청병(請兵)공신·선무(宣武)공신을 녹훈하라는 명이 있었다. 이때 백사(白沙) 이항복이 청병한 것은 이덕형의 공이 가장 크다고 주장했으나 이덕형은 처음부터 선조에게 아뢴 단자(單子)에 이름이 없었으니 자기 이름을 삭제해 달라고 했다. 그러나 선조는 그대로 두라고 했다.

훈록을 사양하지 않았다고 비아냥을 받지 않은 것은 아니었다. 이때 전주사고에 있던 실록을 대본으로 실록을 다시 찍어 5사고(춘추관·묘향산·오대산·태백산·정족산사고)에 간직하는 실록복간 사업의 총재를 맡았다. 이 일은 1606년(선조 39) 4월에 마무리되었다. 또 화폐를 만들어 쓰자고 했으나 조정에 어려운 일이 많아 시행되지 못했다.

1604년(선조 37) 4월 9일 이덕형은 판중추부사가 되었다. 이때 포도대장 변양걸(邊良傑)이 임해군이 도적을 사주해 유성군(儒城君) 유희서(柳熙緒)를 살해하고 그 미첩을 가로챈 죄를 밝혀냈다. 선조는 왕자를 모해한다고 대노했다. 이덕형은 도적을 잡았다고 죽인다는 것이 말이 되느냐고 항의했다. 그리고 영의정을 사직하고 이항복이 영의정이 되었다. 이항복도 사직해 면직되었다.

1604년 6월에 훈안(勳案)이 개정되었는데, 이덕형은 호성원종공신에 녹훈되었다. 이덕형이 물러난 뒤에 유영경이 공신책정의 일을 맡아 이덕형을 정공신에 끼워주지 않았다. 공신도감에서 이의를 제기하자 선조는 대신 이덕형에게 가자해 주라고 했다. 7월 3일 이덕형은 영중추부사가 되었다. 9월 28일 이덕형은 유격(遊擊) 최우제(崔右濟) 후임으로 온 유격 동정의를 맞이했다. 동정의는 국왕의 병세, 세자책봉, 해상의 왜정(倭情)을 살피러 왔다고 했다. 그리고 부산과 서생포(西生浦) 일대를 돌아보려고 했다. 또 둘째 아들을 세자를 시켜달라고 청하는 이유가 무엇이냐고 묻기도 했다.

1605년(선조 38) 8월 12일에 어머니 산소가 무너져 이를 보수하기 위해 양근(楊根)으로 내려갔다. 그리고 용진(龍津) 운길산(雲吉山) 아래 대아당(大雅堂)·진일헌(眞佚軒)·읍수정(挹秀亭)·애일실(愛日室)을 지어 만년에 은거할 준비를 했다. 1606년(선조 39) 3월에 영창대군이 태어났다. 백관이 모두 하례했으나 유영경의 강권에도 불구하고 하례에 참여하지 않았다. 이항복도 배가 아프다고 참여하지 않았다. 이때 도

쿠가와 이에야스가 새로 관백(關白)이 되어 평의지(平義智)를 보내 화친을 요구해 왔다. 영의정 유영경은 능침을 범한 죄인을 잡아 보내면 화의를 하겠다고 했다. 일본은 두 어린애를 잡아 보냈다. 그런데도 유영경은 종묘에 아뢰고 용서하려 했다. 이덕형은 반대했다. 그러나 범인을 저잣거리에서 참살하고 여유길(呂裕吉)을 회답정사(回答正使)로 일본에 파견했다. 본래 일본에 보내는 사신을 통신사라 했는데, 이를 격하해 회답사라 했다.

5. 대북정권 아래서 살다

1608년(선조 41) 2월 선조가 죽고 광해군이 섰다. 이덕형은 영중추부사의 자리에 있었다. 이덕형은 이산해·이원익·이항복 등과 함께 임해군 이진(李珒)을 집에 연금했다가 교동(喬洞)으로 유배해야 한다고 주장했다. 그러나 전은설(全恩說)을 내세워 임해군을 죽여서는 안 된다고 했다. 6월 5일 이덕형은 좌의정 직함으로 광해군을 왕으로 책봉해 달라는 진주사(進奏使)로 명나라에 갔다. 그런데 요동도사(遼東都司)가 엄일괴(嚴一魁)를 보내 임해군을 면담하려 했다. 이덕형은 임해군을 만나게 해서는 안 되고, 빨리 북경에 자문(咨文)을 보내 회답을 받아와야 한다고 했다. 그리하여 오봉(五峯) 이호민(李好閔)을 고부승습사(告訃承襲使)로 북경에 보냈으나 책봉을 받아오지 못했다. 그래서 이덕형이 진주사로 다시 간 것이다. 그리하여 광해군과 왕비 유씨(柳氏)의 책봉을 허락받았다. 광해군은 이덕형에게 전 30결, 노비 5구를 내려 노고를 치하했다.

1609년(광해군 1) 봄에 아버지가 아파 용진 별서(別墅)에 가서 간호하다가 자신도 병이 들어 사직하고자 했으나 명나라 사신 오니 빨리

상경하라는 왕명을 받고 조정으로 돌아왔다. 9월에 인목대비가 선조의 능을 참배하려는 것을 이항복과 함께 간곡히 말렸다. 그리고 이덕형은 이원익을 대신해 다시 영의정이 되었다. 11월에는 장인 이산해가 죽어 예산에 장사지냈다.

1610년(광해군 2) 윤 3월 광해군의 생모 공빈(恭嬪)이 죽자 광해군이 왕후로 추존하고 묘를 능으로 봉하려는 것을 만류했다. 그러나 공빈은 공성왕후(恭聖王后)로 묘는 성릉(成陵)으로 격상하고 종묘에까지 봉안했다. 3월 6일 이덕형은 왜국에게 시장을 개방하자고 했다. 명나라의 도움을 받아 국력을 회복할 때까지 유예기간을 갖자는 것이었다. 그러나 미포(米布)만 매매할 수 있게 하고 비단·삼·호피 등 돈이 되는 물품은 교역하지 못하게 했다. 그러다 보니 잠상(潛商)이 들끓어 모든 물건을 매매할 수 있게 하는 것만 못하다는 것이다. 사관은

> "이덕형은 기국(器局) 너그럽고 두터우며 재주가 뛰어났다. 약관에 벼슬길에 올라 청선(淸選)을 두루 거쳤으며, 문단의 맹주로 활략했고, 군사문제를 전담해 처리했다. 마흔 살이 채 못 되어 정승에 올랐으나 아름다운 명성을 잃지 않으니, 세상에서 훌륭한 재상으로 평가했다. 다만 나라를 경영하는데 필요한 실질적인 재주가 없고 낭묘에 있으면서도 별달리 시행하는 일 없이 녹을 부지하고 지위를 보존할 뿐이었다. 그러나 시세(時勢)가 어찌할 수 없다는 것을 알고 매번 상소해 해직되기를 구했는데, 성심으로 사직하면서 늘 몸을 받들고 돌아가자 했으니, 이러한 점에서 훌륭하다고 하겠다."

라고 평가했다.

1611년(광해군 3) 7월 봄에 용진에 머물면서 사제곡(莎提曲)을 지었다. 3월 26일 이덕형은 『여지승람』을 간행할 때 자기 중시조인 이집이 조선에 들어와 벼슬한 것으로 잘못 기록되어 있는 것을 고쳐달라

고 해 허락을 받았다. 4월에 정인홍의 회퇴변척(晦退辨斥) 사건이 일어났다. 이덕형은 세 차례나 차자를 올려 정인홍의 잘못을 지적했다. 그랬더니 정인홍의 추종자들의 공격을 받아 8월 24일 좌의정으로 강등되고 이원익이 영의정이 되었다.

1612년(광해군 4) 3월에 김직재(金直哉)의 난이 일어났다. 이덕형은 위관으로서 억울한 사람을 많이 풀어주었다. 9월에 이덕형은 다시 영의정이 되었다. 11월에 광해군의 책봉을 허락받은 공으로 익사(翼社)공신에, 김직재난의 위관으로 활동한 공으로 형란(亨難)공신에 책봉되었다. 거기에 한원부원군(漢原府院君)에까지 책봉되었다. 그러나 이덕형은 달가워하지 않았다. "1592년 임진년의 훈록도 사양할 수 있었는데, 이번의 훈호(勳號)를 달게 받았으니, 그 기분이 어떠하겠는가"라고 부끄럽게 생각했다. 이 훈록은 1623년(인조 1) 인조반정으로 폐지되었다.

1613년(광해군 5) 봄 서인의 거두인 박순(朴淳)의 서자 박응서(朴應犀) 등 7명의 양반 서자들이 조령에서 은 장사를 털다가 잡혀 들어왔다. 이른바 칠서지옥(七庶之獄)이다. 이이첨은 이들을 종용해 인목대비의 아버지인 김제남(金悌男)과 거사를 함께 모의했다고 불게 했다. 그리하여 김제남은 사약을 받고, 영창대군은 서인(庶人)으로 강등되어 강화로 유배되었다. 이덕형은 친구인 이항복을 만났다. 이항복은 영창대군을 죽이지 않고 밖으로 내치기만 한다면 반대하지 않겠다고 했다. 이 말을 듣고 이덕형은 영창대군을 대궐 밖에 안치하라고 했다. 이이첨 등이 이덕형을 죽여야 한다고 했으나 광해군은 삭탈관작하는 데 그쳤다. 이덕형은 집으로 돌아와 식사도 안 하고 찬 술만 마시다 1613 닌 10월 9일에 죽었다. 향년 53세.

잠곡(潛谷) 김육(金堉)의 생애와 업적

1. 생애

김육(1580~1658)의 자는 진윤(震胤), 호는 잠곡(潛谷), 본관은 청풍 (淸風)이다. 그는 아버지 참봉 김흥우(金興宇)와 어머니 조희맹(趙希孟) 의 딸 한양조씨(조광조의 증손녀)의 맏아들로 태어났다. 잠곡은 기묘 8현의 한 사람인 김식(金湜)의 현손이다. 그러나 증조 김덕수(金德秀) 는 벼슬에 나가지 않았고, 할아버지 김비(金棐)는 군자감 판관, 아버지 김흥우(金興宇)는 참봉을 지냈다. 비교적 한미한 출신이었다.[1]

그는 9살 때 할아버지의 임지인 평안도 강동에 유배되어 있던 퇴계 의 제자 지산(芝山) 조호익(曺好益)을 찾아가 수학했다. 그러나 15살 때 아버지를 따라 해주 석담(石潭)에 있던 우계(牛溪) 성혼(成渾)의 문 하에 들어가 제자가 되었다. 그러나 그의 학문은 거의 독학하다시피 이룩한 것이었다.[2]

---

1) 이영춘, 「17 세기 朝鮮 정치사에서 본 金堉과 그의 가문」, 『잠곡 김육 연구』, 태 학사, 2007, 275쪽.
2) 동상.

그는 어렸을 때 많은 고생을 했다. 1594년(선조 27) 4월에 아버지의 상을 당한 것을 비롯해 1600년(선조 34) 1월에 어머니, 1598년(선조 30)에 할머니마저 죽었다. 게다가 임진왜란이 일어나 청주·인천·안악·해주·연안 등지를 전전하며 곤궁하게 지냈다. 1605년(선조 38)에 사마시에 합격해 1610년(광해군 2)에 성균관 유생으로 오현종사(五賢從祀)를 주장했고, 우계의 죄를 신설(伸雪)해 달라는 상소를 올렸다. 그리고 다음 해에 정인홍(鄭仁弘)의 회퇴변척(晦退辨斥) 사건이 일어나자 그의 이름을 청금록에서 삭제하는 데 앞장섰다.[3]

그는 처사로 늙어갈 생각이 없었다. 그래서 기회 있을 때마다 과거에 응시했으나 복시에서 번번이 낙방했다. 그러다가 34살 되던 1613년(광해군 5) 계축옥사(癸丑獄事)가 일어나 폐모론(廢母論)이 제기되자 가평 잠곡(潛谷) 청덕동(淸德洞)에 은거해 농사를 지으면서 10년 동안을 지냈다. 청덕동에 은거한 지 10년 만인 1623년(인조 1) 3월에 인조반정이 일어나 유일(遺逸)로서 금부도사에 임명되었다. 그러나 무슨 일로 잠시 파직되었다가 다음 해 1월에 이괄난이 일어나 어가를 모시고 남쪽으로 피란갔다가 음성현감에 임명되고, 그해 9월에 문과 회시에 3등, 전시에 장원급제했다.[4] 이로부터 그는 청요직을 두루 거쳤다.

그 후 1627년(인조 5)에 정묘호란이 일어나자 세자의 분조(分朝)에 수행했고, 병조정랑으로서 접반사(接伴使) 종사관, 도체찰사 김류(金瑬)의 종사관으로서 전후 처리에 분주했다. 다음 해에 홍문록(弘文錄)에 올랐고, 12월에 소무원종공신(昭武原從功臣)이 되었다. 그러나 1629년(인조 7) 7월에 김세렴(金世濂)의 통청(通淸)을 막았다가 좌의정 김류에 의해 붕당을 조성한다고 탄핵을 받아 문외출송(門外出送)되어 2년간 잠곡에 은거했다가 1631년(인조 10) 1월에 사면되었다.[5]

---

3) 동상, 276쪽.
4) 「잠곡 김육 연보」, 『국역 잠곡유고』, 민족문화추진회, 1999, 11쪽.

1636년(인조 14)에 병자호란이 일어났다. 그는 난이 일어나기 전에 동지·성절·춘추·진하사로 명나라에 다녀왔다. 명에 보낸 마지막 사절이다. 그들은 돌아오는 길에 명에 원병을 요청했다. 1638년(인조 16) 6월에는 충청도관찰사가 되어 대동법(大同法)을 실시하고, 수차(水車)를 보급해 관개(灌漑)를 원활하게 했다.[6]

1643년(인조 21) 12월에 소현세자(昭顯世子)의 아들을 모시고 심양(瀋陽)에 갔다가 다음 해 5월에 북경(北京)이 함락되자 서울로 돌아왔다. 1645년(인조 23) 3월에 소현세자가 죽자 묘소제조(墓所提調)를 맡았고, 의정부 우참찬을 거쳐 예조판서에 임명되었다. 12월에 북경에 일관(日官)을 파견해 시헌력(時憲曆)을 배워올 것을 건의했다. 다음 해 2일에 사은사(謝恩使) 이경석(李景奭)의 부사로 북경에 다녀왔다. 1647년(인조 25)에 개성유수로서 주전(鑄錢)을 건의했고, 1649년(인조 27) 9월에 우의정에 올랐다. 우의정이 되자 무엇보다도 먼저 대동법을 실시하고 충청도와 전라도에 소금을 전매(專賣)하게 했다.[7]

1650년(효종 1) 효종이 즉위하자 3월에 영중추부사로서 진향사(進香使)로 북경에 다녀와 1651년(효종 2)에 드디어 영의정에 올랐다. 7월에 숙원이었던 호서에 대동법을 실시하고 백성들로 하여금 동전을 사주(私鑄)할 수 있게 했다. 또 손녀인 김우명(金佑明)의 딸이 왕세자빈이 되었다. 이때부터 그는 1658년까지 8년간 원로대신으로서 정국을 주도했다. 그러나 한당(漢黨)으로서 산당(山黨)과 격돌했다. 11월에 김자점(金自點)의 옥사에 김좌명의 처남인 신면(申冕)이 죽고, 1652년(효종 3)에 산당 영수 김집(金集)과 이만웅(李萬雄)·안방준(安邦俊) 등이 대동법 시행을 반대했다. 김육은 관례를 무시하고 그를 복상(卜相)에서

---

5) 이영춘, 앞의 논문, 277쪽.
6) 동상, 278쪽.
7) 이영춘, 앞의 논문, 279쪽.

제외해 물의를 빚기도 했다.[8]

다음 해 양서(兩西)에 화폐 주조를 건의했고, 경기에 양전(量田)을 실시해 산당의 비판을 받기도 했다. 그는 차자를 올려 양반의 아들에게도 군포(軍布)를 걷게 하고, 호서(湖西) 산군(山郡)에 주전(鑄錢)을 허락하자고 했다. 그리고 1657년(효종 8)에는 본격적으로 호서 대동법을 시행했다. 11월에 호남 대동법의 규례(規例)를 만들었고, 다음 해 7월에는 대동절목(大同節目)을 정했다.[9]

그러나 1657년(효종 8) 8월에 설사병이 심해지자 손자 김석주(金錫胄)에게 유차(遺箚)를 남겨 호남 대동법 시행을 서필원(徐必遠)에게 맡기고, 안면도(安眠島)에 조창(漕倉)을 설치할 것을 부탁했다. 9월 4일에 정침에서 죽었다. 사평(史評)은 다음과 같다.

> "사람됨이 강인하고 과단성이 있으며, 품행이 단정하고 나라를 위한 정성을 천성으로 타고나, 일을 당하면 할 말을 다해 꺼리지 않았다. 병자년(1636)에 연경에 사신으로 갔다가 우리나라가 외국 군사의 침입을 당했다는 말을 듣고 밤낮으로 통곡하니 중국 사람들이 의롭게 여겼다. 평소에 백성을 잘 다스리는 것을 자신의 임무로 여겼는데, 정승이 되자 새로 시행한 것이 많았다. 양호(兩湖)의 대동법은 그가 건의한 것이다. 다만 자신감이 너무 지나쳐서 처음 대동법을 의논할 때 김집(金集)과 의견이 맞지 않자 김육이 불평을 품고 여러 번 상소해 김집을 공격하니 사람들이 단점으로 여겼다."[10]

그의 애국심과 외교적 능력, 대동법 등 제 개혁정책을 높이 평가했다.

무덤은 경기도 남양주시 금촌리에 있다. 시호는 문정(文貞). 양근(陽根)의 미원서원(迷源書院), 청풍(淸風)의 봉강서원(鳳岡書院), 강동(江東)

---

8) 동상, 280쪽.
9) 연보, 34~38쪽.
10) 『효종실록』 권 20, 효종 9년 9월 기해.

의 계몽서원(啓蒙書院), 개성(開城)의 숭양서원(崇陽書院), 가평(加平)의 잠곡서원(潛谷書院)에 배향되었다.[11]

2. 김육의 정치적 위상

효종·현종 연간에는 산당과 한당의 구분이 있었다. 이 중 산당은 김집을 주축으로 송시열·송준길(宋浚吉)·이유태(李惟泰)·유계(兪棨)·윤선거(尹宣擧)·김익희(金益熙) 등 호서사림이 속해 있었다. 이들은 율곡 이이-사계 김장생의 학맥으로 단결되어 있었다. 이들의 주장은 존명배청(尊明排淸)·복수설치(復讎雪恥)·북벌(北伐)이었다.[12]

반면에 한당은 인적 구성과 주의 주장이 모호하다. 그저 김육과 신면(申冕)을 따르는 무리라고만 되어 있지 뚜렷한 인맥이나 일관된 정책이 있는 것도 아니다. 서울·경기 지역의 복잡다단한 정치세력과 무관하지 않다. 이들은 주자학을 기본으로 하지만 양명학·도교·불교 등도 어느 정도 인정하는 유연한 태도를 보이고, 국제조류에 민감하며, 부국강병에 관심이 있었다.[13] 그리하여 대동법, 균역법, 화폐 유통, 시헌력(時憲曆) 도입, 수차 보급 등 개혁정책을 실시했다.[14]

김육은 본래 한미한 가문 출신이었다. 게다가 고조 김식(金湜)이 기묘사화에 희생되고, 또 족조(族祖) 김권(金權)이 광해군 때 귀양 가서 죽는 가화(家禍)를 입어 세족이 될 수 없었다. 그리하여 70세가 되던 인조 말까지 중용되지 못했다. 그러다가 말년에 손녀딸이 현종비가 됨으로써 외척으로 세력을 얻게 된 것이다.[15]

---

11) 이영춘, 앞의 논문, 282쪽.
12) 이영춘, 앞의 논문, 297~298쪽.
13) 동상, 298~299쪽.
14) 동상, 299쪽.

한당과 산당이 충돌한 것은 1645년(인조 23)부터이다. 김집의 조카인 사간 김익희가 성초객(成楚客, 신면(申冕)의 사돈)의 병조정랑 천거를 탄핵한 것이다.[16] 신면의 동생 신최(申最)의 장인 심희세(沈熙世)가 전랑으로서 천거를 잘못했다는 것이다. 김육은 자기의 인척인 신면 가문 때문에 당쟁에 휘말려 든 것이다.

1649년(효종 1) 효종이 즉위하면서부터 한당과 산당은 다시 격돌했다. 효종은 북벌을 위해 산당을 끌어들여야 했다. 병자호란 때 청나라에 항복한 공신 세력도 명분이 구겨 이를 지지했다. 그러나 6월에 송준길(宋浚吉)은 도리어 공신 세력을 공격했다. 12월 김자점(金自點)의 난이 일어나자 산당은 한당의 신면을 그 일파로 몰아 죽게 했다. 그런데도 김육은 그를 구원하지 못했다. 그래서 양당은 원수가 되었다.[17]

그런데 그해 11월에 김육은 우의정으로서 충청도·전라도에 대동법을 실시하자고 했다. 김집 등 산당은 반대했다. 김육은 이 때문에 김집을 복상(卜相) 대상에서 제외시켰다. 또한 김육의 손자 김석주(金錫胄)는 소과·대과에 장원했으나 산당의 견제로 10여 년 동안 청현직(淸顯職)에 등용되지 못했다.[18]

1658년(효종 9) 9월 4일 김육이 죽었다. 김좌명·김우명 형제는 묘에 수도(隧道)를 썼다. 송시열 등 산당은 이를 참례(僭禮)라 해 이장(移葬)을 요구했다. 효종이 만류해서 수습은 되었지만 이 일로 두 당은 더욱 벌어졌다.[19]

1659년(효종 10)에 효종이 죽어 다음 해 기해예송(己亥禮訟)이 일어나자 김우명은 남인인 허목(許穆)의 3년설을 지지했다. 그리고 1673년

---

15) 동상, 302쪽.
16) 『인조실록』 권 46, 인조 46, 인조 23년 2월 갑자.
17) 이영춘, 앞의 논문, 305~309쪽.
18) 동상, 309~315쪽.
19) 동상, 316~317쪽.

(현종 14) 9월의 효종릉인 영릉(寧陵)에 표석(表石)을 세우는 일과 민신대복사(閔愼代服事)로 송시열을 심하게 공격했다. 송시열은 국구(國舅)가 정사에 간여한다고 공박했다. 그리고 1674년(현종 15)에 효종비가 죽자 갑인예송(甲寅禮訟)이 일어났다. 현종은 김석주를 시켜 송시열과 허목의 예론 중 어느 것이 맞는지를 조사해 보라고 했다. 김석주는 남인인 허목의 3년상을 지지했다. 그리하여 서인이 실각하고 남인이 집권했다.[20] 김석주와 남인의 연립정권이었다. 그러나 김석주는 1680년(숙종 6)에 송시열 일파와 손을 잡고 경신환국(庚申換局)을 일으켜 남인을 쫓아내고 서인정권을 세웠다. 그러나 송시열이 김익훈(金益勳) 등 훈척세력의 편을 들자 서인은 노론과 소론으로 갈렸다.[21]

김육은 김좌명(金佐命)・김우명(金佑命) 두 아들이 있었는데, 우명은 작은 아버지 흥록(興祿)의 아들 지(址)의 양자로 갔다.

김좌명의 호는 귀천(歸川). 1616년(광해군 8)에 태어나 1633년(인조 11)에 진사시, 1644년(인조 22)에 문과에 급제해 박사(博士)・설서(說書)・병조좌랑(兵曹佐郞)을 지냈다. 그 후 중시(重試)에 합격해 수찬이 되었다. 일에 연좌되어 안변(安邊)으로 귀양 갔다가 1649년(인조 27)에 풀려나왔다. 효종조에 청요직을 거쳐 대사헌이 되고, 경기관찰사를 지냈다. 현종 초에 공조참판에 임명되었으나 극력 사양하고 호남관찰사로 자원해 나가 아버지가 못다 이룬 대동법을 실시했다. 1662년(현종 3)에 공・예・병조판서를 역임하고 그해 8월에 노량(露梁)에서 대열(大閱)을 했는데, 그가 실제로 군사를 총괄했다. 그는 수어사(守禦使)를 겸해 병기와 군량을 확충하고 군사를 훈련시켰다. 그리하여 사람들은 이완(李浣) 이후 40년 만에 처음 요령을 얻었다고 칭송했다. 행정능력도 뛰어나 옛날의 주열(朱悅)이 다시 태어났다고 했다. 그러다가 1671

20) 李成茂,「17世紀 禮論과 黨爭」,『朝鮮兩班社會研究』, 一潮閣, 1995, 488~504쪽.
21) 이영춘, 앞의 논문, 326쪽.

년(현종 12) 3월 5일에 죽었다. 향년 56세.

　김우명은 1619년(광해군 11)에 태어나 1642년(인조 20)에 진사가 되어, 1649년(인조 27)에 강릉(康陵) 참봉이 되었다. 딸이 현종비(顯宗妃)가 되고, 1659년(현종 1)에 현종이 즉위하자 청풍부원군(淸風府院君), 영돈령부사가 되었다.

3. 김육의 업적

　김육은 기본적으로 주자학자였다. 그러나 산당처럼 주자지상주의자는 아니었다. 유학의 2대 과제는 수기(修己)와 치인(治人)이다. 산당은 수기만 잘 되면 치인=경세(經世)는 저절로 된다고 한 데 비해, 한당은 수기도 중요하지만 치인도 수기에 못지않게 중요하다고 생각했다. 그래서 그는 과거(科擧)와 관직에 집착했다. 산당은 안민지상주의자들인데 비해 한당은 안민(安民)과 국부(國富)를 동시에 중시했다. 민국양익론(民國兩益論), 안민익국론(安民益國論)이다. 김육의 부국론(富國論)은 국가재정을 충실히 하는 것인데, 민부(民富)를 배제하지 않는다. 대동법, 동전유통(銅錢流通), 시헌력(時憲曆), 수차(水車)를 실시하자고 한 것이다.

　김육의 업적 중 가장 드러난 것은 대동법이다. 대동법은 임토작공(任土作貢)에서 유래한 공물(貢物)제도 개선법이었다. 조선시대의 공물제도는 몇 가지 문제점이 있었다. 1) 가호 당 부담이 명확치 않고 공물의 징수가 지방관의 재량에 맡겨져 있었다. 2) 부과된 공물이 지역 특산물과 일치하지 않거나 경지면적의 변화로 부담이 불공평했다. 3) 납부되는 공물의 품질을 둘러싸고 하급관리의 횡포가 심했다. 그리하여 방납(防納)의 폐해가 날로 심해졌다. 대동법은 가호(家戶)를 대상으로 공물을 직접 수취하는 대신 경지를 대상으로 쌀이나 포(布)·동전을 징수하고, 이를 공인(貢人)에게 주어 물자를 조달하게 하는 제도였다. 논밭 관계없이 1결(結)당 쌀 12말(단 황해도는 15말)을 징수했다. 대동법의 장점은 1) 대동세에 공물뿐 아니라 진상(進上)·요역(徭役)·잡세가 포함되어 있었다. 2) 납세자 부담이 공평해지고 가벼워졌다. 3) 공물 부과에 개재되는 자의적 농간이 사라졌다. 즉 과세표준이 명확해지고 인두세적 성격을 탈피해 근대적 조세제도로 나아가는 계기를 마련했다. 또한 정부의 수입이 수량적으로 파악되어 재정 기획력이 현저히 향상되었다.[22]

대동법은 기본적으로 안민(安民)을 위한 것이지만, 부국(富國)을 위한 것이기도 했다. 안민익국(安民益國)의 방법이다. 그리고 시장의 성장을 촉진했다. 이 법은 중국에도 없던 조선의 독특한 법이었다. 공(貢)과 부(賦)가 하나가 된 것이다. 그런데도 이 법이 정착되는 데 1세기가 걸린 까닭은 무엇인가? 여기에는 임토작공의 강한 전통, 경제적 여건 미비, 호강층·지방관·아전·방납인들의 반대, 정책 논의과정의 비효율 등을 들 수 있다. 더구나 부유층이 여론을 주도하고 있었다. 대동법의 논의가 분분하던 효종 초년에 "대동법을 실시하면 대호(大戶)가 원망하고, 실시하지 않으면 소민(小民)이 원망한다"고 했다. 산당을 비롯한 위정자들은 제도의 변경으로 민심이 소란해지는 것을 바라지 않았다. 지극히 보수적인 태도였다. 이들은 조종성헌(祖宗成憲)을 함부로 바꾸어서는 안 된다고 했다.[23]

그러나 임진란 때에는 군량미 확보를 위해 양란 이후에는 초토화된 국가를 재건하기 위한 재정정책으로서 대동법이 추진된 것이었다. 이

---

22) 이헌창, 「김육의 경제사상과 경세업적」, 『잠곡 김육 연구』, 태학사, 2007, 195~198쪽.
23) 동상, 199~205쪽.

이·유성룡·한백겸·이원익·조익·김육 등의 테크노크라트들이 대동법에 집착한 까닭도 여기에 있었다. 김육은 부국안민을 위해 대동법에 정치적 생명을 걸었던 데 비해 산당은 도덕만 잘 고양하면 안민은 저절로 되고 부국은 그 다음이라는 것이다. 김집이 대동법을 반대한 까닭도 여기에 있었다. 그들은 이러한 주장을 양보하면 정국이 한당 중심으로 운영될 것을 우려했다. 김육은 우의정을 사직했다. 산당이 그를 왕안석(王安石)과 같은 변법론자에 비유해 공격했기 때문이다. 안민부국론과 안민지상주의의 충돌이다.24)

김육이 정력적으로 추진한 사업은 동전(銅錢)의 통용이었다. 동전은 고려시대부터 유통되었다. 동전 유통은 대동법처럼 이해당사자의 반발은 적었으나 실시하기는 더 어려운 사업이었다. 정부가 화폐를 통용한 것은 안민부곡론과 이권재상론에 있었다. 화폐는 가치의 척도가 되고 저장할 수 있으며, 금속화폐는 운반이 용이해 백성들에게 유리했다. 더구나 17세기 이후 상업이 발달하고 국내외 시장이 확대되자 화폐의 수요가 급증했다. 그리하여 동전을 사주(私鑄)하거나 수입했다. 그리고 대동미의 일부를 동전으로 납부하도록 했다. 그러나 동전이 퇴장(退藏)되거나 그릇으로 변조되자 반대 의견이 팽배해 결국 1656년(효종 7)에 동전 통용을 중단했다.25)

그러나 대동법이 확대 실시되자 시장이 급속도로 성장해 1678년(숙종 4)에 동전을 다시 통용하게 했다. 이해 영의정 허적이 "물화가 통하지 않기 때문에 인정(人情)이 모두 동전 통용을 원한다"고 해 동전 통용을 요청한 것이다. 그리고 1680년(숙종 6) 은화와 동전의 교환 비율을 시장에 맡기기로 했다. 화폐는 근대경제 발달에 필수적인 교환 수단이었다.26)

---

24) 동상.
25) 동상, 240~250쪽.

4. 잠곡에 대한 평가

잠곡 김육은 대동법을 정착시킴으로써 조세법정주의를 확립했고, 중세적 조세제도를 근대적 조세제도로 전환하는 계기를 마련해 주었나는 점에서 높이 평가된다. 그러나 대동법이 실시되기까지는 전후 100여 년이 걸렸다. 유교의 지나친 명분주의 때문이다. 그리고 신분제도로 묶여 있는 특권체제가 효율적인 개혁을 저지하기도 했다.

이러한 기득권층의 저지에도 불구하고 대동법, 동전 유통을 꾸준히 추진한 것을 보면 그의 결단력, 추진력을 엿볼 수 있다. 그는 도학을 철저히 신봉했지만 거기에만 안주하지 않고 임진·병자란 이후 초토화된 국가경제를 재건하기 위해 남의 눈치를 보지 않고 소신껏 개혁 정치를 추구해 왔다. 조선 후기 제일의 경제 정책가라 할 만하다. 그는 파당적 이해나 관직에 연연하지 않고 안민부국에 자기의 정치 생명을 걸었다. 광해군조 대북정권에 저항하다가 가평 잠곡에 내려가 10여 년 동안 은거하다가 인조반정으로 44세의 늦은 나이에 문과를 거쳐 관직에 나아가 79세까지 35년 동안 테크노크라트로서 민생안정을 위한 경제개혁에 올인했다.

---

26) 동상, 251~252쪽.

인간 성호(星湖)의 생애

조선 실학의 선구자 성호 이익(李瀷, 1681~1763)이 올해 서거 250주년을 맞았다. 성호는 조선 성리학의 최고봉인 퇴계 이황(1501 ~1570)의 학통을 이어 실사구시(實事求是)의 실학으로 재정립했다. 이후 다산 정약용(1762~1836)이 성호의 사상을 토대로 조선 실학을 집대성하게 된다. 성호는 오늘날 퇴계와 다산에 비해 덜 알려졌지만 조선 학맥의 '허리' 역할을 한 대표적 학자다.

인간 성호의 생애

위대한 학자가 태어나기 위해서는 세 가지 요건이 갖추어져야 한다. 바로 사우(師友), 자질, 경제력이다. 여주이씨로 남인계 관료집안에서 태어난 성호는 이 조건을 모두 갖췄다. 성호의 증조부 이상의(李尙毅)의 직계 5세 내에는 과거합격자가 55명에 이르렀다. 성호의 부친 이하진(李夏鎭)은 남인 정권의 실세로, 사헌부 대사헌, 사간원 대사간 등을 지냈고 서울 정동에 저택을, 경기 안산에 논밭을 갖고 있었다. 이하진이 청나라에 사신으로 다녀올 때 임금의 격려금인 은사금(恩賜金)으로 책을 많이 사왔는데, 이 책들은 성호가 실학자로 성장하는 데 밑거름이 되었다.

성호의 삶은 태어날 때부터 순탄치 못했다. 1680년 숙종 대에 경신환국으로 남인이 패배하자 성호의 아버지는 평안도 운산(雲山)으로 유배되었다. 유배지에서 태어난 막내아들이 성호였고, 이듬해 아버지는 숨을 거뒀다. 성호는 선영이 있는 경기 안산 첨성리로 와서 형 이잠(李潛), 이서(李漵), 이진(李潕) 등에게서 글을 배웠다. 1705년 성호는 과거에 응시해 초시(1차 시험)에 합격했으나 답안지에 이름을 격식에 맞지 않게 썼다는 이유로 회시(2차 시험)를 치를 수 없게 된다. 또 1706년 형 이잠이 세자(경종)를 지지하다 죽임을 당하자 벼슬길을 포기하기에 이른다.

이후 성호는 안산의 집 성호장(星湖莊)에서 어머니를 모시고 은거하며 평생 학문에만 정진했다. 초기에는 어머니 덕분에 생활이 그런대로 괜찮아 공부하는 데 지장이 없었다. 성호는 양반으로 태어나 노비에게 농사를 짓게 하거나 심부름을 시키고, 밖에 나갈 때 말을 타고 다닐 수 있는 것을 감사하게 여겼다. 그러나 1715년에 어머니가 죽자 재산이 모두 종가로 귀속되어 무척 가난하게 살았다. 몰락한 남인 가문에서 태어나 공부밖에 할 것이 없었던 그는 자연스럽게 비판적·개혁적 시각을 가질 수밖에 없었다. 원래 병약했던 성호는 60대 이후 등과 가슴에 악성 종기가 심해져 고생했다. 병을 다스리는 동안 집안은 경제적으로 기울어 쇠락한 말년을 보냈지만 끝까지 학문을 놓지 않았다.

성호는 학자의 자질을 타고났다. 어린 시절 몸이 약해 10살이 되어서야 공부를 시작했다. 성호는 괴이한 행동을 하지 않았고, 이름을 내는 일을 싫어했다. 그는 매일 일찍 일어나 의관을 정제하고, 가묘에 나아가 배알하고, 책을 읽을 때도 바른 자세를 취하고, 세수한 뒤에는 물기가 한 점도 없었으며, 지팡이는 일정한 곳에 두었고, 하루 일과가 일정했다. 상가에는 귀천을 막론하고 꼭 문상했으며, 편지를 받으면 반드시 답장을 했다. 제자를 가르칠 때는 정성스럽게 정도에 따라 교육했고, 출입할 때나 손님을 맞을 때 정중히 인사를 하도록 했다. 이 때문에 성호의 제자들은 관직에 나가서도 인사를 잘하기로 유명했다. 성호는 6경(六經)과 자사(子史), 소소한 만록(漫錄)에 이르기까지 읽지 않은 책이 없었으나, 불서(佛書), 도가서(道家書), 소기(小技)에 속한 책, 패관잡설(稗官雜說)은 읽지 않았다.

성호는 퇴계를 사숙(私淑, 직접 가르침을 받진 않았으나 마음으로 본받아 학문을 닦음)했다. 성호의 조카 이병휴는 "퇴계 학통을 이어받은 사람은 오직 성호뿐"이라 했고 "퇴계가 공자라면 성호는 주자"라고 했다. 성호는 『이자수어(李子粹語)』, 『이선생예설(李先生禮說)』 등 퇴계에 관한 책을 썼고, 도산서원을 찾아가 사모와 존경을 표했다. 또 율곡 이이와 반계 유형원도 본받았다. 그리하여 안으로는 노론의 지나친 주자학 지상주의와 존화주의(尊華主義)를 배격하고, 밖으로는 서학과 청대 고증학을 수용해 자주적 실학사상을 개발하는 데 힘썼다. 그의 학문은 많은 지식인에게 영향을 미쳤다. 이들은 윤동규, 안정복, 황덕일, 허전으로 연결되는 현실비판과 자의식 고양에 치중한 '성호우파'와, 이병휴, 권철신, 정약용으로 연결되는 서학과 천주교에 경도된 '성호좌파'로 갈렸다.

성호의 학문은 주자와 퇴계를 배우는 데서 출발했다. 따라서 그는 기본적으로 유학자였다. 그러나 노론에 의해 주자학을 지나치게 이념적 도그마로 몰고 가는 것을 반대했다. 그러자니 자연히 고대 유교로 돌아가고자 했고, 이에 근거해 경전 해석도 독창적으로 하게 됐다. 불합리한 제도나 관행은 과감히 개혁하고자 했다. 천주교를 신봉하지는 않았지만 종교적으로는 교리의 일부를 이해할 수 있다고 함으로써 그의 문하에서 천주교 신도가 나와 박해를 받기도 했다.

성호의 개혁사상은 21세기 동아시아의 새로운 가치관을 정립하는데 유효하다. 유교에 바탕을 두되 서학·양명학·고증학과 교류하던 성호학은 새로운 한국적, 동아시아적 가치를 창출하는 데 기여할 수 있다.

망암(望菴) 변이중(邊以中)의 생애와 업적

　망암 변이중 선생은 도학에 밝고 충효를 실천한 선비의 전형이다. 언뜻 보기에는 화차(火車)나 만든 현달하지 못한 장인처럼 비춰질지 모르지만 그는 우계(牛溪) 성혼(成渾)과 율곡 이이의 지우(知遇)를 받은 도학자였다. 망암은 책을 읽을 때 한 글자도 소홀하게 지나치는 일이 없었고, 뜻이 심오해 알기 어려운 데 이르러서는 자세하게 음미하고 골똘히 생각해 환연(煥然)하게 얼음 풀리듯 이해한 뒤라야 그만두었다 한다. 율곡이 그의 성리학에 대한 논변을 듣고 "옛날에 공자께서 말씀하시기를 '나를 일으킨 자는 자하(子夏)'라 하셨는데, 그대의 아는 것이 지극히 정밀하고 미세하니 의문으로 인해 어른을 돕는 자가 어찌 이 사람이 아니겠는가?"라고 한 것만 보아도 알 수 있다.

　또한 망암 선생은 수준 높은 예학자(禮學者)이기도 했다. 망암은 지금은 전해지지 않지만 『가례고증(家禮考證)』 4권을 지은 바 있었고, 해원부원군(海原府院君) 윤두수(尹斗壽)의 상(喪)에 "당대에 옛법을 잘 아는 사람으로는 망암과 사계(沙溪)만 한 사람이 없다"고 해 함께 예를 주관하게 할 정도였다.

　망암은 학문 연구에만 진력한 것은 아니다. 집에 있을 때는 부모에게 효도하고, 형제 간에 우애가 두터웠으며, 비록 노비들에게도 은혜롭게 대우해 감화하지 않는 사람이 없었다고 한다. 부모님이 돌아가셨을 때에는 장례・제사 절차를 모두 『주자가례』에 따랐고, 3년 동안 여묘(廬墓)살이를 하면서 한 번도 이(齒)를 드러내고 웃는 일이 없었다 한다. 아버지 산소 밑에 작은 암자를 지어 항상 묘를 바라보고 배곡(拜哭)했다고 한다. 그래서 호를 망암이라 했다고 한다.

20세 미만에 향시에 뽑히고, 23세에 생원시에 합격한 다음 28세에 식년문과에 급제했으니 과거운(科擧運)이 없었던 것도 아니고 실력이 없었던 것도 아니다. 다만 당시는 반대당인 동인이 집권하고 있었고, 율곡 이이, 우계 성혼, 사암(思菴) 박순(朴淳), 송강(松江) 정철(鄭澈) 등 서인 인사들이 혹은 죽거나 혹은 실세(失勢)하고 있어서 뒤를 봐줄 수 없는 처지였다. 그래서 벼슬길에 나갔으나 크게 현달하지 못했다. 더구나 호남 학자인데다가 성품이 꼿꼿해서 남의 잘못을 용납하지 못해 싫어하는 사람이 많았던 것도 현달하지 못한 다른 이유가 될 만하다. 월사(月沙) 이정구(李廷龜)는 그가 지은 망암 묘지명에서,

> 저들은 치달려도, 이 분은 뒤졌으며,
> 헐뜯고 모함할수록, 더욱 온전하셨도다.
> 얕잡아 보려 해도, 타 넘지 못했고,
> 더럽혀 보려 해도, 깎아내리지 못했도다.
> 훌륭한 행실을 가정에 쌓았으나,
> 세상은 이를 용납하지 않았고,
> 수고로움 나라에 베풀었으나,
> 쓰임을 보지 못하셨도다.

라고 차탄했다. 월사는 자기가 망암보다 벼슬살이를 늦게 시작했는데도 자기가 판서를 할 때 망암은 흰 머리에 낭관(郎官) 벼슬을 하고 있

었던 것을 안타깝게 생각했다. 그런데도 망암은 조금도 이해득실에 구애되지 않고 소신을 굽히지 않았으며, 공(功)은 아랫사람에게 돌렸다.

그러나 임진왜란이 일어나자 어천찰방(魚川察訪)으로서 분연히 나아가 선조가 요동으로 가는 것을 반대하고, 국가의 광복(匡復)을 도모할 것을 요구했다. 그러나 이러한 주장은 받아들여지지 않았고, 소모사(召募使) 1번, 조도사(調度使) 2번, 독운사(督運使) 3번 등 가장 어려운 병역·군량 모집과 운반 임무를 맡았다. 그리하여 수천·수만 명의 병사와 수십만 석의 군량을 조달하는 역할을 훌륭하게 수행했다. 그 때문에 군량조달은 망암이 제일이라는 평가를 받았다.

뿐만 아니라 망암은 화차 300량을 제작해 승자총통(勝字銃筒) 40개를 장착한 화차 40량을 도원수 권율(權慄)에게 보내 행주대첩(幸州大捷)을 이루게 했다. 당시 행주산성 전투는 전력상 절대적 열세였기에 이를 극복하기 위한 여러 방책들이 동원되었는데, 변이중 화차는 최전선에서 일본군 최정예 공격진의 예봉을 꺾는 데 가장 큰 역할을 했다. 후일 정조대왕도 "우리나라는 임진왜란 때 소모사 변이중이 처음으로 화차를 만들어 한 차에 총구 40개를 뚫어서 연속 발사가 되게 했다. 순찰사 권율의 행주대첩은 이 화차에 힘입은 바 크다"라고 평가할 정도였다. 가히 충성스런 선비라 할 만하다.

그는 율곡의 실무 중시 사상을 이어받아 문관임에도 불구하고 과감히 화차와 포전(砲箭)을 만들어 왜적을 막는 데 크게 기여했다. 그리하여 망암은 1605년(선조 38)에 겨우 호성원종공신 1등, 선무원종공신 2등을 받아 아버지와 부인을 증직하게 했다. 그러나 그의 벼슬은 정3품 종부시 징에 그쳤고, 병 때문에 고향인 장성(長城)에 내려와 예법을 강론하고 향약을 실시하다가 66세를 일기로 죽었다.

이와 같이 망암은 임란을 당해 존망의 위기에 처한 국가를 구하기 위해 온 정열을 다 바친 충의지사(忠義之士)이다. 그런데도 불구하고,

그의 공로는 묻혀 있어서 제대로 알지도 못하고 평가받지도 못했다. 오히려 '고지식하고 괴팍하며 자만심이 강해 원근에서 비웃고 매도했다'는 평을 받기도 했다. 이후 역사의 진실은 점차 어둠 속에 묻혀 수백 년이 흐름으로써 진실 규명은 더욱 어려운 지경에 이르렀다.

그러던 중 선생 사후 300여 년이 지난 1905년에 이경하(李景夏) 등이 상소를 올려 망암을 임진왜란 때 "적을 막고 나라를 보존하기 위한 계책"을 아뢰고 의연히 떨쳐 일어나 여러 전투에서 왜적의 목을 베고 "화차를 만들어 권율(權慄)이 행주대첩(幸州大捷)을 이루도록 실질적으로 도운" "도학과 충의에서 백대의 스승"이라고 평가했다. 그리하여 국가적인 영웅이자 충의의 상징적 존재로서 현창하고자 했다. 그러나 이들의 뜻도 결국 좌절되고 조선이 일제의 식민지로 전락되고 말았다. 따라서 식민통치를 정당화하고자 한국 민족의 자주정신과 독립정신을 말살하는 데 총력을 기울였던 일제시대에는 변이중 화차의 존재는 망각되었다.

반면에 독립운동을 주도하던 우리의 선각자들은 망암의 화차를 주목했다. 1930년에 육당(六堂) 최남선(崔南善)은 『동아일보』, 「조선역사사화(朝鮮歷史講話)」에서 망암을 "화차라는 것을 창제해 야전에 쓰고 권율 행주의 첩(捷)에 이 힘을 크게 입으니 화차는 "탕크"의 조(祖)라 할 것이다"라고 평가했다. 특히 최남선은 임진왜란을 극복함에 있어서 조선인의 독창성이 크게 발휘되었는데, 그 증거로 이순신(李舜臣)의 '거북선', 정평구(鄭平九)의 '비거(飛車)', 이장손(李長孫)의 '비격진천뢰(飛擊震天雷)'와 함께 변이중의 '화차'를 꼽았다. 또 국어학자이자 항일독립투사인 이윤재(李允宰)도 변이중의 화차를 조선의 가장 독창적인 발명품으로 우리 민족의 자랑이자 보배라고 평가했다. 이후 과학지식보급회와 발명학회를 결성해 일제시대 과학대중화운동을 전개했던 김용관(金容瓘)도 망암을 '과거 조선의 발명적 천재'라고 하면서,

변이중의 화차를 우리 민족의 우수한 과학정신을 보여주는 세계적인 발명품이라고 격찬했다. 이처럼 일제치하에서 망암과 그의 화차는 조선 문화의 우수성과 독창성을 보여주고 독립을 쟁취할 수 있는 가능성을 확인시켜주는 상징물로 인식되었다.

근래에 지자체나 후손들이 뜻을 모아 망암 선생 현창사업을 활발하게 벌이게 된 것은 경하해야 할 만한 일이다. 즉, 2011년에 망암 선생 서거 400주년을 기념하기 위해 전라남도와 장성군의 지원을 받아 1) 변이중 화차 복원, 2) 망암 선생의 업적과 위상에 대한 학술회의, 3) 망암 선생의 사상과 행적을 조명하는 학술총서, 4) 변이중은 누구인가? 라는 주제의 학술강연회, 5) 망암 선생을 추모하는 전국 한시백일장 대회, 6) 망암 선생 서거 400주년 추모제, 7) 망암 선생 신도비 건립, 8) 화보집 발간 등 다채로운 행사를 한 바 있다.

(사)봉암서원에서 주도해 추진한 망암선생 서거 400주년 기념사업은 우리 후손들의 사표가 되는 선현들의 얼을 높이 추모하고 나라사랑의 정신을 오늘에 되살리자는 깊은 의미가 담겨 있다. 특히 변이중 화차를 420년 만에 복원함으로써 행주산성 전투의 실상과 승리요인을 재확인하는 계기가 되었고, 이를 통해 망암 선생의 군사전략가로서의 면모를 재인식함으로써 무한경쟁의 세계화 시대를 살고 있는 우리 국민들에게 선조들의 우수성을 깨우쳐 주는 의미 있는 프로젝트라 할 수 있다.

이 프로젝트의 연구진은 『망암집』에 수록된 <화차도>를 토대로 하고, 『국조오례의(國朝五禮儀)』 서례(序例) 병기도설(兵器圖說), 『융원필비(戎垣必備)』, 실록(實錄) 등 조선시대 화차 관련 문헌자료와 중국의 전차·화차 관련 병서를 분석해 『망암집』 화차도설의 내용과 도상을 분석하고, 나아가 기존의 문종 화차와 비교함으로써 변이중 화차의 기본안을 마련했다. 이후 최두환(전 충무공리더십센터 교수), 이내주(육사 교수), 이상훈(해사박물관 기획실장), 강신엽(전 육군박물관 부관장), 김건인·정동윤(육사 무기공학과 교수) 등 관련 전문가들의 자문을 얻어 보완함으로써 변이중 화차를 성공적으로 복원했다. 또 연구진은 변이중 화차의 성능 확인을 위해 수차례의 발사실험을 거쳐 화차의 위력을 확인했다. 그리하여 변이중 화차는 사정권 150m 내의 적을 향해 전면 14점의 승자총통(탄환 210발)을 집중 사격함으로써 적의 공격을 사전에 차단할 수 있고, 이후 전면 공격을 피해 측면으로 돌진해 오는 적에 대해서도 좌우측면의 총통(각 13점, 195발)을 사격함으로써 일거에 적을 제압할 수 있는 매우 강력한 성능을 지닌 무기라는 것을 밝혀냈다. 이러한 연구는 최근 일본의 독도 영유권 주장이 계속되는 상황에서 망암의 애국정신을 부각시키는 뜻 깊은 성과라 하겠다.

제2부
논설

왜 인문학인가?

인문학은 인간을 위한 학문, 인간에 대한 학문이다. 다시 말하면 인문학은 인간을 대상으로 하는 학문, 인간을 중심으로 하는 학문이라는 뜻이다. 과학은 자연현상을 다루고, 정치학, 경제학, 사회학 등은 정치 현상, 경제 현상, 사회 현상을 다루는 데 반해 인문학은 인간현상을 다룬다.

인문학은 여러 차례 그 이름이 바꾸어 왔다. 기원전 4세기경의 그리스에서는 문법, 수사학, 변증론, 산수, 기하, 천문학 등을 '기초교양교육'이라 했고, 기원전 146년경 로마 시대에는 '자유학예'라는 이름으로 불렸으며, 1세기경 로마의 정치사상가인 키케로는 '인간에 관한 연구'라고 불렀다. 그리고 14세기 르네상스 시대에는 드디어 인문학이라 부르고, 인문학을 연구하는 사람을 인문학자라 불렀다. 사람이 사람답게 살기 위해서는 기초 교양학문인 인문학을 공부해야 한다는 것이다. 여기서부터 인문학이란 용어가 유행하게 되었다(박영식, 『인문학 강의』, 철학과 현실사, 2011).

그 후 보에티우스(Boethius, 480~524)와 카시오도루스(Cassiodorus, 477~565)에 의해 자유학예는 문법, 수사학, 변증론 등 3학(Trivium)과 산

수, 기하, 음악, 천문학 등 4과(Quardrivium)의 일곱 가지 자유학예로 구성되었다. 이 중 1800년대에 이르러 화법에 관한 학문인 3학은 인문학으로, 실재(實在)에 관한 학문인 4과는 자연학으로 분류되었다. 인문학은 중세의 유럽 대학에서 기초 교양교육을 위한 과목으로 가르쳐졌다. 학생들은 의학을 공부하든, 법학을 공부하든, 신학을 공부하든 기초 교양학문인 인문학을 공부해야 했다.

그 후 르네상스를 거치면서 인문학은 인문학과 자연학으로 분화되었다. 그리하여 인문학도 독자적인 학문 분야가 되어 대학의 중심에 자리 잡고 직업으로서의 학문인 의학, 법학, 신학 등을 주변으로 밀어내게 되었다. 이때 비로소 대학이 학문의 본산이요, 진리의 전당으로 자리 잡게 되었다. 그때까지 인간은 죄인이요, 불완전한 존재이며, 신에게 봉사하는 존재에 불과하며, 자연은 하찮은 것이요, 공포의 대상이요, 도구적인 것에 불과하다고 했다. 그러나 르네상스에 의해 인간은 귀한 존재이고, 중심적인 존재이며, 무한한 가능성이 있는 존재로 되었고, 자연은 아름다운 것이고 살아있는 것이며, 소중한 것으로 되었다. 이러한 경향은 미국에서 응용학문을 수용하기 위해 대학이 'College'에서 'University'로 바꾸는 1880년대까지 계속되었다(한국에서는 산업화가 시작되던 1965년 특수대학원이 생길 때까지).

그러나 인문학에 결정적 타격을 준 것은 뉴턴이 『자연철학의 수학적 원리』(1687)를 발표한 이후 자연과학이 대두되고 산업혁명이 일어나 농경사회가 산업사회로 바뀐 변화였다. 우리는 과학 이전의 5천년을 농경사회로 살아왔다. 농경사회는 오늘이 어제 같고, 어제가 오늘 같은 변화 없는 사회였다. 산업혁명은 이러한 정적(靜的)인 농경사회를 동적(動的)인 산업사회로 바꾸어 놓은 것이다. 과학이 모든 분야를 결정하게 된 것이다. 이로 인해 생산이 인간의 힘에서 기계의 힘으로 바뀌고, 대량생산이 이루어지고, 원료조달과 상품수출을 위해 제국주의적 식민정책이 실시되었다. 그리하여 산업혁명이 진행된 지 100년쯤 지난 1880년대에는 과학이 크게 발달했다. 기차가 달리고, 기선이 질주하며, 도로가 확장되고, 강과 바다에 교량이 놓여졌다. 도시에는 고층건물이 생기고, 전기불이 들어오며, 의학이 발달해 전염병과 난치병을 치료했다. 이 때문에 과학적 이상주의가 싹트기 시작했다.

그런데 과학적 지식은 보편성과 예칙성을 가진다. 우선 과학적 지식은 그 대상들 전체에 적용된다는 면에서 보편성을 가지며, 같은 조건에서는 같은 현상이 되풀이되는 예칙성이 담보된다. 이에 반해 인문학은 문화현상, 역사현상, 철학현상이라는 문화현상을 대상으로 한다. 문화현상은 실험할 수도 없고, 되풀이되지도 않으며, 법칙이 지배하는 것도 아니다. 따라서 인문학은 자연과학에 흡수되지 않았고, 그래서 인문학은 소외되어 사양길을 걸을 수밖에 없었다.

과학의 발달은 학문세계도 바꾸어 놓았다. 과학이 아닌 것은 비과학, 미신으로 매도되었다. 자연(철)학이 자연과학으로 독립되고, 정치학, 경제학, 사회학이 인문학에서 분화되어 사회과학으로 독립되었다. 따라서 인문학도 뒤질세라 인문과학으로 변신했다. 새로운 산업은 새로운 학문을 요청하고, 새로운 학문은 새로운 산업을 일으켰다. 대학과 산업과의 관계이다. 산업혁명 이전에는 학문과 산업이 연계되지 않았다. 그러기에 대학에서는 상아탑의 학문이 가능했다. 그러나 산업혁명 이후에는 학문과 산업이 연계되어 기계공학, 화학공학, 전기·전자공학, 금속공학, 생명공학, 환경공학 등 새로운 응용과학이 탄생하게 되었다. 그리하여 대학은 인문, 사회, 자연의 기초학문 중심에서 응용학문 중심으로, 'College' 중심에서 'School' 중심으로 변질해 가게 되었다. 대학은 전문대학에서 가르치는 세부적인 응용학문도 학과로 개설해 대학과 전문대학의 구별이 없어지게 되었다. 대학원에서는 기업의 도움을 받아 기업에서 필요로 하는 인재를 주문받아 양성해 주는 데 이르렀다. 그 결과 대학은 건전한 양식과 큰 포부를 지닌 지도자를 양성하는 것이 아니라 기술자 양성소로 전락했다.

한국의 경우에는 1990년대 이후 대학생 수가 기하급수적으로 늘어나 세부 응용학문분야 전공자들을 양산하게 되자 인문학은 사양길을 걷게 되었다. 인문학의 위기다. 한국에서는 1960년부터 1980년까지 20년 동안 대학에서 교양학부를 두고 교양과목을 강화했다. 그러나 1980년대에 민주화 운동이 일어나고, 1990년대에 들어와서 대학생 과다배출로 취업이 어려워지자 인문학은 사양길을 걷게 된 것이다.

그러면 기울어져 가는 인문학을 다시 일으키려면 어떻게 해야 하나? 학부(College)에서는 인문, 사회, 자연의 기초학문만 교육하고, 대학원(School)에서 응용학문을 교육하도록 해야 한다. 21세기는 정보화 사회이다. 정보화 사회의 대학은 사이버 대학으로 변해갈 것이다. 그렇게 되면 대형 대학에서 소형 대학으로 바뀌어야 한다. 교수와 학생 사이에 인격적 교감이 중시될 것이기 때문이다. 그래서 앞으로는 기존 대학과 사이버 대학이 공존할지, 전통적 대학이 사이버 대학으로 바뀌게 될지, 서로 역할분담을 할지 알 수 없다. 정보화 사회에서도 응용학문이 성행할 것이다. 특히 IT, BT 분야가 활성화될 것이다. 그렇게 해서 인문학은 주변 학문으로 밀려날 것이다. 그러나 장기적으로 볼 때 학문의 경쟁력은 기초학문에서 나오기 때문에 인문학에 눈을 돌리게 될 것이다. 기초학문인 인문학이 무너지면 인간성의 상실, 윤리의 붕괴, 상상력과 창의의 소멸, 정신적 공황이 초래될 것이기 때문이다. 서구의 과학사회가 이미 이러한 징후를 보이고 있기 때문에 앞으로 동양의 인문학이 새로운 가치로 부상하게 될 것이다.

그런데 서구의 과학사상이 팽배해 있는 지금, 사회에서 인문학에 대한 관심이 늘어가는 것은 무슨 까닭인가? 리더십과 창의성을 기르는데 인문학이 유효하기 때문이다. 인문학은 상상력의 산물이요, 감동을 주며, 지식의 보고이다. 화이트헤드는 교육의 목적은 지식을 주입하는데 있는 것이 아니고 상상력을 기르는 데 있다고 했다. 상상력은 창의성과 동전의 양면이다. 즉, 문학은 상상력으로 만들어진 허구적 예술이요, 역사는 인류가 정치적, 경제적, 문화적으로 어떻게 살아왔는가를 보여 주는 지식의 보고요, 철학도 상상력의 산물이요 무한한 지식의 보고이기 때문에 당면한 문제를 슬기롭게 해결하는 열쇠를 제공할 수 있다. 상상력은 자유의 산물이다. 따라서 현대사회의 과학경쟁에도 상상력이 필요하고 지도자로서의 창의를 발휘하는 데 인문학만 한 것이 없다. 그리고 인간상실을 치유하는 방법으로 인문학을 통한 도덕 재무장이 필요할 때이기도 하다.

국사를 수능필수과목으로

요즈음 학생들의 국사에 대한 무지가 문제되고 있다. 6·25를 북침이라 하고, 안중근 의사는 안과의사라고 한단다. 국사를 가르치지 않았기 때문이다. 유럽에서는 민주시민으로서 오늘의 민주주의가 어떻게 성장해 왔나를 알게 하기 위해 인문, 사회, 예능을 막론하고 모든 학생들에게 역사를 필수로 가르친다. 미국도 미국사를 중·고등학교에서 주 9시간씩 가르친다.

지금 한국은 다민족국가로 바뀌어 가고 있다. 다문화 가정이 급속도로 늘어 가고, 새터민이나 외국인 노동자들도 늘어간다. 이들은 외국인이거나 거의 외국인과 마찬가지이다. 남북역사의 차이도 현격하다. 이런 상태에서 앞으로 어떻게 민족이나 국가의 정체성을 유지해 갈 것인가? 이는 공교육에서 해결할 수밖에 없다. 공교육에서 국사를 필수로 가르치고, 대입 수능필수과목으로 넣고, 각종 국가고시에 국사 시험을 부과해야 한다. 한국 사람이라면 국어와 국사를 반드시 배우게 해야 한다.

그런데도 국사 과목은 세계화에 저해되고 국수주의를 양산한다고 해 시간수를 줄이고, 필수에서 선택으로 바꾸었다. 각종 국가고사에서 무자비하게 빼버렸다. 그래서 전 국민이 자기 나라 역사를 알지 못하게 만들었다. 이래 가지고 어떻게 같은 국민으로서 정체성을 가지겠는가? 이에 비해 동아시아는 지금 역사전쟁 중에 있다. 한·일의 독도 문제, 한·중의 동북공정문제, 중·일의 센카쿠열도 문제, 러·일의 화태문제 등이 그렇다. 일본은 우경화해 대동아공영권의 영광을 되찾으려 하고, 중국은 G2의 하나로서 중화주의로 회귀하려고 하고 있다.

이런 상황하에서 국사를 국민 교육으로 가르치지 않는다면 무엇으로 국제 경쟁에서 살아남을 수 있겠는가? 일제가 국어와 국사를 못 배우게 해 민족적 불만을 가진 것이 엊그제 같은데, 세계 10위권 경제대국이 된 오늘날에 스스로 국사를 냉대하는 것은 이상한 일이 아닌가? 불행할 때 타의에 의해 국어와 국사를 배우지 못했을 때를 생각해 잘 살 때 이를 귀하게 여길 줄 알아야 한다. 과도한 서구화로 스스로 세계시민이 다 된 것처럼 우쭐해 자기의 정체성마저 잊어버리면 언젠가 다시 앙화를 받을 날이 있을 것이다.

민족과 국가의 정체성을 유지하기 위해 국사를 중시해야 한다는 주장은 일찍부터 있어 왔다. 식민지 시대를 경험한 여파라고 생각한다. 아니 군정시대에는 국수주의가 작동해 국사를 필수로 하고, 대학의 국책과목으로 지정하며, 모든 국가고시에 국사를 부과하기도 했다. 그러나 민주화 과정에서 그 반발로 국사가 세계화에 방해되고 군사독재정권의 국책과목이었다고 해 과도하게 박해를 했다. 그 결과 전 국민이 국사문맹이 되기에 이르렀다.

근래 이러한 국사 부재를 우려하는 목소리가 높아져 왔다. 과도한 서구화로 인한 사기 정체성의 상실이 걱정되어서이다. 그러나 이미 미군정 때부터 국사가 사회과에 편입되어 왔고, 입시에서 국·영·수 체제가 굳어져 한 발자국도 개선될 여지가 없어졌다. 국사 강화를 주장하면 전공 이기주의라 하고, 다른 사회과와의 형평을 거론한다. 그러다 보니 중구난방으로 왁자지껄 떠들다가 용두사미가 되고 만다.

그러다가 2013년 8월 10일에 박근혜 대통령이 "수능으로 딱 들어가면 깨끗하게 끝나는 일"이라고 한마디 하자 국사교육이 급전직하로 강화되게 되었다. 전 국민이 국사를 의무적으로 배우게 하기 위해서는 대학수학능력시험에 반영하는 것이 제일이다. 한국인이 얼마나 교육열이 강한 민족인가? 따라서 국·영·수와 아울러 국사를 수능필수로 넣으면 더 이상 말하지 않더라도 전 국민이 국사를 열심히 공부할 것이다. 다른 방법보다 결정적으로 효과적이다.

대통령이 한마디 하자 교육부는 새누리당과 함께 12일에 당정협의를 통해 역사 교육 강화 방안을 발표했다. 거기서 논의된 내용은 1) 한국사 수능필수과목화, 2) 한국사 표준화 시험 신설 및 대입 연계, 3) 기존 한국사 표준화 시험(歷試)의 대입 연계, 4) 고교에서 실시하는 한국사 표준화 시험 등이다. 이 중 가장 유력한 것은 한국사를 수능필수과목으로 지정하는 안이다. 그러니 대통령의 안목이 군계일학(群鷄一鶴)이라 할 수 있다.

그랬더니 또 말이 많다. 교과서 먼저 객관적으로 잘 편찬한 다음에 해야 한다느니, 이념 편향을 없애야 한다느니, 초·중·고·대에서의 국사교육의 질적 차이를 두어야 한다느니, 국사를 아시아사와 세계사와 연계해서 입체적으로 써야 한다느니 하면서 바짓가랑이를 잡고 늘어진다. 이것은 마치 백성들이 잘 살게 된 뒤에 북벌을 하자는 송시열의 북벌론과 비슷한 얘기다. 이런 문제는 수능필수로 한 다음에 점차적으로 개선해 나가면 된다. 또 10개 사회과목의 처지를 생각해서 형평을 유지해야 한다는 말도 있다. 그것은 국사를 사회과에서 독립시켜 필수과목으로 하면 그만이다. 교육부에서는 좌고우면(左顧右眄)하지 말고 기왕 좋은 의견이 나온 김에 과감하게 시행해 볼 일이다. 이는 통일 한국을 준비하는 길이기도 하다.

국사시간을 짜내기 어렵다면 과다한 영어시간을 조금 줄이는 방법도 연구해 볼 만하다. 한국은 세계화가 급속도로 이루어져 원어민과 접촉할 기회가 많고, TV 영어강좌, 외국 유학, 영어연수 등 다양한 학습방법이 있다. 필요하면 얼마든지 공부할 기회가 있다. 그러니 토플 등 영어자격시험을 대입에 연계하는 방법도 있다. 또 IT가 발달하면 자동 번역도 가능해질 터이니 깊이 공부할 사람에게는 기회를 더 열어 주되 전 국민이 영어 박사가 될 필요는 없고, 그래서도 안 된다. 국어는 이미 수능필수과목에 들어갔으니, 국사도 국어와 함께 수능 필수과목으로 책정해야 한다. (이러한 정책입안은 내가 2012년 11월 9일, 대한민국 학술원 정책토론회에서 발표한 "국사교과서의 편찬 방향"을 참고해 주기 바란다.)

조선의 왕실과 왕실 구성원

1. 머리말

왕실이란 왕을 가부장으로 하는 가족을 말한다. 이는 왕의 단문친(祖免親), 즉 9촌까지인 왕친(王親)을 의미한다. 『대명율』8의(八議) 조에도 왕가의 단문이상친(祖免以上親)을 의친(議親)으로 정해 형벌의 특전을 준다고 했다. 그리고 왕친 중의 왕의 성손(姓孫) 4대손까지인 유복지친(有服之親)을 종친(宗親)이라 했다. 그런데 종친은 문·무 관직에 나갈 수 없었으며, 문과에 응시할 수도 없었다. 이들이 과거와 관직에 나갈 수 있으려면 4대가 지나 친진(親盡)이 된 이후라야 했다. 종친에는 신분제약이 없었으나 친진된 후에는 어머니의 출신에 따라 신분이 결정되었다.

왕실 구성원을 일목요연하게 기록해 놓은 것으로는 『선원록(璿源錄)』, 『종친록(宗親錄)』, 『유부록(類附錄)』, 『가현록(加顯錄)』, 『선원선계록(璿源先系錄)』, 『팔고조도(八高祖圖)』, 『국조보첩(國朝譜牒)』, 『선원속보(璿源續譜)』, 『선원계보기략(璿源系譜記略)』, 『돈령보첩(敦寧譜牒)』, 『왕비세보(王妃世譜)』 등이 있다. 이 중 『선원계보기략』은 책의 체제 및 내용과 개간 사항 등을 고려할 때 조선 왕실 구성원과 그 관련 사항을 잘 보여주는 왕실 족보라 할 수 있다. 이 『선원계보기략』은 1679년(숙종 5)에 간행된 이래 1933년까지 총 114회 수정·간행되었다. 이 책은 1679년 종실 낭원군(郎原君) 이간(李偘)이 올린 『선원보략(璿源譜略)』을 숙종이 창성군(昌城君) 이필(李佖)과 회원군(檜原君) 이륜(李倫)으로 하여금 교정 간행하게 한 것이 그 초간본이다. 이후 『선원계보기략』은 간행을 거듭하면서 체제를 정비하게 되었다. 「자손보」의 수록 대상이 중종 이하 자손만 수록하던 것을 태조 이하 자손까지 수록한 것 등이 그것이다.

왕실에 속하는 사람은 왕과 왕비, 왕세자, 왕자·왕녀와 그 배우자들이다. 그 핵심에는 왕이 있다. 조선은 왕조국가였고, 왕조국가의 중심은 왕이었다. 중앙집권적 왕조국가에서 모든 권력은 국왕으로부터 나왔고, 모든 명령은 국왕으로부터 발령되었다. 그 때문에 왕의 배우자, 자손들도 친소관계에 따라 차등 있게 권력이 배분되고 위상이 정립되었다. 예컨대 왕친과 외척은 돈령부(敦寧府)에서 관리했고, 왕녀의 시댁은 의빈부(儀賓府)에서 관리했다. 1414년(태종 14)에 설치된 돈령부의 수장은 정1품의 영돈령부사로서 왕의 장인이 맡았다. 특히 종실을 관리하는 종친부보다 돈령부가 앞서 세워졌다는 사실은 외척에 대한 관심이 많았음을 의미한다. 돈령부 당상관은 모두 외척 가문 출신이 맡았다. 그런데 세조는 돈령부를 혁파했다. 이미 종친과 외척을 우대하기로 했기 때문에 따로 돈령부를 둘 필요가 없어서이다.

그런데 돈령부에 속하는 사람은 다양했다. 종성(宗姓)은 9촌, 이성(異姓)은 6촌 이내, 왕비의 동성(同姓)은 8촌, 이성은 5촌 이내, 세자빈의 동성은 6촌, 이성은 3촌 이내에 한했다. 그리고 이들의 고모(姑母)·자매(姉妹)·질녀(姪女)·손녀(孫女)의 남편은 벼슬을 받을 수 있었다(선왕·선왕비의 친척의 경우도 같다). 또한 대군의 사위와 공주의 아들에게는 첫 벼슬로 종7품을 주고, 공주·왕자군(王子君)의 사위와 옹주의 아들에게는 종8품을 주고, 대군·왕자군의 양첩소생의 남편에게는 각각 한 등급 낮추어 주고, 천첩소생녀의 남편에게는 한 등급 더 낮추어 주었다.

2. 왕

조선왕조는 왕조국가였다. 따라서 왕은 최고 권력자요, 최고 명령자였다. 왕은 국가를 대표해 타국과의 외교를 수행했다. 조선은 오직 명나라에 대해서만 사대외교를 폈다. 이것은 국가의 일차적인 대의명분이기도 했다. 명나라는 천자의 나라요, 조선은 그 제후국이었기 때문이다. 조선은 사대(事大)는 지성으로 했으나 교린(交隣)에는 소극적이었다.

왕의 상징은 옥새(玉璽)였다. 옥새는 옥(玉)으로 만들었으나 금으로 만들 경우에는 금보(金寶)라 했다. 세종 때는 '체천목민영창후사(體天牧民永昌後嗣)'라는 보(寶)와 제수(除授)에는 '대보(大寶)'를, 책봉(冊封)과 교서(敎書)에는 '시명지보(施命之寶)'를 사용했으며, 영조 때에는 사대문서에는 '대보(大寶)', 교서·교지에는 '시명지보(施命之寶)', 통신·문서에는 '이덕보(以德寶)', 유서(諭書)에는 '유서지보(諭書之寶)', 과거급제자에게는 '과거지보(科擧之寶)', 서적 인간에는 '선사지보(宣賜之寶)', 문서의 반포에는 '동문지보(同文之寶)', 교지에는 '규장지보(奎章之寶)', 춘방(春坊)에서는 '준명지보(濬明之寶)'를 사용했고, 그 이외에도 '흠문지보(欽文之寶)'·'명덕지보(命德之寶)'·'광운지보(廣運之寶)' 등이 사용되었다. 국왕이 바뀔 때는 왕의 상징인 '대보(大寶)'가 전수되었으며, 왕의 인장이 찍힌 문서는 왕의 권위와 명령을 나타내는 것이기도 했다.

정치권력은 관료기구를 통해 구현되었다. 군신관계가 주군(主君)과 신하(臣下)의 주종관계로부터 출발했기 때문에 신하는 주군에게 충성을 다해야 했고, 주군은 그 충성의 대가로 신하에게 권력의 일부를 대행하게 하고, 그들의 생활 보장을 위해 녹봉(祿俸)·토지·노비 등을 분급했다. 이에 주군은 하늘이요, 신하는 땅이라는 관념이 생겨났다. 그러므로 신하가 주군을 배반하면 반역행위로 극형에 처하게 되어 있었다. 권력을 남용한다든지, 붕당(朋黨)을 짓는다든지, 연고지에 반독립적인 세력을 쌓는 것은 금지되어 있었다.

그러나 정치권력이 관료세력에게 맡겨진 이상 왕과 관료와의 대립은 피할 수 없었다. 관료기구에서 6조직계체제는 왕권을 강화하고자 한 제도요, 의정부서사제는 신료의 세력을 강화한 제도였다. 의정부서사제는 세조조에 폐지된 이후 1516년(중종 11)에 다시 부활되어 조선 말기까지 계속되었다. 이는 신권의 승리를 의미한다.

조선왕조는 양반관료제 사회였다. 모든 권한을 왕에게 집중시킨 것은 10%밖에 안 되는 양반 지배층이 90%인 피지배층을 지배하기 위해서였다. 또한 양반 중에 독재자가 나오지 않게 하기 위해서였다. 그래서 모든 권한을 왕에게 몰아 준 것이다. 그러나 왕이 전제를 할 가능성이 있었다. 양반관료들은 이를 견제할 필요가 있었다. 이에 양반관료들은 경연(經筵)과 서연(書筵)을 통해 유교의 도학 이념을 왕에 머리 끝에 얹어 놓았다. 그리고 대간제도를 두어 왕과 독재자를 견제했다. 대간이란 국왕을 간쟁(諫諍)하는 사간원의 간관(諫官)과 관료를 탄핵하는 사헌부 대관(臺官)을 합친 것이다. 거기에 성종조 이후에 생긴 홍문관의 옥당(玉堂)을 합쳐 3사(三司)라 했다. 대간은 새 법을 만들거나 새로운 인사를 할 때 이를 심사하는 역할을 했다. 시경(署經)이 그것이다. 또한 왕이나 관료들의 일거수일투족을 기록해 실록을 편찬함으로서 역사의 심판을 받게 했다. 사관(史官)이 그들이다. 사림(士林)의 공론정치(公論政治)다.

사림은 왕이나 재상들의 인사권을 분할했다. 전랑권(銓郎權)이 그것이다. 이·병조의 낭관(郎官, 정랑, 좌랑 각 3원)은 당하관의 추천권인 당하통청권(堂下通淸權)과 전랑(銓郎)들이 자기 후임을 스스로 추천할 수 있는 전랑자대권(銓郎自代權)을 가지고 있었다. 이는 『경국대전』에도 없는 관행이었다. 전랑은 대간을 추천하고, 대간은 재상을 탄핵하며, 재상은 전랑을 행정적으로 지배하는 물고 물리는 삼각관계를 이루었다. 이것이 사림정치의 틀이기도 하다.

대신 모든 시험의 최고 시험관은 왕이요, 모든 관료의 최종 임명권자는 왕이었다. 물론 재상과 양반 당상관이 1년에 한 번씩 후보자를 추천해 이·병조에서 세 사람을 후보자(備三望)로 올리면 그중의 한 사람을 왕이 낙점(落點)하게 되어 있었다. 물론 왕이 특채(特採)를 할 수도 있었다.

왕은 하늘과 땅, 명산대천에 대한 제사권을 가지고 있었다. 유교에서는 천자(天子)가 천명(天命)을 받아 백성을 다스리는 것으로 되어 있었다. 따라서 하늘에 대한 제사는 오직 천자만이 지낼 수 있었다. 『주례』 월령(月令)에 "천자는 천지와 명산대천에 제사하고, 제후는 경내의 명산대천에 제사하며, 대부는 5사(五祀)를 지낸다"고 했다. 이에 의하면 조선은 하늘에 제사할 수 없었다. 그러나 때때로 원구제(圓丘祭)를 지내고, 독자적으로 단군과 기자를 모셨다.

왕은 또한 군사권도 가지고 있었다. 국가는 어느 면에서 폭력집단이다. 따라서 왕이 정점으로 되어 있는 왕권국가에서 군사권은 국왕의 차지였다. 모든 국토와 모든 인민은 국왕의 것이다(溥天之下 莫非王土 率土之濱 莫非王臣). 이를 근거로 백성들로부터 세금을 걷었다. 조선은 농업국가였기 때문에 농병일치(農兵一致) 사회였다. 그러니 군사는 농민으로부터 뽑았다. 이 농민군의 통수권은 왕에게 있었던 것이다.

고려시대에는 국왕의 땅이 따로 있었다. 장(莊)·처(處)가 그것이다.

그러나 조선에서는 국가=왕이기 때문에 사유재산을 가질 필요가 없다고 해 국가에서 내수사(內需司)를 두어 왕실의 경제를 지원하도록 했다. 사형에 대한 최종 결정권도 왕에게 있었다.

왕은 다양한 칭호를 가지고 있었다. 죽은 다음에 붙이는 묘호(廟號)와 시호(諡號)·존호(尊號)·능호(陵號) 등이 그것이다. 그중에서 묘호가 가장 중요하다. 묘호에는 종(宗)과 조(祖)가 있었다. 덕(德)이 있는 자는 종이 되고, 공이 있는 자는 조가 된다. 27명의 조선의 왕 중에서 '조'가 7(태조·세조·선조·인조·영조·정조·순조), 나머지가 '종'이다. 처음에는 '종'이었다가 뒤에 '조'가 된 사람도 있다. 쫓겨난 연산군과 광해군은 묘호가 없고 군호(君號)만 있다. 죽은 후에 왕으로 봉해진 사람도 있고(덕종·원종·진종·장조·익종), 이성계의 4대는 조선왕조가 건국된 후(1411)에 추존되었다(목조·익조·도조·환조). 공덕이 재평가되어 추상존호를 올리는 경우도 있었다. 그럴 경우 왕의 정식 칭호는 길어지게 마련이다. 능은 대체로 수도권에 있다. 후릉(厚陵)·장릉(莊陵)만은 경기도와 강원도에 있다. 능호 이외에 왕의 혼령을 모신 혼전(魂殿)이 있었다. 이 혼전의 칭호를 전호(殿號)라 한다. 전호는 세 자(字)로 되어 있다(예: 효명전(孝明殿)).

조선에서 적장자로서 왕이 된 사람은 7명(문종·단종·연산군·인종·현종·숙종·순종)뿐이다. 낙산이 낮아서 장자가 잘 안 되었다는 설도 있다.

왕은 조참(朝參, 5·11·21·25)·상참(常參)·차대(次對)·윤대(輪對) 등의 회의에 참가해야 했다. 조참은 매달 4회, 상참은 매일 5시부터 아침에, 윤대는 실무행정부서에서 하루 5명씩 순번으로 왕을 만났다.

경연에는 조강(朝講)·주강(晝講)·석강(夕講)·야대(夜對)가 있었다.

3. 왕비

　조선시대의 왕실은 사적으로는 왕과 왕비를 중심으로 하는 가정이면서 공적으로는 그 자체가 국가로 인식되었다. 따라서 왕비의 위상은 높을 수밖에 없었으며, 권한도 많았고, 간택되기도 어려웠다. 왕비는 왕의 정실부인이요, 백성의 어머니인 국모(國母)였다. 왕비는 『경국대전』에 보면 내명부(內命婦)에 들어 있지 않다. 왕이 지존이라 품계가 없듯이 왕비도 품계를 초월해 있었다. 또한 왕비의 가문은 왕의 외척(外戚)으로서 사대부 세력 중에서 왕의 가장 적극적인 후원자가 되었다. 반면에 외척이 성하면 왕권이 제약을 받는 함수관계도 있다. 태종이나 정조가 외척을 탄압하려 했던 것도 그 때문이며, 19세기에 외척을 제압하지 못해 외척세도정치로 치달았던 것도 그 때문이다. 그렇기 때문에 왕비나 왕세자빈의 간택은 정치적으로 중요한 문제요 민감한 문제이기도 했다.

　왕과 왕비의 혼례를 대혼(大婚)·국혼(國婚)이라 했다. 왕비는 처음부터 왕비로 간택된 사람도 있지만 세자빈으로 간택되었다가 그 세자가 왕에 즉위해 왕비로 격상되는 경우도 있었다. 국혼에는 왕세자·대군·왕자·공주·옹주의 혼례도 포함된다. 인간과 인간이 만나 즐겁다는 의미에서 가례(嘉禮)라 한 것이다. 『주례(周禮)』에는 '이가례친만민(以嘉禮親萬民)'이라 했다. 고려 때는 남귀여가혼(男歸女家婚)이 유행하다가 조선시대에는 친영례(親迎禮)로 바뀌었다. 조선에서 처음으로 친영례를 치룬 것은 태종대의 양녕대군이었다. 그러나 사회적인 분위기는 친영을 달가워하지 않는 풍토였다. 왕실에서 친영례가 본격적으로 논의된 것은 중종 대부터였다. 신진사림의 주장 때문이었다. 중종은 1517년(중종 12) 7월에 태평관에 행차해 친영례를 거행했다.

그것도 신부를 처가에서 데리고 오지 않고 태평관과 같은 지정된 장소에서 데리고 오는 반친영(半親迎)이 유행할 뿐이었다.

왕비는 정상적으로는 세자빈에 간택되었다가 세자가 왕이 되면 왕비로 승차되는 것이 보통이었다. 그러므로 왕이 가례를 치루는 일은 계비(繼妃)를 맞이하는 경우가 대부분이다. 먼저 길일(吉日)을 택해 종묘·사직에 이 사실을 고유(告由)하고 전국에 금혼령(禁婚令)을 내린다. 중매도 없고 전국에 공고해 공개구혼 한다.

간택을 통해 왕비를 뽑는 방식은 태종 때부터 생겼다. 광주(廣州)이씨 이속(李續)의 아들을 사위로 삼으려다 거절하자 대노해 사대부의 자녀들을 궁중으로 불러들여 후보자를 간택하는 법을 만들었다 한다. 간택에는 덕행(德行)·문벌(門閥)·가훈(家訓)을 중시했다. 율곡(栗谷)도 가법(家法)·여덕(女德)·박의(博議)가 중요하다고 했다. 그러나 처녀단자를 제출할 수 없는 사람들이 있었다. 국성(國姓)인 전주이씨, 왕의 이성(異姓) 8촌, 전주이씨가 아닌 이씨의 과부 딸, 중인(中人) 및 서얼(庶孼) 등이었다. 처녀단자의 제출 자격은 그때그때 달라지기도 했다. 금혼(禁婚) 대상은 15~20세가 보통이었고, 지역에 따라 처녀단자 제출 기간이 달랐다. 먼 곳은 아예 단자 제출을 면제해 주기도 했다.

그런데 처녀의 부모들은 권력욕을 가진 양반관료 이외에는 왕을 사위로 맞아들이기를 원치 않았다. 딸의 나이를 속이거나 금혼 대상이 아닌 곳으로 피해가기도 했다. 가난한 집에서는 의장(衣裝)을 마련하기 어려워서이다. 딸을 감추려다 발각되면 처벌되기도 했다. 처녀단자에는 성씨, 본관, 사주(四柱), 사조(四祖)를 기록했다. 궁합을 보기 위해서였다.

처녀단자 제출이 마감되면 대왕대비·왕대비와 왕이 선을 본다. 초간(初揀), 재간(再揀), 삼간(三揀)의 3간택(三揀擇)이다. 초간택 후에는 가례도감(嘉禮都監)을 설치한다. 대군과 왕자의 경우는 길례청(吉禮廳)

이라 했다. 탈락한 처녀는 혼인을 허락했다.

　3간택에서 최종 낙점되는 것을 묘선(妙選)이라 했고, 3간택녀를 비씨(妃氏)라 했다. 왕은 최종 간택자를 빈청(賓廳)에 통보했다. 대신들의 동의를 얻기 위해서였다. 비씨는 당일로 별궁(別宮)에 들어갔다. 3간택이 끝난 다음날 비씨의 친정에는 왕이 선물을 보냈다. 이를 빙재(聘財)라 했다. 그 규모는 정포(正布, 품질이 좋은 무명) 각 250필, 백미(白米)와 황두(黃豆) 각 200석이었다. 3일째는 별궁에서 예물을 받았다. 예물은 대홍정주(大紅鼎紬)・남정주(藍鼎紬)・초록정주(草綠鼎紬)・백정주(白鼎紬)・연초록정주(軟草綠鼎紬)・백토주(白土紬) 각 10필, 상면자(常綿子, 솜) 30근 등이었다. 모두 명주로서 육례(六禮, 납채(納采)・문명(問名)・납길(納吉)・납폐(納幣)・청기(請期)＝고기(告期)・친영(親迎)에 쓸 옷감이었다.

　조선 초기에는 왕비를 한때 옹주라 하다가, 덕비(德妃)・숙비(淑妃) 등의 미호(美號)로 불리기도 했으나, 1427년(세종 9)부터 왕비라고 불렀다. 가례 장소는 선조조 이후로 어의동(於義洞) 별궁에서 행해지는 것이 보통이었다. 육례를 마치기까지는 궁궐의 가까운 곳에 임시로 거처를 마련해 주었다. 길일은 관상감 소속 명과학(命課學) 일관(日官)이 점을 쳐서 정했다. 예모관(禮貌官)이 관원을 데리고 예행연습(습의(習儀)도 했다. 종친과 문무관은 정전의 뜰에 부복한다. 이 자리에서 왕은 "아무개를 왕비로 맞으려 한다"고 교서로 선포한다. 이날 비씨의 부친의 관작을 상경(上卿, 1품직)으로 높여 주었다. 부친뿐 아니라 4조도 추증해 주었다(시호도 내려 주었다). 왕비의 책봉은 별궁에서 행했다. 친영은 태평관에서 거행했다. 궁궐로 돌아온 왕과 왕비는 동뢰영(同牢宴)을 행한다. 6례의 마지막 절차는 조현례(朝見禮)이다. 조현례는 왕비가 대왕대비 등 윗전을 뵙는 의례다. 이어서 회례(會禮)와 묘현례(廟見禮)를 행한다. 회례는 왕이 백관을 참석시켜 하례를 베풀고 회연

(會宴)을 개최하는 의례다. 조현례는 대왕대비와 대비 등을 뵙는 예이다. 그리고 백관의 진하를 받는 진하례(進賀禮)를 행한다. 다음은 묘현례를 행한다. 종묘에 배알하는 예식이다. 이 예식을 거쳐야만 며느리로 인정을 받는 것이다. 이런 의식을 다 거쳐야 왕비가 될 수 있었던 것이다.

왕비가 되었으면 아이를 낳아야 했다. 특히 왕통을 이을 왕자를 낳아야 한다. 왕자 중에서 장차 세자가 되고 보위를 이을 원자(元子)를 낳아야 한다. 왕비가 왕자를 낳지 못하면 후궁의 아들이 세자나 왕이 된다.

따라서 왕비는 아이를 잘 낳을 수 있는 자질을 갖추어야 한다. 그러면 아이를 잘 낳을 수 있는 외모는 어떠해야 했나?『동의보감』에 의하면(권 11, 婦人相女法) 가는 머리카락, 흑색 눈동자, 유연한 몸, 부드러운 뼈, 곱고 윤기 나는 피부, 조화로운 말투와 목소리를 가진 여자라야 한다고 했다.

왕비가 임신을 하면 절대로 성생활을 하지 말아야 하고, 술을 마시거나 약을 술에 타먹지 말아야 하며(『동의보감』), 칼에 상하거나 몸에 상처가 나서도 안 되었다(『內經』). 그 외에 말고기, 개고기, 자라고기, 비름나물 등을 먹지 말아야 했다. 또 옷을 너무 덥게 입지 말고, 높은 곳에 올라가지 말고, 눕기보다 거닐어야 할 것 등 금기 사항이 많았다. 바르지 않으면 먹지 않고, 음란한 음악은 듣지 않았다. 어머니가 선(善)한 마음을 가지면 아이도 선하게 된다는 것이다. 이른바 태교(胎敎)이다. 태교의 주된 내용은 덕(德)이 있는 모습을 갖추고, 도덕성을 지키는 것으로 요약된다. 문왕(文王)의 어머니 태임(太妊)과 무왕(武王)의 어머니 태사(太史)는 어머니의 이상적인 전범(典範)이다.

임신 3개월이면 태교가 시작된다. 율곡 이이는『성학집요(聖學輯要)』교자편(敎子篇)에서 임신부는,

"옆으로 누워 자지 말고,

비스듬히 앉지 말고,

한쪽 발로 서지 말고,

맛이 야릇한 음식을 먹지 말고,

사특한 색깔을 보지 말고,

음란한 소리를 듣지 말고,

밤이 되면 장님에게 시를 외우고, 바른 일을 말하게 하라."

고 했다. 또한 아침에는 성현의 말씀을 태아에게 읽어주고, 때로는 가야금과 거문고를 들려준다. 글 외우는 소리와 가야금 소리가 태아에게 좋은 영향을 준다고 믿었기 때문이다. 이외에도 임산부는 색깔이 고운 홍수정이나 자수정으로 만든 반지·팔찌·목걸이를 만지고 바라봤으며, 정결한 곳에 거처해야 했다. 임산부는 십장생도(十長生圖)를 수놓고, 아이에게 줄 줄무늬 옷을 손수 만든다. 임산부는 콩·채소·미역·새·생선 등 칼슘은 많이 먹고, 영양 있는 음식을 골고루 섭취해야 하며, 보양식으로 용봉탕(龍鳳湯)을 먹는다.

임신 7개월에 이르면 산실청(産室廳)을 설치한다. 그리고 약방에서 3명의 제조(提調, 영의정·예조판서·도승지)가 돌아가면서 숙직해야 한다. 3명의 제조가 숙직하는 것은 왕이 아플 때와 산실청이 설치될 때뿐이었다. 그리고 의관(醫官), 내의(內醫), 의약(醫藥)이 정해진다. 왕비의 출산에 가장 중요한 일을 맡을 사람들이었다. 산실청이 설치되면 제조들은 4일에 한 번, 의관 등은 3일에 한 번 문안했다. 그러나 출산을 앞두고는 매일 문안한다.

왕비가 출산한 직후부터 7일간은 수시로 구전 문안을 하고 조석으로 문건 문안을 했다. 그리고 원자나 원손은 출생 3일 후부터 별도로 소아의(小兒醫)를 입직케 한다. 산실청이 설치된 후에는 형(刑)을 집행하거나, 활쏘기, 총쏘기 등의 군사훈련을 하지 못하게 했다. 빈궁(嬪宮)이나 궁인(宮人)들이 출산할 때는 호산청(護産廳)을 두었다. 그러나 산실청과 호산청은 신분이 다른 만큼 대우의 격차가 있었다.

어린 왕이 즉위하면 그가 성년이 될 때까지 대왕대비나 왕대비가 수렴청정(垂簾聽政)을 한다. '남녀칠세부동석(男女七歲不同席)'이라는 유교적 관념 때문에 여자인 대비가 발을 내리고 정무를 듣는 것이다. 왕이 성년(20세)이 되어 친정(親政)을 하게 되면 수렴청정은 풀린다. 이를 철염(撤簾)이라 한다. 수렴청정을 하는 동안은 대비를 여주(女主)라고 부르기도 했다. 단순히 왕을 보좌만 하는 것이 아니라 왕의 권한을 대행하는 존재라는 뜻이다. 남자가 섭정(攝政)을 하면 왕의 자리가 위태로워지므로 친권이 있는 부녀자로 하여금 청정하게 한 것이다. 조선시대에 수렴청정을 받은 왕은 성종, 명종, 선조, 순조, 헌종, 철종, 고종 등 일곱 왕이다. 수렴청정의 기간은 8개월부터 9년에 이르렀다.

[표 1] 조선시대 수렴청정의 기간과 왕의 연령

왕명	대비	청정 시 왕의 나이	철염 시 왕의 나이	청정기간	대비의 연령	친속관계
성종	세조비 정희왕후 윤씨	13세	20세	8년	52세	친손자
명종	중종비 문정왕후 윤씨	12세	20세	9년	45세	친아들
선조	명종비 인순왕후 심씨	16세	17세	8개월	36세	조카뻘
순조	영조비 정순왕후 김씨	11세	14세	4년	56세	증손자
헌종	순조비 순원왕후 김씨	8세	14세	7년	46세	친손자
철종	순조비 순원왕후 김씨	19세	21세	3년	61세	촌수 멂
고종	익종비 신정왕후 조씨	12세	15세	4년	56세	촌수 멂

순원왕후 김씨는 두 번이나 수렴청정을 했다. 철종과 고종은 6대를 거슬러 올라가야 핏줄이 이어지므로 촌수를 따지기조차 어려웠다.

대비는 몇몇 신하들을 개별적으로 불러들여 의논하거나 편전에 나가 발을 드리우고 국사를 논의했다. 대비의 명령을 의지(懿旨)라 했다. 수렴청정은 대체로 편전에서 했다. 대비는 발 안쪽 동쪽에서 남향하고, 왕은 발 밖의 서쪽에서 남향했다. 청정할 때 대비의 옷차림은 상복(常服)이었다.

왕비가 이와 같이 중요한 자리였기 때문에 양반가문에서는 이를 쟁취하고자 애썼다. 인조반정 공신들의 회맹에서 숭장산림(崇奬山林)과 함께 무실국혼(毋失國婚)이 들어 있는 것만 보아도 알 수 있다. 왕의 입장에서 보더라도 의지할 곳은 외척밖에 없었다. 그러다 보니 외척의 세력이 강해질 수밖에 없었다. 조선 후기에 왕비의 아버지인 부원군에게 군권(軍權)을 주었기 때문에 더욱 그러했다. 그러나 외척이 성해지면 왕권을 제약하기 때문에 태종은 외척세력을 무자비하게 제거했다. 그렇지 못할 경우에는 19세기 이후의 외척세도정치처럼 파행으로 이어질 가능성이 있었기 때문이다. 따라서 외척에 대한 이미지가 나빠지게 되었다. 외척이 왕을 정하는 데도 영향력을 행사하기도 했다. 성종이 설 때 정희왕후는 예종의 아들인 제안대군(齊安大君)과 성종의 형인 월산대군(月山大君)를 제치고 한명회(韓明澮)의 사위인 자산군(者山君)을 왕으로 삼았다. 그리고 조선 말에 안동김씨는 외척으로서 어린 왕을 영입하고 다시 외척이 됨으로써 세도(勢道)를 계속할 수가 있었다. 홍선대원군이 외척을 배척한 까닭도 여기에 있었다.

왕비가 왕자를 낳아야 대통을 이어가는데, 왕비의 출산율이 그리 높지 않았다. 그래서 후궁을 많이 두게 되어 있었다. 조선 건국 직후 왕의 후궁은 옹주(翁主) 또는 궁주(宮主)라 했다. 그러다가 『경국대전』에 빈(嬪, 정1품), 귀인(貴人, 정1품), 소의(昭儀, 정2품), 숙의(淑儀, 정2품), 소용(昭容, 정3품), 숙용(淑容, 정3품), 소원(昭媛, 정4품), 숙원(淑媛, 정4품)으로 바뀌었다. 후궁의 정원은 정하지 않았고, 직무도 명시하지 않았다. 자녀를 낳는 것이 무엇보다 중대했기 때문이다. 그리고 궁녀(宮女)는 상궁(尙宮, 정5품), 상의(尙儀, 정5품), 상복(尙服, 정5품), 상식(尙食, 정5품), 상침(尙寢, 정5품), 상공(尙功, 정5품), 궁정(宮正, 정5품), 사기(司記, 정6품), 사빈(司賓, 정6품), 사의(司衣, 정6품), 사선(司膳, 정6품), 사설(司設, 정6품), 사제(司製, 정6품), 전언(典言, 정7품), 전찬(典贊, 정7품), 전식(典飾, 정7품), 전약(典藥, 정7품), 전등(典燈, 정7품), 전채(典彩, 정7품), 전정(典正, 정7품) 각 1인씩을 두었다.

후궁에는 간택후궁(揀擇後宮)과 승은후궁(承恩後宮)이 있었다. 전자는 양반 규수로서 6례를 갖추어 후궁이 되었고, 후자는 노비나 기녀 중에서 승은을 입어 후궁이 되었다. 그런데 말썽을 부리는 쪽은 승은후궁이었다. 승은후궁이 왕의 총애를 받으면 왕비의 지위를 위협하는 행위를 하기 때문이다. 장녹수(張祿水)·김개시(金介屎)·장희빈(張禧嬪)·숙빈(淑嬪)최씨 등이 그 예이다. 반면에 간택후궁은 왕의 총애를 받는 경우가 적었고, 역할도 아이를 낳는 데 국한되어 있었다. 대신 공식적으로 후궁에 책봉되고, 궁궐 안에 거처는 물론 토지, 노비, 저택을 받았으며, 궁방을 운영했다. 그러나 왕이 죽으면 그 후궁들은 머리를 깎고 여승이 되기도 했다. 후궁은 자기가 낳은 아들이 왕이 되면 궁궐에서 계속 살 수 있지만 그렇지 않으면 출궁해야만 했다. 출궁한 후에는 궁방으로 생활을 영위해야 했다. 아들이 왕이 된 후궁의 사당은 국가에서 접수해 운영했다. 7궁이 그 예이다.

조선시대 사대부의 혼맥

1. 사대부와 혼맥

고려 말은 권문세족이 정치주체인 귀족정치 시대였다. 그러나 원이 고려를 지배하면서부터 주자학을 신봉하는 신흥사대부들이 홍건적·왜구의 침입을 막는 과정에서 성장한 신흥무장들과 연대해 조선왕조를 개창했다. 그리하여 사대부들은 새로운 정치주체가 되었다.

조선 건국 초기의 집권 사대부들은 지배체제를 확립하기 위해 그들의 우익을 공고히 할 필요가 있었다. 고려시대에는 반독립적인 향리세력을 중앙 관인군으로 편입시키기 위해 검교직(檢校職)·동정직(同正職)·첨설직(添設職) 등의 산직을 남발했다. 그리하여 관직세계가 포화상태에 이르렀다. 이에 사대부들은 지방의 관직 지망자들을 기왕에 국가로부터 관품을 받은 유품(流品)과 그렇지 못한 유외(流外)를 구분해 전자는 사족(士族)으로, 후자는 중인으로 구분했다. 지배층을 양분화한 것이다. 지방사족은 사대부의 우익으로서 과거시험을 통해 양반으로 진출할 수 있게 되었다.

이들은 우선 사대부로서의 자격을 갖추기 위해 주자학을 연구하고 이를 실천하고자 애썼다. 처음에는 『소학』·『가례』, 3년상 등 불교윤리를 대신해 유교윤리를 실천하는 데 힘썼으나, 점차 이기심성론(理氣心性論) 등 유교이론을 깊이 연구했다. 이러한 훈련을 통해 이들은 과거시험을 거쳐 중앙 정계로 진출하고자 했다. 한편 집권 사대부들은 세조의 계유정란(癸酉靖亂) 이후 기득권 세력인 훈구파가 되어 이들의 정계진출을 막으려 했다. 4대 사화가 그것이다.

조광조가 기묘사화로 실각하자 퇴계와 율곡은 그 이유를 학문이 아직 익지 않은데다가 패거리가 모자라고 너무 서투른 데서 찾았다. 그리하여 도학을 더욱 깊이 연마하고 이를 벤치마킹할 도통(道統)을 확립하며, 향약(鄕約)·향음주례(鄕飮酒禮)·향사례(鄕射禮)·서당(書堂)·서원(書院)을 보급해 패거리를 늘리려 애썼다. 그리하여 선조조에는 사림이 정치주체가 되는 사림정치 시대를 열게 되었다.

한편 사림들은 언론권을 장악해 기득권 세력인 훈구파의 비리를 공격하고 인사권을 분할해 당하관의 통청권(通淸權)을 쟁취했다. 사림세력이 강화되자 훈구파의 일부가 전향 사림파로 바뀌어 사림을 지지하고 나섰다. 그리하여 과거시험 중 시골 사람들이 유리한 경전시험을 강화했다. 강경과(講經科)·현량과(賢良科)의 출현이 그것이다. 공신들에게 억압되어 있던 국왕들도 신진 사림을 기용함으로써 공신들을 견제하고자 해 이러한 정책에 찬동했다.

마지막으로 사림들은 혼맥을 통해 자기 가문의 지위를 유지·강화하려고 했다. 사대부 내부의 계급내혼(階級內婚)이 행해진 것이다. 지방에서의 혼맥은 유력 토성(土姓)을 중심으로 맺어졌으며, 특히 처가를 통해 신분올 상승시키거나 재산을 상속받는 경우가 많았다. 당시에는 남귀여가혼(男歸女家婚)과 남녀균분상속(男女均分相續)이 유행해 처가를 따라 이주하기가 쉬웠다. 친영(親迎)이 강화된 것은 17세기 이후의 일이다. 그리하여 과거 응시원서나 이력서에 외할아버지를 반드시 기재하게 되어 있었다. 따라서 사대부나 사림이 출세하고 못하는 것은 부인을 어느 집안에서 데리고 오느냐에 달려 있었다. 또한 16세기 이후에는 당색이 혼맥과 밀접한 관계가 있었다.

이와 같이 조선시대의 사대부들은 유교 교양, 과거와 관직, 혼맥에 따라 출세가 좌우되었다. 형제간에도 유학에 정통하고, 훌륭한 장인을 둔 사람과 그렇지 않은 사람과는 사회적 지위가 하늘과 땅 차이였다. 그러므로 사대부들은 족보(族譜)·문집(文集)·비명(碑銘)·서원(書院)·정려(旌閭)·누정(樓亭) 등을 만들어 조상의 업적을 기리고 제사를 봉행한 것이다.

2. 혼맥의 사례

1) 장동김씨(壯洞金氏)

19세기부터 외척세도정치가 실시되어 나라를 망쳐버렸다. 그 핵심에 있던 집안이 신안동김씨인 장동김씨다. 안동김씨는 구안동김씨와 신안동김씨로 나뉜다. 전자는 경순왕(敬順王)의 손자인 김숙승(金叔承)을 시조로 하는 가계(家系)요, 후자는 김선평(金宣平)을 시조로 하는 가계이다. 장동김씨는 신안동김씨에 속한다. 장동은 경복궁 서쪽에 있는데 주변에는 청풍계(淸風溪)·백운동(白雲洞)·옥류동(玉流洞)이 있었다. 18세기에는 장의동, 19세기에는 장동으로 고지도에는 기록되어 있다. 신안동김씨의 일파가 이곳에 살았기 때문에 장동김씨라 부른 것이다. 그리고 안동에 향리로 남아 있는 다른 신안동김씨와 구별하기 위해서 호칭한 것이기도 하다.

김상헌(金尙憲)의 8대조는 전농정(典農正)을 지낸 김득우(金得雨)로,

유성룡(柳成龍)의 8대조인 유난옥(柳蘭玉)의 손자사위이다. 그리고 그 자신은 세종조에 좌의정을 지낸 권진(權軫)을 사위로 삼았다. 이러한 신안동김씨의 연혼(聯婚) 관계는 신안동김씨가 안동에서 재지세력(在地勢力)으로서 세력을 떨치고 있었음을 의미한다. 김득우는 700년 거주지인 강정촌(江亭村)을 떠나 풍산현(豊山縣) 불정촌(佛頂村)으로 옮겼다. 이는 외가인 풍산유씨의 경제적 지원과 무관하지 않다.

김득우의 손자 김삼근(金三近)은 1419년(세종 1)에 신안동김씨로서는 최초의 생원(生員)으로서 김계권(金係權)과 김계행(金係行) 두 아들을 두었다. 이 중 김계권이 청음(淸陰) 김상헌(金尙憲)의 6대조다.

김계권은 과거에는 급제하지 못했지만 계유정란 때 원종 3등공신을 받았고, 한성판윤을 지냈다. 그는 예천(醴泉)권씨인 권맹손(權孟孫, 1390~1456)의 사위가 됨으로써 자손들의 벼슬길을 터 주었다. 권맹손은 1408년(태종 8)에 문과에 급제해 이조판서, 예문대제학을 지낸 명사였다.

김계행(1431~1517)은 1447년(세종 29)에 진사시에 합격하고, 1480년(성종 11)에 문과에 급제해 대사간을 지냈다. 신안동김씨 중 최초의 문과급제자다. 그는 말년에 안동부 길안면(吉安面) 묵계(墨溪)로 이주했다. 제자들은 그의 학덕을 기리기 위해 묵계서원(墨溪書院)을 세웠다.

김계권은 김학조(金學祖)·김영전(金永銓)·김영균(金永勻)·김영종(金永鍾)·김영수(金永銖) 등 다섯 아들을 두었다. 이들은 외조인 권맹손의 덕으로 문음의 혜택을 받았다. 이 중 사헌부 감찰 김영수가 김상헌의 고조다. 김영수는 장인이 살던 장의동(壯義洞)에서 낳아서 그곳에서 살다가 김계권이 죽자 어머니 예천권씨를 따라 안동 소산(素山)마을로 내려가 살았다.

김영수는 김영(金瑛)과 김번(金璠) 두 아들을 두었는데 모두 문과에 급제했다. 김영은 종조 김계행의 성향을 이어받아 김종직(金宗直)의 신원(伸寃)을 요구하기도 하고, 무오사화의 장본인인 이극돈(李克墩)을 탄핵하기도 했다. 김번은 1498년(연산군 4)에 사마시에 합격하고, 1513년(중종 8)에 문과에 급제해 평양서윤까지 지냈다. 이가 장동김씨의 시조다. 이 파계를 서윤파(庶尹派)·경파(京派)·장파(壯派)라고도 한다. 그는 숙부 학조의 양자로 들어가 재력가가 되었다. 학조의 재산을 물려 받았기 때문이다. 학조는 세조 때 신미(信眉)·학열(學悅)과 함께 3화상(三和尙)의 한 사람으로서 세조의 총애를 받던 인물이다.

두 형제는 문과에 급제한 후 벼슬살이를 위해 소산(素山)에서 서울로 올라왔다. 예천권씨가 안동으로 내려올 때 장의동의 기반을 그대로 두고 내려갔다. 그래서 김영은 청풍계에, 김번은 장의동(일명 壯洞)에 터전을 잡았다. 청풍계는 조선 후기에 문인 달자(達者)들이 모여 계회(契會)를 하던 명소(名所)였다.

김번은 김상헌의 증조로 장동김씨의 파조(派祖)다. 그의 아들 김생해(金生海)는 중종의 부마 물망에 올랐으나 초간(初揀)에 그치고, 성종의 아들 경명군(景明君) 이침(李忱)의 사위가 되었다. 그리하여 김생해의 부인인 전주이씨는 손자 김상헌의 혼수를 풍족하게 해 줄 수 있었다 한다.

김생해는 김대효(金大孝)·김원효(金元孝)·김극효(金克孝) 세 아들을 두었다. 이 중 김상헌의 생부가 김극효이다. 그는 큰아버지인 대효에게 양자로 갔다. 극효의 장인은 좌의정을 지낸 임당(林塘) 정유길(鄭惟吉)이었다. 정유길은 영의정을 지낸 동래정씨 정광필(鄭光弼)의 손자다. 동래정씨의 일파인 회동(會洞)정씨는 조선시대에 정승을 가장 많이 배출한 가문이다. 극효는 문과에는 급제하지 못했지만 김상용(金尙容)·김상헌(金尙憲) 두 아들을 두어 17세기 이후 장동김씨를 국반(國班)으로 올려놓았다.

이러한 문벌을 기반으로 장동김씨는 19세기의 외척세도정치를 할 수 있었던 것이다. 극효가 17세기에 동래정씨 정유길의 돌봄을 받았지만 19세기 세도정치 시대에는 오히려 동래정씨가 장동김씨의 덕을 본 것이다. 거기에는 동래정씨의 노련한 처신이 작용했겠지만 장동김씨의 돌봄이 있었기 때문이다. 정원용(鄭元容)은 19세기 동래정씨의 대표적인 인물이었다.

2) 여주이씨 수원파

여주이씨는 경주파와 수원파, 강화파 등 세 파가 있다. 이 중 성호(星湖) 이익(李瀷)은 수원파에 속한다. 여주이씨 수원파의 시조는 인용교위(仁勇校尉) 이인덕(李仁德)이다. 인덕의 후예는 고려 말에 호적(戶籍)과 정안(政案)을 남기고 있다. 인덕의 아들 이원걸(李元傑)은 부호장, 손자 이효온(李孝溫)은 호장군윤(戶長軍尹), 증손자 이교(李喬)는 금오위 중랑장이었다. 교는 세 아들(이수산(李秀山)·이수해(李秀海)·이수용(李秀龍))을 두었다. 이수산은 서예동정(書藝同正), 이수해는 상서호부주사(尙書戶部主事), 이수용은 문과를 거쳐 정당문학(政堂文學), 지문하성사(知門下省事)를 지냈다.

이수해의 장자 이겸(李謙)은 검교군기감(檢校軍器監)이었고, 이겸은 세 아들(이윤배(李允培)·이윤성(李允成)·이윤방(李允芳))을 두었는데, 모두 사온령동정(司溫令同正)을 지냈다. 이 중 이윤방은 세 아들(이진(李珍)·이지(李止)·이고(李皐))를 두었는데 이진은 판사복시사를, 이지는 문과를 거쳐 호조참판을, 이고는 문과를 거쳐 대사성을 지냈다. 이어서 진의 첫째 아들 이유(李猷)는 문과를 거쳐 봉화현감에, 첫째 손자 이의인(李依仁)은 진사시에 합격해 광흥창부승에, 둘째 증손자 이계손(李繼孫)은 생원시와 문과를 거쳐 병조판서를 역임했다. 계속해서 문과나 진사시에 합격했다. 이를 가계도로 그리면 다음의 [도 1]과 같다.

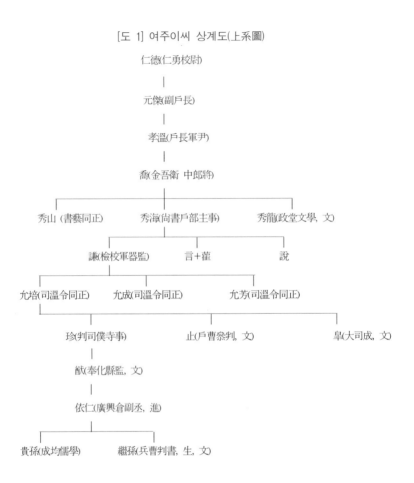

[도 1] 여주이씨 상계도(上系圖)

仁德(仁勇校尉)

元傑(副戶長)

孝溫(戶長軍尹)

喬(金吾衛 中郎將)

秀山 (書藝同正)　　　秀海(尙書戶部主事)　　　秀龍(政堂文學, 文)

謙(檢校軍器監)　　　言+菫　　　說

允培(司溫令同正)　　允成(司溫令同正)　　　允芳(司溫令同正)

珍(判司僕寺事)　　　　　止(戶曹叅判, 文)　　　　　皐(大司成, 文)

猷(奉化縣監, 文)

依仁(廣興倉副丞, 進)

貴孫(成均儒學)　　　繼孫(兵曹判書, 生, 文)

　여주이씨 수원파(상서공파)는 이윤방 때 고려가 망하게 되자 개성에서 수원으로 낙향했다. 이들은 처음에 여주에 본관지를 정하고 향리가문으로서 중앙에 진출해 과거를 거쳐 현족(顯族)으로 발돋움했다.

　이 가문을 일으키는 데는 성호의 8대조 이계손의 역할이 컸다. 그는 1447년(세종 29)에 생원시, 문과에 합격하고, 1455년(세조 1)에 병조좌랑으로 쿠데타에 참여해 원종 2등공신이 되었다. 그리하여 훈구파의 일원이 되었다. 계손의 부인은 정몽주의 증손인 정보(鄭保)였다. 그는 5남(이지임(李之任)·이지화(李之和)·이지시(李之時)·이지효(李之孝)·이지충(李之忠)) 4녀를 두었다. 둘째딸은 정인지의 아들인 정경조(鄭敬祖)에게 시집갔다. 지시는 4남(이공려(李公礪)·이공주(李公舟)·이공즙(李公楫)·이공림(李公霖))을 두었고 이공려의 둘째아들 이사필(李士弼)은 문과를 거쳐 호조판서를 지냈다. 이사필의 장자 이우직(李友直)은 생원시, 문과를 거쳐 우참찬을 지냈고, 차자 이우인(李友仁)은 생진시에 합격해 자산부사를 지냈다. 이 사람이 여주이씨 상서공파의 중시조인 이상의(李尙毅)의 아버지다.

한편 이계손의 종증조부 이심(李審)의 여동생이 우의정을 지낸 이인손(李仁孫)에게 시집갔다. 이인손은 광주이씨로 5자(이극배(李克培)·이극감(李克堪)·이극증(李克增)·이극돈(李克墩)·이극기(李克基))가 모두 등과하고 봉군되어 성현(成俔)이 그의 『용재총화(慵齋叢話)』에서 "당금문벌지성(當今門閥之盛) 광주이씨위최(廣州李氏爲最)"라 할 정도였다.

그러나 연산군조에 사화가 자주 일어나자 여주이씨도 훈구파에서 전향 사림파로 바뀌어 갔다. 그리하여 기호사림의 일부로서 선조조에는 소북세력으로 자정했다. 우인(友仁)은 네 아들(尙弘·尙毅·尙寬·尙信)을 두었는데, 이상홍은 영의정 이산해(李山海, 북인)의 첫째 사위로 문과에 급제해 홍문관 응교를 지냈고, 이상의는 문과 정시에 장원으로 급제해 좌찬성을 지냈으며, 해평윤씨 윤현(尹晛)의 딸에게 장가갔다. 그는 7남(이지완(李志完)·이지선(李志宣)·이지굉(李志宏)·이지정(李志定)·이지인(李志寅)·이지유(李志裕)·이지안(李志安)) 4녀를 두었다. 이 중 이지완·이지굉·이지정·이지안이 문과에 급제했다. 이지선은 영의정 기자헌(奇自獻)의 딸에게, 이지굉은 능성구씨 목사 구사흠(具思欽)의 딸에게, 이지정은 한산이씨 지중추부사 이경심(李慶深)

의 딸에게 장가갔다. 모두 북인 출신이다. 이지유는 지중추부사 안동 권씨 권희(權憘)의 딸에게, 성호의 할아버지 이지안은 왕실의 영제군 (寧堤君) 이석령(李錫齡)의 딸에게 장가갔다. 또한 이상의의 네 딸은 동래정씨 부사 정세미(鄭世美), 용인이씨 참의 이후천(李後天), 김해김 씨 김덕송(金德松), 연안이씨 이소한(李昭漢, 이정구(李廷龜)의 차자)에 게 각각 시집갔다.

이지완은 두 아들(이원진(李元鎭)·이숙진(李叔鎭))을 두었는데, 이원 진은 문과에 급제해 강원도관찰사를 지냈고, 의령남씨 판서 남이공(南 以恭, 북인)의 딸과 혼인했다. 그리고 이숙진은 진사시에 합격해 문음 으로 고성군수를 지냈고, 청풍김씨 영중추부사 김신국(金藎國, 북인)의 딸과 혼인했다. 또 지완의 두 딸은 문화유씨 반계(磻溪) 유형원(柳馨 遠) 아버지인 유흠(柳欽)과 광주이씨 이이첨(李爾瞻, 북인)의 아들 이익 엽(李益燁)에게 시집갔다.

이지굉은 6남(이두진(李斗鎭)·이규진(李奎鎭)·이익진(李翼鎭)·이정 진(李井鎭)·이기진(李箕鎭)·이광진(李光鎭))을 두었는데, 이두진은 무 과에 급제해 병사가 되었으며, 그의 서자 이담(李澹)은 영의정 허적(許 積)의 서녀 양천허씨에게 시집갔다. 이규진은 문과에 급제해 장령을 지냈고, 판서 박정현(朴鼎賢)의 딸과 혼인했다. 그의 둘째 아들 이식 (李湜)은 문과에 급제해 승정원 주서가 되었으며, 이식의 장자 이만휴 (李萬休)도 문과에 급제해 도사(都事)가 되었으며, 이만휴의 딸은『동 국지도』를 그린 정상기(鄭尙驥)에게 시집갔다.

이지정은 3남(이숭진(李崇鎭)·이항진(李恒鎭)·이형진(李衡鎭))을 두 었는데, 이숭진의 아들 이영(李泳)은 진사시에 합격해 예산현감을 지 냈으며, 참판 정만화(鄭萬和)의 딸 동래정씨에게 장가갔다. 그리고 영 의 장자 이진휴(李震休)는 문과에 급제해 예조참판을 지냈고, 이진휴 의 장자 이중환(李重煥,『택리지』의 저자)은 문과에 급제해 병조정랑을 지냈고, 대사헌 목임일(睦林一, 南人)의 딸 사천목씨에게 장가갔다. 이진휴의 동생 이익휴(益休)는 4남(이성환(李星煥)·이기환(李箕煥)·이태환(李台煥)·이위환(李緯煥))을 두었는데, 이성환은 문과에 장원해 병조정랑을 지냈고, 이형진의 계자(繼子) 이구휴(李龜休)도 문과에 급제해 우승지를 지냈다.

이지인의 손자 이직(李溭)은 진사시에 합격해 지중추부사를 지냈으며, 이직의 장자 이국휴(李國休)는 문과에 급제해 시강원 필선을 지냈고, 그의 동생 이학휴(學休)는 교리 유재(柳裁)의 딸 진주유씨에게 장가갔다. 이지안은 5남(이하진(李夏鎭)·이은진(李殷鎭)·이주진(李周鎭)·이국진(李國鎭)·이명진(李明鎭))을 두었는데, 장자 이하진은 성호의 아버지로서 성균관 국제(菊製)에 장원해 예문관 제학을 지냈고, 첫째 부인은 이후산(李後山)의 딸 용인이씨요, 둘째 부인은 권대후(權大後)의 딸 안동권씨다. 성호는 권부인의 아들이다. 이하진은 남인 청남(淸南)으로 대사헌을 지냈으나 경신환국(庚申換局)으로 평안도 운산으로 귀양가 그곳에서 죽었다. 성호도 운산에서 태어났다. 이은진은 진사시에 합격했으나 일찍 죽었다. 그의 장인은 동래정씨 판서 정세규(鄭世規)다. 국진의 장인은 동복오씨 오준(吳埈)의 손자 오정한(吳挺漢, 南人)이다.

이하진은 5남(이해(李瀣)·이잠(李潛)·이서(李漵)·이침(李沈)·이익(李瀷))을 두었는데, 이잠은 약관에 문과초시에 합격했으나, 아버지가 "소년등과일부행(少年登科一不幸)"이라 해 회시(會試)에 나가지 못하게 했다. 그런데도 그는 1706년(숙종 32) 9월에 유학(幼學)의 몸으로 도끼를 들고 왕세자(뒤에 경종)를 해치는 무리들을 제거해야 한다고 상소했다가 장살되었다. 이삼의 장인은 동복오씨 판서 오시복(吳始復, 南人)이다. 이서는 글씨를 잘 써 옥동진체(玉洞眞體)를 창시해 원교(圓嶠) 이광사(李匡師)에게 영향을 주었다. 그는 초계정씨 참판 정악(鄭鍔)의 딸에게 장가갔다. 이침은 막내 숙부 이명진(李明鎭)에게 양자 갔다. 이명진의 후손은 충남 고덕(高德)에 세거했다.

이익은 1705년(숙종 31)에 증광문과에 응시했으나 녹명(錄名)이 격식에 맞지 않는다 해 그만두었고, 다음 해 9월에 형 이잠이 화를 입어 광주 첨성리(瞻星里)에 은거했다. 그의 첫째 부인은 고령신씨 정언 신필청(申必淸)의 딸이고, 둘째 부인은 사천목씨 진사 목천건(睦天健)의 딸이다.

이와 같이 이상의의 직계 현손까지 내·외손을 합쳐 60여 인이었는데 이 중 19인이 문과, 2인이 무과, 8인이 생원시, 22인이 진사시에 합격했다. 그리고 이들은 청풍김씨·안동김씨·연안이씨·진주강씨·의령남씨·해평윤씨·동래정씨·남양홍씨·안동권씨·초계정씨 등 서인 명문가뿐만 아니라 양천허씨·사천목씨·평강채씨·문화유씨 등 남인명가, 행주기씨·광주이씨·한산이씨·의령남씨 등 북인명가와 통혼했다. 조선 중기에는 아직 당파 간의 대립이 첨예하지 않았기 때문이다. 그러나 광해군조에 여주이씨는 북인으로 자정해 기자헌·이산해·김신국·남이공·이익엽·이경심 등 북인가문과 통혼했다. 그러다가 인조조 이후에는 다시 남인에 흡수되어 허적(許積)·채팽윤(蔡彭胤)·목천건(睦天健)·목창명(睦昌明)·오시복(吳始復) 등 남인 명가와 혼인했다.

驪州李氏 少陵公派 世系表

尙毅(文)+尹睍女——志完(文)李潔女－元鎭(文)+南以恭女
　　　　　　　　　　女+柳欽+心
　　　　　　　　　　叔鎭+金藎國女
　　　　　　　　　　女+李益燁
　　　　　　志宣+奇自獻女

　　　　　　志宏(文)+具思欽女－斗鎭(武)－湛(庶)+許積庶女
　　　　　　　　　　　　　　　　奎鎭(文)－湜(文)－萬休(文)－元煥(文)
　　　　　　　　　　　　　　　　　　　　　　　　百休——勳煥(文)
　　　　　　　　　　　　　女+鄭世美
　　　　　　志定(文)+李慶深女－崇鎭———泳——震休(文)－重煥(文)
　　　　　　　　　　　　　　　　　　　　　　益休——星煥(文)
　　　　　　　　　　　　　衡鎭(武)——弘——龜休(文)
　　　　　　　　　　　　　女+李後天
　　　　　　志寅(生)+任就正女－世鎭———濈(進)－國休(文)
　　　　　　　　　　　　　　　　　　　　億休(進)
　　　　　　　　　　　　　　　　　　　　學休(生)－壽煥(進)
　　　　　　　　　　　　　　　　　　　　絅煥(進)

　　　　　　志裕(出)+權懓女
　　　　　　　　　　　　女+金德承
　　　　　　　　　　　　女+李昭漢
　　　　　　志安(文)+李錫齡女－女+睦昌明
　　　　　　　　　　夏鎭(文)+李後山女－瀋－廣休－哲煥
　　　　　　　　　　　　　　　　　　　　　　晶煥(出)
　　　　　　　　　　　　　　　　　　　　　　森煥(出)
　　　　　　　　　　女+曹夏疇－女+李弘德－李麟佐
　　　　　　　　　　－潛－秉休(入)－森煥
　　　　　　　　　　　　　　　　鳴煥
　　　　　　　　　　－澈(出)
　　　　　　　　　+權大後　－沉(出)
　　　　　　　　　　　　　　－女+鄭得柱
　　　　　　　　　　　　　　－瀷+睦天健－孟休(文)+蔡彭胤女
　　　　　　　　殷鎭(進)————沂震
　　　　　　　　周鎭(進)————潊 ——元休(進)－晶煥
　　　　　　　　國鎭
　　　　　　　　明鎭————沉———廣休(生)
　　　　　　　　　　　　　　　　用休(生)－家煥(文)
　　　　　　　　　　　　　　　　秉休(出)

선조에 대한 역사적 평가

　역사에서 선조처럼 이중적으로 평가되는 사람이 드물다. 선조는 실상 자질이 훌륭하지 않은 것은 아니나 임란을 당해 한 것이 없다. 서울을 사수하겠다고 하고 평양으로 달아났고, 평양을 끝까지 지키겠다고 하고 의주로 달아났다. 의주로 달아나서는 "내부(內附)하는 것이 본래 나의 뜻"이라면서 한음 이덕형을 요동도사에게 보내 내부를 받아 줄 것을 간청했다. 이덕형은 요동안무사 학걸(郝杰)에게 애걸해 원병 5천과 선조의 내부를 허락받아 왔다. 그러나 서애 유성룡과 송강 정철 등의 반대로 내부는 이루어지지 못했다.

　한편 선조는 조선군의 무능을 탓하며 믿을 것은 명군뿐이라 했다. 명군이 아니었으면 조선은 망했을 것이고 선조는 왕위에서 쫓겨났을 것이기 때문이다. 그러니 마르고 닳도록 명군의 도움을 요청할 수밖에 없었다. 그러나 처음에는 명군의 원병(援兵)을 반대하는 사람이 많았다. 이산해(李山海) 같은 사람은 명은 조선이 왜를 끌어들여 요동 땅을 회복하려 한다고 생각하고 있는데, 왜군의 침입을 알릴 수 없다는 것이었다. 그러나 유성룡(柳成龍) 등의 주장으로 사실대로 알렸다. 과연 명은 조선의 의리를 신뢰하게 되었다. 이미 류구(琉球)가 왜의 침략 사실을 명에 통보했기 때문이다.

영의정 유성룡은 만약 빨리 명군을 보내 도와주지 않으면 조선군이 몽땅 왜군으로 바뀌어 요동으로 쳐들어갈 것이라 했다. 이는 협박인 동시에 어느 정도 사실이었다. 조선이 왜에 정복되면 조선군이 왜군으로 바뀔 것은 당연하기 때문이다. 이 시점에서 명도 왜군을 조선에 나아가 막을 것인가, 조선군과 왜군을 요동으로 끌어들여 막을 것인가를 생각해 보아야 할 판이었다. 명의 병부상서 석성(石星)은 전쟁터를 조선으로 하는 것이 낫겠다고 생각했다. 그래서 이여송(李如松)에게 4만 5천 군을 주어 평양에서 왜군을 격파한 것이다.

그러니 선조를 비롯한 조선의 군신들이 재조번방지은(再造藩邦之恩)을 부르짖지 않을 수 없었다. 그런데 광해군이 이들의 주장과는 달리 정묘·병조호란 때 청나라와 명나라 사이에 등거리 외교를 했다. 그리고 장자도 아닌 자신의 위상을 지키기 위해 임해군·영창대군을 죽이고 어머니인 인목대비를 서궁(西宮)에 유폐시켰다. 이에 서인들은 광해군이 존명사대(尊明事大)를 어기고 지친에게 패륜행위를 저질렀다고 인조반정을 일으켜 정권을 차지했다.

이 때문에 인조정부는 존명사대를 극대화하지 않을 수 없었고, 선조의 사대와 청병(請兵)을 올려 세우지 않을 수 없었다. 선조가 무기력한 왕이고 이순신을 죽이려 했는데도 현창하려고 한 것은 당연하다. 명의 사헌(司憲)이 조선을 직할한다고 해도 자기의 왕위만 보장해 주면 좋다고 하고, 입장이 따가우면 명군에게 20번이나 사표를 냈는데도 말이다. 그리하여 1616년(광해 8)에 선종(宣宗)이란 묘호를 선조(宣祖)로 바꾸고, '계통광헌응도융작(啓統光憲凝道隆作)'이라는 가상존호(加上尊號)까지 받았다. 더구나 쿠데타로 즉위한 인조는 선조의 대통을 이어 정통성을 확립했다. 그래서 할아버지뻘인데도 아버지라고 불러야 한다고까지 했다. 인조가 선조의 옛 별당(別堂)에서 즉위한 것도 선조계승의식 때문이다. 인조가 선조를 위해 다음으로 한 일은 선조를 세실(世室)로 모시고 이를 위해 특별히 악장(樂章)을 만든 일이었다. 그 이유는 선조가 임란을 극복한 중흥(中興)의 공이 있기 때문이라는 것이다.

이처럼 선조는 인조에 의해 화려하게 부활했다. 선조는 인조반정으로 정국을 주도한 서인의 명분을 살려주는 모범적인 군주로 둔갑한 것이다. 신흠(申欽)은 "만일 선조대왕께서 대국(大國)을 섬기는 정성이 하늘을 감동시켜 명의 대군이 대거 출격한 일을 이루지 못했다면 나라가 무엇을 힘입어 보존되었겠는가?"라고 칭송했다. 이는 서인 세력의 공통된 생각이었다. 송준길(宋浚吉)은 선조가 전쟁 중에도 경연을 자주 열었다고 칭송했고, 송시열(宋時烈)은 효종을 세실로 모시고, 태조의 위화도회군의 공적을 들어 '정의광덕(正義光德)'이라는 가상존호를 올렸다. 그리고 "선조대왕은 위로 황제의 위덕(威德)을 힘입고, 아래로 이순신(李舜臣)의 충의에 의지해 그 중흥의 위업이 고금에 빛났으니, 진 원제와 송 고종도 말할 것이 못 된다"고 극찬했다. 이는 그의 중화계승의식과도 무관하지 않다. 김상헌(金尙憲)도 태조의 위화도회군과 선조의 지극한 사대를 동시에 거론함으로써 선조의 위상을 있는 힘껏 높여 놓았다.

이를 종합해 보면 선조는 패전의 책임을 져야 마땅할 것인데도 임란 후에 친명파가 정권을 잡음으로써 도리어 크게 현창되는 웃지 못할 일이 생겼다. 그렇다면 이 사안을 과거 노론의 존주대의의 관점에서 볼 것인가, 아니면 현재의 입장에서 객관적으로 평가할 것인가를 정해야 한다. 결국 존주대의와 그것을 이은 위정척사(衛正斥邪)가 나라를 그르친 결과를 초래한 점은 어떻게 인식해야 하나. 반면에 조선의 문화가 중화문화의 중심이라는 중화계승의식이 21세기 동아시아 시대에 어떻게 재해석되어야 할까도 아울러 생각해 보아야 할 문제이다.

중국 대북한관계의 이상기류

　요즈음 북한에 대한 중국의 불만이 폭발하고 있다. 시진핑(習近平) 총서기 체제가 공식 출범하는 정협(政協)과 전인대(全人代) 등 양회(兩會)에서 북한 포기 여부를 논의할 정도이다. 당 원로인 추이안핑(裘援平) 당 중앙외사판공실 부주임은 "북한과 관계를 유지할 것인가 포기할 것인가 하는 문제와 강국으로서 중국이 북한과 대화할 것인가 싸울 것인가를 놓고 토론을 벌렸다"고 했다(『뉴욕타임스』, 2013년 3월 7일). 중국인들은 북한을 "골치 아픈(nettlesome) 이웃"이라고 치부했다. 중국군 내 대표적인 강경파인 인줘(尹卓) 해군소장은 최근 『양청만보(羊城晚報)』와의 인터뷰에서 "북·중 관계는 한·미·일 관계와 다르며, 군사동맹 관계가 없다"고 했다. 그는 "중국이 북한에 군대를 주둔하고 있느냐, 중국이 북한 인민군을 지휘하고 있느냐"고 반문하면서 북한과의 전통적인 혈맹 관계에 대한 회의적인 입장을 보였다. 1961년에 맺은 조·중우호협력상호조약에서 양국은 침략을 받은 경우에 한해 서로 자동 군사개입을 하도록 규정하고 있다. 그러나 먼저 도발한 경우에는 차한에 부재였다. 전인대에서는 안보리 대북제재 결의안에 대한 군 장성들의 찬성 발언이 이어졌다. 류위안(劉源) 인민해방군 총후근부 정치위원은 "우리는 안보리의 북한 제재안에 동의한다"고

했고, 류청쥔(劉成軍) 공군 상장은 "북한 제재는 당연한 것이며 이 제재가 한반도 평화에 도움이 되기를 바란다"고까지 했다.

언론도 대북 비난에 동조하고 나섰다. 당 간부 양성기관인 중앙당교가 발행하는 『학습시보(學習時報)』의 부편집장인 덩위원(鄧聿文)은 『파이낸셜타임스』에 기고한 글(2013년 3월 27일)에서 "이젠 북한을 포기하고 한반도 통일을 적극 추진해야 한다"며 "차선책은 북한에 친중 정부를 세운 뒤 핵무기를 포기하고 정상국가로의 발전경로를 밟도록 영향력을 행사하는 것"이라 했다. 그리고 『환구일보(環球日報)』는 "중국이 유엔 안전보장이사회의 대북 제재에 찬성표를 던진 것은 북한 핵이 중국의 국가 이익을 해치기 때문"이라고 주장했다. "북한이 핵을 보유하면 한·일·대만 등 주변국의 핵 개발을 자극해 핵 이빨로 무장한 국가가 중국을 둘러싸게 될 것"이라는 것이다.

반면에 중국 외교부 당국자들은 "북한이 안전을 우려하는 데는 이유가 있다"고 두둔하고 있다. 뤄자오후이(羅照輝) 외교부 아주국장은 "북한과 중국은 모두 주권국가로 두 나라의 정책과 주장이 완전히 일치할 수 없다"고 했다. "우리는 북한 핵실험에 결연히 반대하지만 동시에 북한이 안전에 대한 우려를 하는 데는 이유가 있다는 점도 중시해야 한다"고 했다. 기존 입장이다. 입술이 없으면 잇몸이 시리다는 격언처럼 북한이 망하고 미국의 영향하에 있는 남한과 국경을 맞대게 되는 것은 위험하다는 생각이다. 새로운 정책이 수립될 때까지는 이런 투로 계속될 것이다.

그 예로 2009년 5월 북한이 2차 핵실험을 단행하자 후진타오(胡錦濤) 중국 공산당 주석은 8월에 중앙외사공작영도소조 회의를 소집했다. 3일 동안 토론이 벌어졌다. 거기서 "북한체재가 무너지면 난민들이 대거 넘어와 극도의 혼란이 일어날 것이다"라고 했다. 이 문제를 해결하기 위해서는 북한 정권을 교체하는 길밖에 없다고 하기도 했다.

그러나 잠시뿐이고 북한에 대한 비판의 목소리는 곧 사라졌다. 북한과의 교역량은 급증했고 천안함·연평도 사건에 대한 중국의 태도는 지극히 소극적이었다.

그러나 세월은 바뀌고 있다. 북한이 중국의 반대에도 불구하고 세 차례나 핵실험을 했고, 유엔 안전보장이사회에서 북한에 대한 새로운 제재 결의 2094호 채택에 찬성했다. 또 중국이 한국의 박근혜 정부와 관계를 돈독히 함으로써 미국의 '아시아 중심축 이동' 정책에 맞서고자 하고 있다. 그러자면 북·중 관계가 일정하게 손상을 받을 수도 있다. 미국의 '아시아 중심축 이동' 정책이란 환태평양경제동반자협정(TPP)을 의미한다. TPP는 미국과 호주·브루나이·캐나다·칠레·말레이시아·멕시코·뉴질랜드·페루·싱가포르·베트남 등이 참여하는 광범위한 자유무역체제이다. 여기에 한·미 자유무역협정(FTA)에 이어 아시아·태평양 지역을 자유무역지대로 만들어 가자는 것이다. 그렇게 되면 박근혜 정부를 매개로 미·중이 '아시아 중심주의'를 조화롭게 영위해 갈 수 있고, 한국이 아시아 시대의 중심에 서게 될 것이다. 그렇게 되면 덩위원이 주장하는 것처럼 중국이 북한을 버리고 남한을 중심으로 한반도를 통일시킬 수 있도록 도울 날이 올지도 모른다.

임진년의 추억

1. 임진왜란의 경험

2012년은 임진왜란이 일어난 지 7주갑이 되는 해이다. 돌이켜 보면 '壬'년에는 좋지 않은 일이 많이 일어났다. 고려가 멸망한 임신년 (1392), 임진왜란이 일어난 임진년(1592), 사도세자가 뒤주에 갇혀 죽은 임오년(1762), 임오군란이 일어난 임오년(1882) 등이 그러하다.

1592년(선조 25) 4월 14일 도요토미 히데요시(豊臣秀吉)는 15만 군을 보내 조선을 침략했다. "명나라를 칠 테니 길을 빌려 달라는 것(征明假道)"이었다. 명나라를 종주국으로 섬기는 조선이 허락할 리 없다. 조선은 즉시 이 사실을 명에 보고했다. 그러나 명나라에서는 오랑캐들끼리 싸우게 놔두자고 하면서 구원병을 보내려 하지 않았다.

이에 왜군은 부산에 상륙한 지 20여 일 만에 서울을 함락했다. 전투다운 전투도 없었다. 최후의 방어선인 문경새재는 싸워 보지도 못하고 내주었고, 명장 신립도 충주에서 반나절을 버티지 못하고 죽었다. 싸울만한 군사도 없었고, 군사정보도 없었다. 선조가 전쟁이 일어난 것을 안 것은 왜군이 상륙한 후 나흘 뒤였고, 신립도 적이 10리

밖에 올 때까지 몰랐다고 한다. 조선군은 지휘체계가 서지 않아 도원수, 순찰사, 순변사, 병사, 수사 등 명령이 여러 갈래서 나왔고, 왜군을 보기도 전에 산골짜기로 도망갔다. 왜군이 칼 잘 쓰고 조총까지 가진 세계 최정예의 군대였으니 무리가 아니다.

서울을 사수한다던 약속을 저버리고 선조는 피란을 가지 않을 수 없었다. 고분고분하던 백성들이 난동을 부리기 시작했다. 노비문서를 불태운다고 궁궐에 불을 지르고, 도망가는 선조에게 돌팔매질을 했다. 백성은 착취의 대상이었지 사랑의 대상이 아니었기 때문이다. 선조를 따르는 조신들도 다 도망가고 몇몇만 따라가는 초라한 행색이었다. 그렇게 고려의 서울이었던 개성을 거쳐 평양까지 이르렀다. 왜군의 선발대였던 고니시 유키나가(小西行長)는 뒤를 바짝 추격해 평양을 함락했다.

어디로 갈 것인가? 선조와 이항복은 의주로 갔다가 여차하면 명나라로 내부(內附)하자고 하고, 윤두수 등은 함경도로 가야 한다고 했다. 그러나 도체찰사 유성룡이 반대했다. 임금이 한 발자국이라도 우리 땅을 떠나면 조선은 조선이 아니라는 점에서이다. 왕이 없으면 구심점이 없어져 백성들이 돌아설 것이고, 명나라가 도우려야 도울 수 없게 된다는 것이다. 망명정부도 불가능하다. 도망만 다니는 조선군을 믿을 수 없었던 선조는 끝까지 명에 의존하고자 했다. 뒤에 왕 자리만 보장해 준다면 국권까지 포기하려고 한 왕이 아닌가? 유성룡은 동북의 여러 고을이 아직 건재하고, 충의에 찬 의병이 며칠 안에 벌떼처럼 들고 일어날 것이라고 희망을 주기도 했다. 그러나 한 달이 지나도록 어디로 갈지 결정을 내리지 못하고 있었다.

유성룡은 함경도로 가는 것도 반대했다. 함경도로 갔다가 길이 막히면 명군과의 연락이 끊기고 강경파인 가토 기요마사(加藤淸正)에게 사로잡혀 나라가 망한다는 것이다. 아니나 다를까 선조가 숙천에 이르러 어디로 갈 것인가를 의논하는 그 순간, 함경도가 몽땅 가토에게 점령되어 두 왕자가 포로가 되었다. 함경도로 갔으면 왕이 생포되어 나라가 망했을 것이다. 선조는 의주로 가 이덕형을 보내 부랴부랴 명의 지원군을 요청했다. 유성룡은 시간이 없으니 빨리 구원병을 보내지 않으면 조선군이 몽땅 왜군이 되어 요동으로 쳐들어가게 될 것이라고 했다. 명도 가뜩이나 몽고, 여진족과 싸우느라고 지쳐 있는데 일본이 요동으로 쳐들어오면 안 된다는 것을 잘 알고 있었다. 입술이 없으면 이가 시린 법이니까. 명의 입장에서 오히려 군사를 보내어 조선에서 싸우는 것이 유리하다고 생각했다. 그래서 7월 19일 조승훈(祖承訓)의 5,000군을 보냈으나 적을 가볍게 여기다가 패배해 돌아갔다.

심각하게 여긴 명은 다시 이여송(李如松)에게 4만 5000군을 주어 이원익의 조선군 8,000과 함께 평양전투에서 왜군을 격파했다. 처음이요 마지막 승전이었다. 승전한 이여송은 황제에게 승전보를 올리는 것으로 목적을 달성했다고 여겼다. 그리하여 유성룡이 아무리 패주하는 왜군을 추격하자고 해도 움직이지 않다가 벽제전투에서 패전한 후 평양으로 다시 후퇴했다. 그리고는 심유경(沈惟敬)을 보내 고니시 유기나카와 휴전회담을 계속했다. 휴전회담에는 조선은 끼워 주지 않았다. 6·25 휴전회담에도 한국은 끼지 못했다. 그 회담에서 조선을 분할하려는 음모가 있는 것도 모르고 있었다. 유성룡이 계속 남진을 주장하고 휴전회담을 반대한 것도 조선이 분단되는 것을 막기 위해서였다. 명군은 조선군이 왜군을 공격하거나 왜군을 죽이는 것도 금지했다. 이로 보면 임진왜란은 명일전쟁이다. 조선군의 역할은 군량을 공급하는 역할 뿐이다. 예외가 있다면 해전은 이순신의 분전 때문에 조일전쟁이었다.

심유경은 평양 점령 2개월 후인 9월 1일 평양 북쪽 10리 밖 강복산 밑에서 고니시와 휴전회담을 개최했다. 이때까지 4개월간 고니시가 의주로 진격하지 않은 것은 이상하다. 진격했으면 선조와 조신들이 생포되어 나라가 망했을 것이다. 이는 이순신이 남해안에서 일본 해군을 격멸했기 때문일 것이다. 유성룡은 이를 "하늘의 도움"이라고 했다. 2차 휴전회담은 용산에서 열렸다. 이때 도요토미 히데요시는 명 강화사절의 일본 파견을 요구했다. 그리고 진주성싸움 이후에 3차회담에서 1) 황제의 딸을 후비로 줄 것, 2) 8도 중 4도와 수도는 조선에 돌려 줄 것, 3) 포로가 된 두 왕자(순화군, 의화군)는 돌려보내되 조선의 왕자와 대신을 인질로 보낼 것 등을 요구했다. 한강 이남 4도를 활양하라는 것이었다. 그러나 이 회담이 결렬되었음에도 불구하고 명의 책봉사가 "히데요시가 책봉을 받고 사은했다"고 거짓 보고했다.

회담이 결렬되자 도요토미 히데요시는 1597년 2월 14만 5,000의 병력으로 조선을 재침했다. 정유재란이다. 그러나 그가 죽자 전쟁은 끝났다. 이 전쟁으로 조선은 국토가 초토화되고 사상자를 많이 내기는 했으나 한 뼘의 땅도 잃지 않고 평화를 되찾았다. 다만 명군의 행패와 분할통치론, 직할통치론으로 시달렸다. 그렇지만 8년간 2천만 양의 전비를 쏟아 부은 명은 망하고 조선은 여전히 친명파 정권이 정권을 유지하다가 한말에 똑같은 일본군에게 멸망하고 말았다.

2. 조선분할론

도요토미 히데요시는 왜 조선을 침공했는가? 그는 오랫동안의 전국시대의 쟁패에서 일본을 통일했다. 그 과정에서 많은 무장들이 양산되었다. 이는 히데요시의 정복욕을 자극했다. 이 훈련된 무장들을 조선, 명 정벌에 동원하면 일석이조이다. 문약한 조·명을 정벌해 영토를 넓히고 부하들에게 영지를 나누어줄 수 있고, 국내에 두면 골칫거리인

무장들을 정복전쟁에서 소모할 수 있다고 생각했다. 히데요시의 명이 조금만 길었다면 이 두 가지 숙원을 이루었을 가능성도 있었다.

스가와 히데노리(須川英德)는 히데요시가 중국을 정복하면 천황을 북경으로 옮기고 자신은 동아시아·동남아시아의 중요한 무역항인 영파(寧波, 지금의 上海)로 옮겨 국제무역을 주도하려 했다고 한다. 명나라가 부패하고 몽고 여진과 힘겨운 싸움을 하고 있었기 때문에 신흥세력인 히데요시가 그런 야망을 가질만하다. 그러나 조·명의 저항으로 뜻을 이루지는 못했다. 다만 조선은 쉽게 차지할 수 있을 줄 알았다. 만약 고니시가 의주까지 진격했거나, 선조가 함경도로 피란갔더라면 나라가 망했을 것이다. 또한 명·일의 사신이 각각 그 주군을 속이지 않았어도 조선은 분단되었다. 전쟁에 지친 명나라가 일본의 약간 무리한 요구라도 들어 주었을 공산이 크기 때문이다.

그보다도 더 가능성이 있었던 것은 심유경과 고니시의 휴전회담에서 조선의 하4도 활양이 관철했더라면 조선은 분단되었을 것이다. 6·25가 아니었더라도 이미 그때 한반도는 분단되었을 것이라는 말이다. 명도 한강 이북만 차지해 순망치한(脣亡齒寒, 입술이 없으면 이가 시리다)이 되지 않게만 하면 된다고 여겼을 것이다. 명일전쟁에서 각득기소(各得其所, 각각 그 하고자 하는 바를 얻다)가 되는 것이다. 그렇게 되면 당사국인 조선만 손해 보는 것이다. 강대국은 약소국을 위해 손해 보지 않는다.

일본은 애초부터 조선을 정복하기 위해 전쟁을 일으켰지만 원병으로 온 명도 조선을 분할통치하거나 직할통치하려 했다. 그러기 위해서는 임금을 바꿀 생각도 했었다. 1593년 11월 명은 사신을 보내 조선의 사정을 면밀히 살피도록 했다. 더 이상 조선을 구해 줄 수 없으니 왕은 교체하고 사신으로 온 행인(行人) 사헌(司憲)의 판단에 맡기겠다는 것이다. 이에 사헌은 선조를 만날 때 스스로 남면하고 선조는 북면하게 했다. 모욕을 받은 선조는 사신에게 사표를 냈다. 유성룡은 평소 잘 아는 유격장군 척금(戚今)을 설득해 이를 무마했다. 유성룡은 백관을 인솔하고 사헌 앞에 서서 조선의 불행은 명을 치려는 일본의 요구를 들어주지 않다가 당한 것이라고 설파했다. 사헌이 납득했다. 선조의 유임도 인정했다. 그는 선조에게 유성룡의 충성심을 높이 평가했다.

분할통치가 수그러들자 곧 직할통치론이 대두했다. 명이 막대한 전비를 보전해 주지 못한 왕에게 그 책임을 전가했다. 직할통치론을 처음 제기한 사람은 요동 총독 손광(孫鑛)이었다. 그는 조선의 군신을 믿지 않았다. 그리하여 원나라의 정동행성(征東行省)처럼 명의 순무사가 조선의 군신을 행성에 소속시켜 직할하자는 것이었다. 놀라운 것은 선조가 이를 받아들이려 했다는 것이다. 이유는 명군이 있어야 불측한 자들의 준동을 막을 수 있다는 데 있었다. 국가의 주권이 없어져도 자기의 왕권만 유지하면 된다는 심산이었다. 을사오적보다 더한 배신자다.

1596년 정유재란이 일어나자 명에서는 형개(邢价)를 총독으로, 양호(楊鎬)를 경리로 파견했다. 급수가 시랑(侍郎)급에서 상서(尙書)급으로 오른 것이다. 양호는 부임하자마자 경리아문을 설치하고 조선의 병권을 장악했다. 선조와 대등한 위치에서 신료를 접견했다. 양호의 권한은 국정 전반에 미쳤다. 조선에 대한 직할통치가 사실상 시행되고 있었던 것이다. 이는 1882년 임오군란부터 청일전쟁 때까지 원세계(袁世凱)가 국정을 천단한 것과 유사하다.

그러나 1597년 12월에 양호는 울산전투에서 패배한 것을 숨기다가 정응태(丁應泰)에게 틴핵되이 소환되었다. 선조는 그를 구원하기 위해 유성룡을 사신으로 보내고자 했다. 유성룡은 양호의 전횡을 미워해 가지 않았다. 이정구가 대신 갔다. 정응태는 조선이 왜군을 끌어들여 요동을 탈취해 옛 강토를 회복하려 하고, 감히 조(祖)니 종(宗)이니 하는 천자나 쓰는 묘호를 쓴다고 공격했다. 선조는 거적을 깔고 황제의 처분을 가다렸다. 그리고 유성룡은 주화오국(主和誤國, 화의를 주도해 나라를 그르쳤다)의 죄목으로 이이첨과 성균관 유생들의 탄핵을 받고 삭탈관작되었다. 그날 이순신도 노량해전에서 순직했다. 왜일까? 선조는 말리는 체하면서 자기의 전패(戰敗) 책임을 유성룡에게 돌려 쫓아 낸 것이다.

3. 무엇을 배울 것인가?

한국의 주변에는 중국과 일본, 몽고와 여진·거란 등이 포진하고 있었다. 고구려·백제·신라의 삼국시대는 무치주의, 정복전쟁이 유행해 서로 무력으로 다투었다. 그러나 고구려·백제가 당나라에게 망하자 살아남기 위해 신라는 중앙집권적 문치주의를 채택했다. 그러나 일본은 바다가 가로놓여서인지 무치주의를 계속했다. 고려·조선은 붓을 빠는 선비들이 지배하는 선비의 나라가 된 반면에 일본은 칼을 든 사무라이가 지배하는 무사의 나라가 되었다. 이는 두 나라 역사를 크게 다르게 전개하게 했다.

문치주의의 국가안보는 외교로 지켰다. 이른바 책봉체제(冊封體制)다. 중원을 차지한 중국은 천자의 나라가 되고 주변 국가는 제후의 나라가 된다. 천자와 제후 간에는 주종(主從)관계가 이루어졌다. 작은 나라가 큰 나라에게 사대(事大)를 했다. 제후국은 1년에 정기적으로 사신을 보내고 조공(朝貢)을 바쳤다. 그 대신 천자는 제후국에 회사품(回賜品)을 주었다. 이른바 조공무역이다. 이것으로 국가 간의 평화관계가 유지되었다.

그러면 주변국끼리는 어떤 관계를 가졌나? 교린(交隣) 관계였다. 물론 서로 자기네가 소중화(小中華)라고 우기면서 갈등을 빗기는 했지만 보통 때는 그런대로 평화를 유지한다. 그러나 이 중 강대국이 생기면 균형이 깨져 전쟁이 벌어진다. 따라서 전쟁은 교린국 간에서만 일어났다.

그러므로 문치주의 국가에서는 군사를 기르지 않았다. 군사를 기르려면 돈이 많이 들고 잘못하면 무인들에 의해 쿠데타가 일어나기 때문이다. 그러다 보니 문약(文弱)에 흐르게 마련이다. 조선도 전형적인 문치주의 국가였으므로 문약했다. 농토도 적고, 인구도 적어 강군을 육성할 수 없었다. 더구나 사대교린으로 200년간 평화가 지속되어 국방의식이 희박했다. 돈을 받고 군역을 면제해 주다가 아예 국가에서 군포(軍布)를 받았다. 이러니 군사훈련, 무기준비, 정보체계가 제대로 갖추어질 수 없었다. 결국 군사는 있으나 마나다.

반대로 일본은 무치주의 국가로 상공업을 장려하고 외국무역에 역점을 두었다. 군비를 갖추기 위해서이다. 왜구의 노략질이 가장 돈을 손쉽게 버는 방법이었다. 왜구는 노략질을 일삼지만 항상 실전경험을 할 수 있는 강점이 있었다. 거기다가 전국시대에 번주(藩主)들이 치열하게 싸웠으니 강군이 될 수밖에 없다. 일본에서 칼과 성(城)이 발달한 것도 그 때문이다.

임진왜란은 이 같은 선비와 무사의 싸움이다. 그러니 선비가 지게 마련이다. 문과 무는 치우쳐서는 안 된다. 조선은 문에 너무 치우쳤다. 그러니 강국이 쳐들어오면 위태롭다. 힘이 없으면 남의 나라에 업신여김을 당한다. 임란 때 명나라가 도와주지 않았으면 조선은 꼼짝 없이 망했다. 명·왜에 의한 반도분단, 명의 분할통치론, 직할통치론이 제기된 것도 힘이 없기 때문이다. 조선의 선비들은 전쟁이 끝난 뒤에도 계속 친명정책으로 일관하다가 300년 뒤에 무기력하게 그 일본에게 망하고 말았다.

유비무환이다. 지금도 북한을 놓고 중·미·일·소가 6자회담에서 대치하고 있다. 임진왜란 때의 경험을 귀감삼아 군사력을 기르고 국방의식을 높여야 한다. 지난 번 천안함 피격 때 전 국민이 무감각했다. 임란 전에 선조나 조신들이 일본이 쳐들어온다는 경고가 있었음에도 불구하고 쳐들어오지 않기를 바라 무사안일하게 있다가 낭패를 당한 것을 상기해 보자. 다행이 대한민국은 세계 10위권 경제대국이 되었고, 문무가 균형 잡힌 국가를 영위하고 있으니 그때보다는 유리하다. 다만 국민의 튼튼한 국방의식과 자주의식이 필요하다.

공자의 일생

1. 공자의 탄생

공자가 탄생한 해는 공양전(公羊傳)과 곡양전(穀羊傳)에는 B.C. 552
년(魯 襄公 21)이라고 하고(공양전에는 11월, 곡양전에는 12월로 되어
있음), 『사기(史記)』 공자세가(孔子世家)에는 B.C. 551년(魯 襄公 22)이
라고 되어 있다. 공자가 죽은 해는 『좌전(左傳)』에 B.C. 479년(魯 哀公
16) 4월로 기록되어 있으니 73세, 또는 74세를 산 셈이다.

공자의 조상은 송(宋)나라 귀족 출신이라고 한다. 이 시대 족보를
모아놓은 『세본(世本)』에 의하면 송나라 민공(緡公)의 불보하(弗甫何)로
부터 송보(宋父)－정고보(正考父)－공보가(孔父嘉)－목금보(木金父)－기
보(祈父)－방숙백하(防叔伯夏)－숙량흘(叔梁紇)－공자(孔子)로 이어지는
10대의 족보를 싣고 있다. 이 중 정고보는 주(周)나라 도읍인 낙양(洛
陽)에 유학해 송나라 궁중음악 악보를 정리해 오늘날의 『시경』 상송
(商頌) 12편을 편찬했고, 공보가는 송나라의 육군대신에 해당하는 대
사마(大司馬)를 지냈다. 그러니 공자의 조상은 송나라의 귀족이었다고
할 수 있다.

그러나 이 계보를 보면 송나라의 민공으로부터 공보가지 5대와 방숙으로부터 공자까지 3대는 확실하나 그 중간에 있는 목금보, 기보 2대는 이 족보 이외의 다른 책에는 전혀 나오지 않는 것으로 보아 5행설이 유행한 이후에 공자학파가 만들어 낸 것이 아닌가 한다. 그렇다면 공자의 조상이 송나라 귀족이었다는 것은 믿기 어렵다. 『사기』에 공자의 할아버지 방숙백하 때 노나라에서 서남쪽으로 90킬로미터 떨어져 있는 송나라로부터 이주해 왔다고 본다.

『사기』에 의하면 공자의 아버지 숙량흘(叔梁紇)이 부인 안씨와 야합해 공자를 낳았다고 한다. 그런데 『예기』 단궁편(檀弓篇)에는 공자의 어머니 이름이 징재(徵在)라고 되어 있다. 공자 부모는 니구산(尼丘山)에 기도해 공자를 낳았다고 한다. 그러나 공자의 어머니 안징재가 숙량흘의 정부인이 아니었기 때문에 사생아는 아니지만 서자(庶子)였다고 할 수 있다. 그러므로 공자 제자들은 성인의 탄생을 신이(神異)하게 하기 위해 니구산에 빌어 처녀가 천제(天帝)의 정기를 받아 잉태한 것처럼 윤색하고 있다. 사마천은 이 전설을 니구산에 기도해서 낳은 것으로 서술하고 있다.

공자는 어려서 아버지와 사별하고 또 어머니마저 잃어 고아가 되었다고 한다. 어머니가 죽었을 때 아버지 묘 자리를 몰랐다가 추(鄒)의 만모(曼母)라는 여인이 방(防)이라는 읍(邑)에 있다는 것을 알려주어 합장했다고 한다. 이로 미루어 보아 숙량흘은 그의 아버지 방숙백하가 살던 노나라 수도로부터 약 9킬로미터 떨어져 있는 '방'지방에서 옮겨 왔음을 알 수 있다. 즉 공자 가문은 '방'에서 '추'로, '추'에서 공자 대에 노나라 도읍 동곽(東郭)으로 옮겨 온 것이다.

공자의 조부 방숙백하에 관해서는 알려진 것이 별로 없다. 그러나 아버지 숙량흘에 대해서는 『좌전』에 노나라 군사로서 세운 무용담 두 가지가 전하고 있다. 하나는 B.C. 563년에 핍양성(偪陽城) 싸움에서 세운 무공이다. 핍양은 오늘날 산동성 역현(嶧縣) 서쪽에 있던 작은 나라인데 중원과 강남을 잇는 교통요지였다. 북방의 맹주 진(晉)나라는 남방의 맹주 초(楚)나라를 막기 위해 신흥 만족국가인 오(吳)를 부추겨 초와 핍양성에서 싸우게 했다. 노나라도 이 싸움에 동참했다. 쉽게 생각했으나 성이 난공불락이었다. 여러 나라 장수들은 공을 세우고자 다투어 성을 공격하다가 성문이 잠시 열리자 앞다투어 뛰어들었다가 사로잡힐 뻔했는데 숙량흘이 용맹을 떨쳐 구해 주었다. 그리하여 숙량흘은 노나라의 군인으로 중용되었다.

다른 하나는 B.C. 556년에 제(齊)나라가 침공했을 때 노나라 명가 장손씨(臧孫氏)를 받들고 포위를 뚫어 방성으로 돌아왔다. 숙량흘은 힘이 장사이고, 용기가 출중해 국가로부터 높이 평가되었다. 따라서 그는 세습적인 귀족 출신이라기보다는 습득한 무술 덕분에 귀족의 부하로 채용되어 그것으로 녹을 받는 무사계급에 속해 있었다고 할 수 있다.

『사기』에 의하면 공자도 아버지를 닮아 키가 9척(尺) 6촌(寸)이나 되는 거구(巨軀)였다고 한다. 순자(荀子)도 "공자는 키가 컸고 중궁(仲弓)은 작았다"고 했다. 그러나 무술에 관해서는 별로 관심이 없었다. 위영공(衛靈公)이 전술강의를 부탁하자 "저두(俎豆)에 관한 일은 일찍이 들은 바가 있으나 군대에 관한 일은 아직 공부하지 못했다"(『논어』衛靈公)고 했다.

2. 공자의 교육과정

공자의 조상이 송나라 귀족이었다고는 하나 아버지는 귀족의 무사로 근무하는 무인이었다. 어머니도 서민 출신이었다. 공자도 "내가 젊어서 빈천했기 때문에 이것저것 궂은일을 할 수밖에 없었다"(『논어』

子쪽)고 했다. 궂은일이란 무사가 아니라 전차몰이 정도였다(동상). 그는 오히려 어려서 조두(俎豆)를 늘어놓고 신에게 제물을 바치는 흉내를 냈다고 한다.

공자가 "나는 열다섯 살에 공부에 뜻을 두었고, 마흔에 미혹되는 일이 없어졌다"(『논어』 爲政)고 말한 것은 학문에 뜻을 두어 일가를 이루었음을 말한 것이다. 그리고 50이 되어 비로소 학문하는 것이 하늘로부터 부여받은 사명으로 생각했다(동상). 이로 미루어 보아 공자의 경우는 학문의 길을 선택했다고 보기보다는 자연스럽게 학자의 길로 들어섰다고 할 수 있다.

그러면 공자는 누구에게서 배웠나? 이에 관한 기록은 전무하다. 위(衛)나라 공손조라는 귀족이 자공(子貢)에게 "공자는 누구의 밑에서 공부했는가?"를 물었다. 이에 자공은 "주(周)의 시조인 문왕, 무왕 등 성인의 도가 쇠퇴했다고는 하나 아직 땅에 떨어진 것은 아닙니다. 그것은 아직 사람들 속에 남아있으니, 현명한 사람은 그 가운데 크고 중요한 것을 기억하고, 현명하지 못한 사람도 작고 사소한 것을 기억하고 있습니다. 그럼에도 불구하고 특정한 스승 밑에서 일정하게 공부하지는 않으셨습니다"(『논어』 子張)라고 대답했다. 주의 문·무왕의 도를 체계적으로 배운 것이 아니라 현재 남아있는 전통을 모든 사람을 통해 터득했지 특정한 스승으로부터 배운 것이 아니라는 것이다.

공자는 제자들에게 "젊은이들은 집에 들어가면 효도하고, 바깥에 나가서는 어른을 잘 받들고, 말을 신중하게 함으로써 언행이 일치되도록 하고, 널리 모든 사람을 사랑하되 어진 이를 가까이 하라! 이렇게 하고도 여력이 있으면 글을 공부하라!"(『논어』 學而)고 했다. 실천을 우선하고 그리고도 여력이 있으면 학문을 하라고 했다. 이론보다 실천을 중시한 것이다.

향당(鄕黨)에는 서(序)라는 학교가 있어 공자도 15세에 이 학교에 들어가 장노(長老)라고 불리우는 스승으로부터 예를 익혔다. 향당에는 나이가 우선이었다. 그러므로 향당에서 어른들을 잘 모시며 그들로부터 배웠다. 공자는 태묘(太廟)에 들어가 모든 예를 종백(宗伯)의 아래 관리들에게 일일이 물어보았다. 그러자 "누가 추인(鄹人)의 아들이 예를 안다고 말했는가?"라고 비아냥거렸다고 한다.

공자는 장성해서 곡부에 있는 대학에 가 궁정의 장님 악사들에게 시(詩)와 서(書)를 배웠다. 공자는 주나라 예법으로 돌아갈 것을 주장했다. 그러나 그의 상고주의가 골동품적인 것이 아니고, 위대한 인간성을 재발견하자는 인본주의였다. 따라서 공자는 전통의 권위와 인간성 존중을 동등한 가치로 인정했다.

공자가 처음 학문에 뜻을 두었던 B.C. 538년부터 학문적으로 일가를 이룬 B.C. 523년까지는 현상(賢相)의 시대에 속한다. 이 시대에는 정(鄭)나라의 자산(子産), 제(齊)나라의 안영(晏嬰), 진(晉)나라의 숙향(叔向), 송(宋)나라의 향술(向戌) 등의 현상이 배출되었다. 이 시대에는 북방의 진(晉)을 맹주로 하는 도시국가 연맹과 남방의 초(楚)를 맹주로 하는 도시국가 연맹이 균형을 이루고 있어서 일시적이나마 정나라·송나라 등 중원의 소국 재상들이 국내·외 정치에서 각광을 받는 정책을 쓸 수 있었다. 이들은 안으로 강대국에 공물(貢物을 바치기 위해 농지개혁을 하고, 조세·역역(力役)제도를 개혁하는가 하면, 밖으로 제(齊)·진(秦)·노(魯)·채(蔡)·위(衛)·진(陳)·정(鄭)·허(許)·조(曹)·주(邾)·등(藤) 등 14개국이 참여하는 국제 평화 회의를 결성했다. 그리고 춘추시대 중기에는 호족 간의 경쟁이 치열해 호족세력이 쇠퇴했고, 세력이 그다지 크지 않은 군소 귀족 가문에서 재상을 발굴해 세력 균형을 유지하고자 했다. 이들이 '현상(賢相)'이다. 이들 현상은 세금을 걷는 근거를 마련하기 위해 성문법을 만들고, 공물을 마련하기 위해 경제개발을 하지 않으면 안 되었다. 부족회의의 덕치주의와 대비되는 법치주의가 발흥한 것이다. 이는 정치와 종교의 분화이기도 하다. 그리하여 10여 년간 평화가 유지되고 경제가 부흥되었다.

그러나 공자가 살던 춘추시대 말기에는 호족이 무너지고 권력이 신흥무사계급의 손으로 넘어가고, 진나라, 초나라와 같은 강대국이 번갈아 침략해 와 이러한 세력균형은 깨지게 되었다. 공자도 이와 같은 신흥무사 계급에 속해 있었다. 공자는 귀족의 이상적 모습인 군자를 자기 수양에 의해 도달하려고 하는 인격적 목표로 삼았다. 즉, 공자는 귀족사회의 심미적인 교양인의 전형이었던 군자를 도덕 수양에 헌신하는 학도라는 의미로 바꾼 것이다. 전자에서는 완성된 교양을 갖춘 인간이 군자라면, 후자에서는 무엇인가를 지향해 수양하는 미완성의 인간이 군자이다.

공자가 추구하고자 한 것은 무엇인가? 그것은 사인(士人)이 교양으로서 빠뜨릴 수 없는 '문(文)'이다. '문'이란 '시(詩)'와 '서(書)'를 가리킨다. 그러나 단순히 '시'와 '서'를 읽는 것만으로 충분치 않고 실천을 수반하지 않으면 안 된다. 그것을 요약하는 것은 '예(禮)'를 가지고 해야 한다. 그러나 '예'나 '악(樂)'을 실천하기 위해서는 '인(仁)'을 알아야 한다. '예'와 '악'은 모두 최고의 이상인 '인'의 발로이며, '인'을 실현하는 수단이다. 군자가 이 세상에 사는 목적은 단지 '인'을 실현하는 일에 달려 있다고 했다. 군자는 최고선인 '인'을 실현하려고 애쓰는 사람이지 이미 '인'을 완성한 사람은 아니라고 했다.

공자의 덕치주의는 개인의 도덕적 자각을 의지점으로 삼고 있다. 공자는 "그 몸이 올바를 때는 명령하지 않아도 행해지고, 그 몸이 올바르지 않을 때에는 명령해도 따르지 않는다"(『논어』 子路)고 했다. 정치는 지배자와 피지배자 서로가 각각 도덕적인 자각을 이룩한 훌륭한 인격일 경우에 가장 완전하게 이루어진다고 했다. 공자는 정치의 비결을 "임금은 임금답고, 신하는 신하답고, 아비는 아비답고, 자식은 자식다운 것"(『논어』 顔淵) 이라 했다. 본분을 다한다는 것은 예를 따르는 것을 의미한다. 공자는 법치 자체를 배격했다기보다는 이것이 자유로운 도덕적 자각을 통해 이루어지기를 바란 것이다. 이런 점에서 공자의 덕치주의는 과거의 귀족들의 부족자치제의 덕치주의와는 현격하게 다른 진일보한 사상이라 할 수 있다.

그러면 '인'이란 무엇인가? '인(仁)'은 '인(人)'이다. 두 '인'이 발음도 같고 고대부터 혼용되어 왔다. '인(人)'은 곧 타인이며, 타인에 대해 품은 친애의 감정을 '인(仁)'이라 한다. 공자는 번지(樊遲)에게 '인(仁)'이란 "사람을 사랑하는 것"이라 했다(『논어』 顔淵). 인을 체득한 사람은 남의 입장을 인정하고 그 위에서 자기의 입장을 주장한다. 그것은 '서(恕)'이다. 증자는 공자의 도(道)는 충서(忠恕)일 뿐이라고 했다. "진기지위충(盡己之謂忠) 추기지위서(推己之謂恕)"이다(『논어』 里仁 集註). 그러나 '인'을 완전히 충서로써만 확연히 갈라서 생각한 것은 아니었다. '인'이란 인간으로서의 자각을 거쳐 사회적인 인간으로서의 자각으로 확산해 나가는 것이다. 군자다운 사람, 인간다운 사람을 추구하는 것이다. 모든 덕은 이 최고의 원리인 '인(仁)'으로부터 이끌어져 나온다.

공자는 '인'을 가족, 친족, 촌락, 민족, 인류로 확산시켜 나가야 한다고 했다. 그러나 공자는 '인'을 '사회적 인간의 자각'이라는 점을 명석하게 말하지는 않았다. 이는 맹자에 이르러서야 서(恕)로 이론화되었다. 공자는 "군자는 '의(義)'에 밝고, 소인은 '이(利)'에 밝다"(『논어』 里仁)고 했다. 군자와 소인의 차이는 생득적인 이성에 있는 것이 아니라 도덕성에 있다고 여긴 것이다. 공자는 또한 지능의 차이를 인정했다. "상지(上知)와 하우(下愚)는 변화하지 않는다"(『논어』 陽貨)고 했다. 그러나 도덕적 수양은 누구나 할 수 있다고 했다. "성(性)은 서로 비슷한데 습(習)에 의해 커다란 차이가 생긴다"(동상)고 했다. 따라서

'인'을 실천하는 데는 후천적 노력이 중요하다고 했다. 자산(子産)이 귀족과 서민의 차이가 선천적인 이성의 차이에 있다고 한 데 비해, 공자는 군자와 소인의 차이가 후천적 수양에 따라 달라진다고 했다. '사(士)'가 '인'의 실현을 자기의 본분으로 삼았기 때문이다. 이에 증자 학파는 '사'와 '군자'를 구별하지 않았다(군자즉사(君子卽士)). 그러나 '사'는 문덕(文德)보다는 무덕(武德)을 갖춘 사람을 의미했다. 그러므로 '사'를 '무사사'라고 읽어야 한다. 공자는 '인'의 수행자를 협소한 귀족 계급에서 보다 광범한 '사' 계급으로 확산시킨 것이다.

3. 공자의 외유와 학단 형성

노나라의 소공이 계씨를 제압하고 정권을 잡으려 하다가 실패해 제(齊)나라로 달아났다. B.C. 517년의 일이다. 이때 36세의 공자도 소공을 따라 제나라로 갔다. 거기서 공자는 순(舜)임금의 음악인 소(韶)를 배웠다. 그는 여기에 매료되어 석 달 동안 고기를 먹어도 맛있는 줄을 몰랐다 한다(『논어』述而). 오랑캐의 침입으로부터 중원문화를 보호한 관중(管仲)의 위업에도 귀를 기울였다. 제나라의 문화가 지나치게 현대화되기는 했지만 조금만 수정하면 주공의 문화로 되돌릴 수 있다고 생각했다.

제나라의 정국도 노나라와 차이가 없었다. B.C. 548년 당시 세력을 떨치고 있던 최씨 세력이 장공(莊公)을 시해했다. 그 이후 호족들 사이에 치고받는 혼란이 일어나자 환멸을 느낀 공자는 다시 노나라로 돌아왔다. 공자의 나이 44세 때의 일이다. 그러나 외유로 인해 공자의 시야는 넓어졌다.

이보다 10년 전에 맹희자(孟僖子)가 죽을 때 아들인 맹의자(孟懿子)

로 하여금 공자에게 가서 예를 배우도록 했다. 이 무렵부터 공자는 제자교육에 힘썼다. 그리하여 자로(35세)·민자(閔子-29세)·백우(白牛 -27세)·유약(有若-31세) 등 노나라 사람으로 구성된 공자 학단이 생기게 되었다. 공자는 "속수(束修)의 예를 행한 사람 이상은 내가 일찍이 가르치지 않은 적이 없다"(『논어』 述而)라고 할 정도로 제자를 널리 양성했다. 주류천하했으나 아무도 써주지 않아 교육자로서 성취하고자 한 것이다. 이에 제자 수가 77인에 이르렀다. 제자의 대부분은 신흥의 '사(士)' 계급에 속하는 사람이었다. 공자는 이들에게 직업교육이 아닌 사람다움을 가르쳤던 것이다.

그런데 계환자(季桓子)는 가신 양화(陽貨)에게 몰려났다. 양화는 공자에게 돼지를 선물로 보냈다. 이에 공자는 그가 없을 때 인사를 하러 갔다가 돌아오는 길에 양호(陽虎)를 길에서 만났다. 양화는 도와달라고 했고, 공자는 그러겠다고 했다. 양화와 양호(陽虎)는 같은 사람이라고도 하고 다른 사람이라고도 한다. 그뿐이 아니었다. 계씨의 본거지인 비읍(費邑)을 다스리던 대관(代官)인 공산불요(公山弗擾)가 계씨에게 반기를 들고 공자를 불렀을 때도 금방 응하려 했다. 자로가 반대하자 공자가 "나를 부르는 사람이 어찌 공연히 부르겠느냐? 만일 나를 쓸 수 있는 나라가 있다면, 내가 동주(東周)를 만들 테다"(『논어』 陽貨)라고 했다. 그리고 진(晉)나라의 대신 조(趙)씨의 가신 필힐(佛肸)이 조나라에서 위(衛)나라로 귀복하면서 공자를 불렀을 때도 가려고 했다.

위의 세 경우는 가(家)의 주인에게 등을 돌린 가신이 공자를 불렀을 때 응하고자 한 사례들이다. 이는 당시에 비난받아야 마땅한 사안이고 세씨의 월권을 비판한 공자로서는 응해서는 안 될 사안이었다. 그럼에도 불구하고 공자가 부름에 응하고자 한 까닭은 무엇인가? 동주(東周)와 같이, 분열된 세계를 군주 중심으로 부흥시키기 위해서였다. 그러기 위해서는 '가'의 주인과 가신과의 관계 따위는 무시해도 좋다고 생각한 것이다. 공자는 봉건적인 군신 도덕관계의 속박으로부터 벗어나고자 한 것이다.

공자는 "천자의 도(道)가 있을 때는 예악 정벌이 천자로부터 나온다. 천하에 '도'가 없을 때는 예악 정벌이 제후로부터 나온다. 제후에서 나올 때는 대개 10세로서 망하지 않는 경우가 드물다. 대부에서 나올 때는 5세로서 망하지 않는 경우가 드물다. 가신이 나라의 운명을 좌우하면 3세로서 망하지 않은 경우가 드물다. 천하에 '도'가 있을 때는 정사(政事)가 대부에게 있지 않다. 천하에 '도'가 있을 때는 서인(庶人)이 논란하지 않는다"(『논어』 季氏)고 했다. 제후 이하가 집권하면 10년 이내에 망하게 되어 있으니 결국은 군주 중심의 국가로 환원되어야 한다는 것이다. 공자는 노나라 계씨나 제나라 전씨와 같은 호족을 타도하고 국권을 군주의 손에 돌려주어야 한다고 생각했다. 이러한 공자의 혁신 정치사상은 노나라에서 많은 동조자를 얻어 공자학단이 형성되게 된 것이다.

양화는 집권한 지 3년 만에 다시 삼환씨에 의해 쫓겨났다. 이에 공자는 B.C. 501년에 52세의 나이로 중도(中都)라는 고을의 읍재(邑宰)가 되었다. 그리고 노나라 정공(定公)을 수행해 제나라와의 평화회담에 참여해 공로를 세웠다. 상대는 제나라 명 재상 안자(晏子)였다. 안자는 회담 중에 이인(夷人)을 데리고 들어와 노나라를 위협해 불리한 조건을 강요하려고 하는 것을 공자가 '이인'을 미리 제거해 회담을 성공리에 마칠 수 있었다. 이 사실은 『춘추』의 여러 곳에 기록되어 있다.

이러한 성공으로 공자는 B.C. 499년에는 최고 재판관인 대사구(大司寇)에 임명되었다. 공자는 노나라로 하여금 진(晉)나라가 맹주가 되어 있는 북방연맹에서 탈퇴하게 했다. 삼환씨가 진나라의 위력을 빌려 임금을 압박하고 권력을 휘둘렀기 때문이다. 그리고 안으로는 삼환씨의 세력 근거인 계씨의 비(費), 숙손씨의 후(郈), 맹손씨의 성(郕) 세 성을 스스로 헐어버리게 했다. 공자는 B.C. 498년에 제자 중 가장 무력이 뛰어난 자로(子路)를 계씨에게 추천해 이 일을 달성하도록 했다. 그리하여 '비'와 '후'의 두 성은 허물었으나 '성'의 성은 철거하지 않자 정공은 군사를 동원해 공격했으나 실패했다.

이에 공자는 B.C. 497년에 위(衛)나라에 가서 여독을 푼 다음 남쪽으로 송(宋)·정(鄭)·진(陳)·채(蔡)를 거쳐 다시 '위'로 돌아왔다가 B.C. 484년에 노나라로 돌아왔다. 13년이나 걸린 장기 외유였다. 이 시기는 공자의 수난의 시기이기도 하다.

공자가 정(鄭)나라 성문에서 제자들에게 뒤쳐져 헤매는 것을 보고 사람들이 "상갓집 개 같다"는 기롱을 받았다. 그 다음 진(晉)나라에 의탁할까 해 서쪽으로 가는 도중에 광(匡) 땅에서 다른 사람으로 오인되어 읍인으로부터 공격을 받아 목숨을 잃을 뻔 했다. 그래서 '진'나라로 가는 것을 포기하고 초(楚)나라로 향했는데 송(宋)나라에서 환퇴(桓魋)라는 대장의 습격을 받아 또 목숨을 잃을 뻔 했다.

그렇다고 공자가 13년 동안 수난만 당한 것은 아니다. 제후들로부터 환대를 받기도 했다. 위 영공(靈公)과 같은 군주들은 공자와 수행하는 많은 제자들을 초청해 융숭하게 대접하고 문답하기도 했다. 그러나 공자의 호족타도 사상은 제후들의 구미에 맞지 않았다.

그러나 공자는 실망하지 않았다. 광(匡)에서 수난을 당했을 때 공자는 "문왕은 이미 돌아가셨으나 그 문화는 여기 내게 있지 않은가! 하늘이 장차 이 문화를 없애려고 했다면 나는 이 문화에 참여할 수 없었을 것이다. 하늘이 아직 이 문화를 없애지 않았으니 광인(匡人)들이 나를 어쩌겠느냐"(『논어』 子罕)라고 말했다고 한다. 그리고 환퇴에게 습격을 받았을 때에도 "하늘이 내게 덕을 주었으니, 환퇴 그가 나를 어쩌겠느냐!"(『논어』 述而)라고 했다고 한다. 단 이러한 사명을 자기 당대에 달성할 수 없다면 제자들을 교육해서 미래에 실현하면 될 것으로 생각했다.

그런 생각으로 공자는 13년의 외유를 마무리 짓고 노나라로 돌아왔다. B.C. 484년 공자 69세 때의 일이다. 노나라에는 정공이 죽고 애공(哀公)이 즉위해 있었다. 그 후 B.C. 479년 74세로 죽을 때까지 5년간은 공자가 『시』·『서』 등 고전을 정리하고 제자를 양성하는 데 소비했다. 정치가로서의 공자는 죽었으나, 교육자로서의 공자의 활동은 활발해진 것이다.

4. 공자의 죽음

공자는 B.C. 479년(노 애공 16)에 74세로 죽었다. 공자가 죽기 7일 전 아침, 공자가 지팡이를 짚고 대문 앞을 거닐면서 "태산(泰山)이 이렇게 무너지는가! 대들보가 이렇게 부러지는가! 철인이 이렇게 사라지는가!"(『예기』 檀弓)라는 시를 읊고 그대로 출입문에 주저앉았다 한다. 자공이 급히 달려가자 공자는 "자공, 자네를 기다리고 있었네. 하(夏)대에는 관(棺)을 실(室)의 동쪽 층계 있는 쪽에 두었고, 은(殷)대에는 '실' 중앙의 두 기둥 사이에 두었고, 주(周)대에는 서쪽 층계에 두었는데 각각 내력이 있지. 나는 '은'의 후예이기 때문인지 어젯밤 두 기둥 사이에서 공양(供養)을 받는 꿈을 꾸었네. 아아! 현명한 군주가 나타나지 않았으니 천하에 뉘라서 나를 알아 떠받들겠나? 내 목숨도 이제 얼마 남지 않았구나!"라고 말했다고 한다. 그러나 성인이 스스로 철인이라 하고, 올바른 군주를 만나지 못한 것을 한탄하고, 노래를 지어 죽음이 가까워 온 것을 비탄할 리 없다고 해 이 기록을 신용하지 못하는 사람들도 있다. 한(漢)나라의 정현(鄭玄), 원(元)나라의 오징(吳澄) 등이 그러하다. 후세의 위작일 가능성이 있다는 것이다.

공자는 죽었지만 그의 사상은 후세에 큰 영향을 미쳐 아시아 전통 사회의 운영논리가 되었다. 물론 시대에 따라 그 사상은 다양하게 변화 발전해 왔지만 21세기 동아시아 시대에는 다시금 각광을 받을 수가 있게 되었다. 특히 유교의 도덕성이 동맥경화에 걸린 서구의 가치를 치유할 수 있는 백신으로 작용할 날이 머지않았다는 점에서 그러하다.

신라통일과 한국인의 정체성

　한국인의 조상은 단군이 아니라 신라인이라는 주장이 있다. 이종욱의 『춘추』(효형출판, 2009)에서이다. 현재 다수의 한국인이 김씨, 박씨, 이씨, 정씨, 최씨, 손씨 등 신라인을 시조, 또는 중시조로 하는 사람들이기 때문이라는 것이다. 신라가 백제와 고구려를 정복한 후 피정복국이 된 백제나 고구려인을 사회·정치적으로 차별대우해 도태시키는 정책을 쓴 결과라는 것이다. 당시 신라·백제·고구려인은 같은 민족이라는 생각을 가진 적이 없었다고 한다. 그들을 순수 혈통의 단일민족으로 발명해 낸 것은 해방 후 민족주의 사학자들이라는 것이다.

　광복 이후 민족주의 사학자들은 외세를 불러 삼국을 통일한 신라를 미워하고 고구려만을 그리워하고 자랑스러워하는 역사의식을 가지고 있었다고 한다. 손진태는 그의 『한국민족사개론』(을유문화사, 1979)에서 신라가 외민족의 병력을 빌어서 동족의 국가를 망하게 한 반민족적 행위를 했다고 했다. 이기백은 『국사신론』에서 신라의 삼국통일은 불완전한 것이고, 그 결과로 만주를 우리의 역사무대에서 잃어버리고 말았다고 했다. 2008년 고등학교 국사교과서에서는 "신라의 삼국통일은 외세를 이용했다는 점과 대동강에서 원산만 이남의 땅만을 차지하는 데 그쳤다는 점에서 한계성을 지니고 있다"고 했다.

지금의 한국인이 신라의 후예라는 말에는 약간의 문제가 있다. 3국을 동일 민족으로 보는 것은 종족적으로는 그럴 만하다. 신라의 근원인 한(韓)은 위만조선이 기자조선을 멸망시켰을 때 우거왕이 남쪽으로 이주해 온 족속이고, 고구려는 고조선의 영역 안에서 발생했고, 백제는 고구려의 유족들이 마한지역을 차지해 세운 국가이다. 그러니 혈통상으로 가깝고 말도 대체로 통했을 것 같다. 3국의 언어가 서로 소통되었는가는 언어학적으로 더 따져 봐야 하겠지만 혈연적으로는 가까운 사이였을 것이다. 그러니 그 근원을 소급해 올라가면 단군조선으로 연결되는 것이다. 이러한 혈연과 언어는 나라가 망하면 동화될 수는 있으나 완전히 사라지는 것은 아니다. 지배층은 삼국을 통일한 신라 중심으로 편제되겠지만 피지배층은 그대로 남아 있었을 것이기 때문이다.

반면, 힘이 모자라 신라가 대동강-원산만 이남의 땅만 통일했지만, 태봉의 대동방국, 고려의 북진정책, 조선의 단군·기자 숭배로 이어져 간 정책들은 어떤가? 잃어버린 만주 땅을 되찾자는 역사의식이다. 또한 삼국 통일은 신라가 했지만 다음 왕조는 고구려의 부흥을 지향하던 왕건을 중심으로 한 기호세력이 아니었는가? 고려는 신라의 문화와 고구려의 옛 영광을 동시에 계승하고자 하는 이중적인 역사의식을 가지고 있었다. 김부식의 『삼국사기』는 전자를, 이규보의 『구삼국사』는 후자를 표방한 것이라는 주장도 있다.

또한 한국의 족보의 기원이 나말여초에 생긴 것으로 보는 박·석·심 3성과 6촌성을 제외하고는 거의 고려 중기 이후까지 밖에 올라가지 않는 씨족이 많고 그나마도 선계는 후대에 날조한 것이 대부분이다. 시조설화는 신이(神異)한 일화이거나, 중국을 비롯한 외국에서 왔다거나, 갑자기 지석(誌石)이 나타났다거나, 황제나 왕의 사성(賜姓)을

받은 것으로 되어 있다. 날조가 많다. 족보는 16세기에 가서야 만들어
지기 시작했기 때문에 그 이전의 자세한 가계 기록이 남아있지 않아
서이다.

삼국 중 고구려는 기호, 백제는 호서와 호남, 신라는 영남에 근거하
고 있었다. 이 중에서 신라가 통일해 3백 년간 대동강 이남을 다스렸
고, 고려·조선 1,000년간은 고구려 후예인 기호세력이 지배했다. 그
러니 신라계보다 오히려 고구려계가 반도를 지배한 기간이 훨씬 길었
던 것이다. 지금도 3국은 살아있다. 처음에는 조선의 전통을 이어받아
기호계가 잡더니 뒤를 이어 영남계가 잡고, 호남은 호서세력을 끌어
들여 10년간 정권을 잡았다. 북한은 오히려 이성계의 후예인 함경도
가 잡고 있다.

역사는 현재가 중요하다. 한국은 근대화가 뒤져 일본의 식민지를
거쳤고, 이 때문에 냉전과 분단의 아픔도 겪었다. 그러니 광복 이후에
민족주의가 기승을 부릴 수밖에 없다. 같은 민족이라도 나라가 나누
어질 수는 있으나 이산가족의 애환에서 보듯이 통일을 지향해야 하고,
그러자면 민족의 동질성을 외면할 수 없다. 이때의 민족은 19세기 국
민국가가 생기면서부터 대두한 용어이다. 따라서 이러한 용어를 삼국
사에 견강부회해서는 안 된다. 그러나 고구려·백제·신라가 갈라져
있었다고 해서 동족의식이 전혀 없었다고는 할 수는 없다. 혈연적, 문
화적으로 동질성이 있었음을 인정해야 한다. 다만 당시는 정복전쟁
시대이니만큼 서로 생사를 걸고 싸울 수밖에 없었을 뿐이었다.

더구나 3국이 차지하고 있던 전 영토는 아니지만 한반도를 1,300년
간이나 하나의 나라로 유지해온 것만으로도 같은 민족이라고 할 수
있다. 역사는 현재의 관점에서 보게 마련이다. 한국은 일제 36년간 나
라를 잃어버린 적이 있었기 때문에 광복 이후 민족주의 사학이 일어
난 것이다. 그리고 그 민족주의 사학의 관점에서 적국을 불러다가 동

족을 멸망시킨 행위를 비판할 수는 있다. 외세를 끌어드린 김춘추보다 외세를 물리친 이순신을 더 높이 평가할 수도 있는 것이다. 이런 영향 때문에 김춘추는 세종이나 이순신보다 지금도 저평가받고 있는 것은 사실이다. 1998년 7월 16일자 『조선일보』 여론조사에 베스트에는 세종, 이순신, 광개토대왕 순이고, 김춘추는 없었다. 김춘추는 오히려 워스트의 19위를 차지했을 뿐이었다. 그렇다고 김춘추가 처한 시대적 환경을 무시하고 그의 행위를 반민족적인 행위로 매도하는 것도 사리에 맞지 않는다. 사실대로 써 주는 것이 가장 바람직할 것으로 생각한다.

양동(良洞)마을과 경주손씨

1. 양동마을

양동마을은 경주시에서 동북방으로 20km쯤 떨어진 곳에 있다. 주산인 설창산의 문창봉에서 산등성이가 뻗어내려 네 줄기로 갈라진 등선과 골짜기가 물(勿)자형의 지세를 이루고 있으며, 내곡, 물봉골, 거림, 하촌의 네 골짜기와 물봉 동산과 수졸당 뒷동산의 두 등성이, 그리고 물봉골을 넘어 갈구덕으로 마을이 구성되어 있다.

아름다운 자연 환경 속에 수백 년 된 기와집과 나지막한 토담으로 이어지며, 『통감속편』(국보 283), 『지정조격(至正條格)』, 무첨당(보물 411), 향단(보물 412), 관가정(보물 442), 손소 영정(보물 1216), 서백당(중요민속문화자료 23), 손소선생분재기(경북유형문화재 14) 등 문화재들을 많이 가지고 있다. 양동마을 자체도 1984년 12월 20일에 국가지정문화재(중요민속자료 제189)로 지정되었다.

양동마을은 경주시 북쪽 설창산에 둘러싸여 있는 경주손씨와 여강이씨 종가가 500년 동안 전통을 이어 오는 유서 깊은 반촌(班村)이다. 이 마을은 2010년 7월 31일에 경주 안동의 하회(河回)마을과 함께 세계문화유산으로 등재되었다. 양반마을의 전형이라는 뜻에서였다. 양동마을은 경주손씨가 세거하던 동족부락이었다. 물론 경주 양동에는 손씨뿐 아니라 여강이씨, 경주최씨도 살았지만 경주손씨와 여강이씨 경주파의 세거지로 알려져 있다.

경주손씨(월성손씨)의 시조는 경주 6부성(六部姓)의 하나로서 홍덕왕 때부터 대수부(大樹部)에 살았다. 그러나 경주손씨의 상계(上系)에 대해서는 잘 알 수가 없고, 고려시대에 국가에 벼슬을 하기 시작해 15세기부터 명족이 되었다. 그러나 고향을 떠나 상주·청송·안덕(安德) 등지로 떠돌아 다니다가 양민공(襄敏公) 손소(孫昭) 대에 양동으로 다시 입향했다. 그리고 여강이씨 회재(晦齋) 이언적(李彦迪)의 아버지 이번(李蕃)을 사위로 맞으면서 경주토성으로서 확고한 지위를 차지하게 되었다.

양반가는 앞에는 주거공간으로서 안방은 주부가, 사랑방은 남편이 살게 되어 있었고, 집 뒤에는 사당을 두어 조상신을 모시고 절기마다 제사를 지내게 되어 있었다. 게다가 16세기 이후에는 부계 중심의 사회가 굳어지면서 같은 근친끼리 모여 사는 동족부락이 유행하게 되었다. 근친들을 종가의 주변에 모여 살게 하고, 공간이 부족하면 부근에 샛터마을을 조성해 분가시키기도 했다.

한국은 일찍이 남귀여가혼(男歸女家婚)과 남녀균분상속이 유행해 외가나 처가의 지위가 높았다. 그러다가 17세기에 이르러 주자학이 널리 보급되면서 친영(親迎)을 장려하고, 종손이나 장자에게 제사전을 많이 주어 남존여비의 사상이 굳어가고, 종손의 지위가 높아갔다. 그러다 보니 적어도 양반가에서는 부계친(父系親)이 강화되어 4대봉사에 불천위 제사를 중시하게 되었다. 따라서 생활공간인 살림집보다는 제사공간인 사당이 우선하게 되었다. 가묘 이외에도 족보·서원·루정(樓亭)·사묘(祠廟)·영당(影堂) 등을 따로 세워 들어난 조상(顯祖)을 제사지냈다.

2. 경주손씨

경주손씨의 상계는 확실치 않다. 『경주손씨족보』에 의하면 시조는 손순(孫順, 일명 孫舜이라고도 했다)이라 한다. 손순은 흥덕왕 때 사람으로 대수부(大樹部) 모량리(牟梁里)에 살았다고 한다. 아버지 학산(鶴山)이 죽자 아내와 더불어 품팔이를 해서 어머니를 봉양했는데, 대단한 효자였다고 한다. 그는 가난한데 어린 자식이 할머니의 밥을 뺏어 먹는 것을 보고 그의 아내에게 "아이는 또 낳을 수 있지만 어머니는 다시 모시기 어렵지 않나"라고 하고 아이를 업고 취향산(醉鄕山)에 들어가 땅을 파고 묻으려 하는데, 문득 석종(石鐘)이 나타났다. 부부가 기이하게 생각하고 깨달은 바 있어 아이를 다시 업고 석종을 가지고 집으로 돌아와 대들보에 종을 매달아 놓고 쳤다. 이 소리를 왕이 듣고 사람을 시켜 내막을 알아보고 가상하게 여겨 "옛날 곽거(郭巨)가 아이를 파묻으려 하자 하늘이 금솥(金釜)을 내려주었다더니 지금 손순이 아이를 파묻으려 했는데 땅으로부터 석종이 나온 것과 전후가 똑같다"고 하고 집 1채와 매년 쌀 50석(石)을 내려 주어 어머니를 봉양하게 했다고 한다.(『輿地勝覽』·『孝行錄』)

그러나 손순 이후의 세차(世次)는 알 수 없다. 고려시대에 이르러 대관(大官)을 지냈다고 하나 기록에 나타나는 것은 봉익대부(奉翊大夫) 판밀직사사(判密直司事)를 지낸 손경원(孫敬源)부터이다. 손경원의 아들은 손현검(孫玄儉)인데, 가정대부(嘉靖大夫) 검교중추원부사(檢校中樞院副使)를 지냈다. 손현검의 아들은 손등(孫登)인데, 조선의 승의랑(承議郎) 행사헌부감찰(行司憲府監察)로 통정대부(通政大夫) 호조참의(戶曹

叅議에 증직되었다. 묘는 상주 정곡(鼎谷) 유좌(酉坐)의 언덕에 있다. 부인은 영해(寧海) 박씨로 정조호장(正朝戶長) 박시우(朴時遇)의 딸이다. 묘는 남편 묘 뒤에 있다.

손등의 아들은 손사성(孫士晟)이다. 벼슬은 행통정대부 병조참의였고, 순충적덕보조공신(純忠積德輔祚功臣)에 책훈되었으며, 가의대부(嘉義大夫) 병조참판에 증직되었다. 또 죽은 뒤에 계성군(鷄城君)에 추봉되었다. 1396년(태조 5)에 태어나 약관(弱冠)에 사마시에 합격하고, 1423년(세종 5)에 문과에 급제했으며, 1477년(성종 9)에 죽었다. 향년 82세. 부인은 직장(直長) 권명리(權明利)의 딸 정부인(貞夫人) 안동권씨다. 묘는 남편 묘 뒤에 있다.

손사성은 욱(旭)과 소(昭) 두 아들을 두었다. 손욱은 행사헌부장령을 지냈다. 어사로서 함흥에 파견되었다가 이시애(李施愛)에게 죽었다. 그의 동생 양민공(襄敏公) 손소가 쌓여 있는 시체 중에서 시신(屍身)을 찾아 영천(永川) 노루목(獐項) 언덕에 장사지냈다. 손소의 자는 일장(日章)이요, 가선대부 행이조참판을 지냈다. 뒤에 자헌대부 이조판서 겸 지경연춘추관사에 증직되고, 정충출기적개공신(精忠出氣敵愾功臣)에 책록되었다. 계천군(鷄川君)에 봉해지고, 시호는 양민(襄敏)이다. 1443년(세종 15)에 태어나, 1453년(단종 1)에 생원·진사 양시에 합격하고, 1459년(세조 5)에 문예시(文藝試)에 장원으로 급제했다. 1467년(세조 13)에 역신 이시애가 길주(吉州)에서 반란을 일으키자 평노장군(平虜將軍) 박중선(朴仲善)이 그를 종사관(從事官)으로 발탁해 데리고 갔다. 이 때문에 적개공신 2등에 책록되었다. 1484년(성종 15) 3월 7일에 죽었다. 향년 52세. 묘는 흥해군(興海郡) 남쪽 상달전(上達田) 기음산(椅陰山) 유좌(酉坐)의 언덕에 있다. 부인은 만호(萬戶) 유복하(柳復河)의 딸 정부인 풍덕유씨(豊德柳氏)다. 묘는 남편의 묘 뒤에 있다.

손소는 5남(伯暾·仲暾·叔暾·季暾·潤暾) 3녀(琴元亨·姜仲默·李

蕃)을 두었다. 손백돈은 부사용(副司勇)을 지냈는데 자손이 없다. 손중돈의 자는 태발(泰發)이요, 호는 우재(愚齋)다. 행자헌대부이조판서겸지의금부사세자우빈객경연춘추관사를 지냈고, 월성군(月城君)에 습봉(襲封)되었다. 시호는 경절(景節). 1463년(세조 9)에 태어나 약관에 사마시에 합격하고, 1489년(성종 20)에 문과에 급제해 관직이 의정부 우찬성에 이르렀다. 특히 승정원에 3번, 사헌부 대사헌에 4번, 감사에 4번 임명되었다. 1529년(중종 24) 4월 10일에 죽었다. 향년 67세. 묘는 홍해군 남쪽 하달전(下達田) 도음산(禱陰山) 유좌(酉坐)의 언덕에 있다. 부인은 둘인데, 첫째 부인은 사맹(司猛) 홍흠손(洪欽孫)의 딸 정부인 남양홍씨다. 묘는 상달전(上達田) 양진암동(養眞菴洞) 유좌(酉坐)의 언덕에 있다. 둘째 부인은 진사 최계남(崔溪男)의 딸 정부인 화순(和順)최씨다. 묘는 남편의 묘 뒤에 있다. 아들 손경(孫儆)과 서자 손영(孫暎)을 두었다. 손중돈은 아우 망재(忘齋) 손숙돈(孫叔暾)과 함께 회재 이언적과 무극태극설에 대해 편지로 논쟁한 바 있다.

손숙돈은 진사를 거쳐 현량과(賢良科)에 급제해 회재의 제자로서 무극태극론에 대해서 토론한 바 있다. 자손이 없다. 손계돈의 호는 유곡(柳谷)이다. 금원형(琴元亨)과 강중묵(姜仲默)에게 시집간 두 딸은 자식이 없었고, 손소의 막내사위 이번(李蕃)은 이언적(李彦迪)·이언괄(李彦适) 두 아들을 두었다. 이언적은 의정부 좌찬성을 지냈고, 죽은 뒤에 영의정에 증직되었으며, 1610년(광해군 2)에 문묘에 종사되었다. 시호는 문원(文元). 호는 회재(晦齋). 이언괄은 찰방을 지냈다.

밀양 퇴로(退老) 가문 가계의 사회활동

퇴로 가문은 여주이씨다. 여주이씨는 인용교위(仁勇校尉)를 지낸 이
인덕(李仁德)을 시조로 하는 교위공파(校尉公派), 향공진사(鄕貢進士)
이세정(李世貞)을 시조로 하고 회재(晦齋) 이언적(李彦迪)을 현조(顯祖)
로 하는 경주파(慶州派), 이은백(李殷伯)을 시조로 하고 이규보(李奎報)
를 중시조로 하는 문순공파(文順公派)로 나누어져 있다. 이 중 여주이
씨 퇴로 가문은 교위공파에 속한다.

퇴로가문은 시조 이인덕의 9세손인 기우자(騎牛子) 이행(李行)의 후
손이다. 기우자 이행은 이성계의 고려왕조 찬탈을 사실대로 쓴 사초(史
草)를 고치지 않고 그대로 낸 강골이었다. 이행은 문과에 급제해 예문
관 대제학을 지냈으며, 그의 아들 적(逖)과 적(迹)은 각각 문과에 급제
해 직제학과 대사헌을 지냈으며, 원(遠)은 병조판서를 지냈고 뒤에 정
국공신(靖國功臣) 여천군(驪川君)에 피봉되었다. 그리고 이적(李逖)의 아
들 자(孜)는 양녕대군(讓寧大君)의 사위였고, 사위는 한기(韓起)였으며,
한명회(韓明澮)는 외손이었다. 이로 미루어 보아 기우자 이행의 가문은
려말선초에 명문가로 이미 발돋움하고 있었음을 알 수 있다.

그러다가 시조 이인덕의 13세손인 이사필(李師弼)이 밀양의 부호 유

자공(柳子恭)의 딸과 혼인함으로써 밀양에 정착해 단장면 무능리, 단정리, 사연리, 삼랑진 용성리 등지에 흩어져 살았다. 그 후 이사필의 아들 월연(月淵) 이태(李迨)와 이태의 조카 금시당(今是堂) 이광진(李光軫)이 문과에 급제해 가문을 빛냈다. 그리고 이사필의 5세손 장윤(長胤)은 만용(萬容)·만성(萬宬·만취(萬取)·만시(萬蒔)·만백(萬白) 등 5자를 두었는데, 퇴로가문의 조상은 막내인 만백이다. 그 후 시조의 25세손인 도원(桃源) 종극(鍾極)은 익구(翊九)·능구(能九)·명구(命九) 등 세 아들을 두었다. 이들 3형제는 1890년(고종 27)에 300여 년 살던 단장면 무능리를 떠나 북부면 퇴로리로 옮겨 왔다. 농장을 늘리기 위해서였다. 그런데 얼마 안 되어 이 들판에 가산저수지가 생겨 그 땅이 옥토로 변해 부자가 되었다.

이 중 항재(恒齋) 이익구는 성헌(省軒) 이병희(李炳憙)와 화하(華下) 이병수(李炳壽)를, 정존헌(靜存軒) 이능구는 도하(桃下) 이병규(李炳圭)와 율봉(栗峰) 이병원(李炳瑗)을, 용재(庸齋) 이명구는 퇴수재(退守齋) 이병곤(李炳鯤)과 남애(南崖) 이병표(李炳彪)를 낳았다.

항재 이익구는 성호학통의 성재(性齋) 허전(許傳)의 제자로서 실학적인 전통을 이어받아 복전역색(服田力穡, 밭을 갈고 농사를 열심히 짓는다)과 통상혜공(通商惠工, 장사와 수공업을 열심히 함)을 동시에 도모했다. 뿐만 아니라 역사에도 관심이 많아 『독사차기(讀史箚記)』를 짓기도 했다. 이러한 성재 이익구의 학문은 아들인 성재 이병희에게 전달되어 『조선사강목(朝鮮史綱目)』 14책을 저술하게 했다. 그리고 그 속편은 그의 조카 퇴수재 병곤에게 편찬하도록 했으나 일제하라 여의치 못해 완결되지 못했다.

또한 이 가문은 교육에 역점을 주되, 구학(舊學)과 신학(新學)을 다 같이 중시하는 신구병진(新舊竝進) 정책을 썼다. 이것은 각각 1천 석이 넘었던 항재 3형제의 경제력이 뒷받침되어서 가능했다. 항재 이익구는 1907년에 화산의숙(華山義塾)을 설립했다가 1910년 나라가 망하자 폐교되었다. 그러다가 1921년에 성헌 이병희의 종형제들이 사립보통학교인 정진의숙(正進義塾)을 세웠다가 뒤에 정진학교(正進學校)로 개명했으나, 일제의 탄압으로 1939년에 폐교되었다. 이 학교는 1945년 해방 후에 복교되어 화양국민학교가 되었다가, 1960년에 다시 정진국민학교로 개명되었다. 퇴수재 이병곤은 설립 이래 이 학교의 학감(學監)을 맡았고, 1920년부터 1934년까지는 교장을 맡았다. 1946년에는 정존헌 이능구의 손자 주형(周衡)은 밀양유도회를 중심으로 공립 밀양중학교를 설립했다.

교육에 있어서는 전통한학과 신교육을 동시에 강조해 싹이 보이는 자제들은 가숙(家塾)에서 전통학문을 교육시켰고, 그렇지 않은 사람들은 서울 등지에 유학시켰다. 그렇게 해서 배출된 인재가 성대 명예교수요, 대한민국 학술원 회원인 벽사(碧史) 이우성(李佑成)이요, 신교육을 받은 사람의 대표는 휘문교와 경성제국대학을 졸업한 이주형(그는 제헌국회의원을 역임했으며, 6·25 때 납북되었다)이다. 이주형을 따라 이병곤의 차자 이국형(李國衡)과 3자 이건형(李建衡), 남애 이병표의 장자 이택형(李宅衡)이 모두 휘문고를 나왔다. 이능구의 손자 이만형(李晚衡)의 차자 이양성(李良成)은 부산대학교 전자공학과 교수이다. 이국형의 차자 이두성(李湊成)은 고법의 부장판사이다.

한편, 1909년에는 향리에 동문사(同文社)를 설치해 『성호집(星湖集)』 50권 27책, 『항재집(恒齋集)』 10권 5책, 『독사차기(讀史箚記)』 8권 4책, 『만성집(晩惺集)』, 이용구(李龍九)의 『시문집(詩文集)』 2권 1책 등을 찍어냈다. 그 이외에도 사창(社倉), 정미소, 약포(藥鋪), 잠업제조소(蠶業製造所), 퇴로상점(退老商店) 등을 다양하게 경영해 향촌발전에 기여했다. 그리고 이병곤은 1906년~1948년까지 42년간의 『퇴수재일기(退守齋日記)』를 썼다. 그중 일부는 유실되었으나 약 22년간의 일기는 국사편찬위원회가 번역해 2007년 12월에 한국사료총서 제51호로서 상·하 2책으로 간행했다.

퇴로 가계를 소개하면 다음과 같다.

여주이씨 퇴로 가계

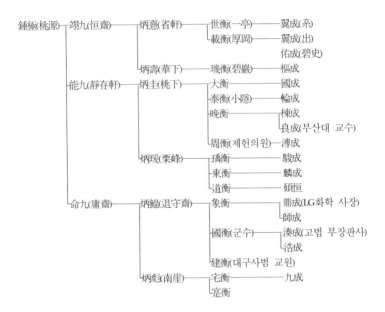

제3부

대담

조선 선비 갈림길에 서다

이성무 선생을 모시고

조선 선비 갈림길에 서다

학문과 법도로서 다스리는 나라, 선비의 나라 조선

세상을 정치의 중심에 놓고자 했던 정도전(鄭道傳)과 강력한 통치기반을 다지고자 했던 이방원(李芳遠)……. 조선의 운명을 가르는 사투를 벌인다.

오랫동안 임금 곁에서 충언을 아끼지 않았던 퇴계(退溪) 이황(李滉)과 때가 아님을 이유로 왕의 부름을 끝까지 거절한 남명(南冥) 조식(曹植), 주자학의 동반자였으나 서로 다른 삶의 방식을 선택한다. 조선을 위한 길을 찾고자 했으며, 조선을 위해 생을 바쳤던 선비들.

그들의 꿈은 조선이었으나 그 꿈을 향한 길을 함께 걸을 수 없었다. 결코 순탄치 않았던 역사의 고비마다 갈림길에 섰던 조선의 선비들.

역사의 갈림길을 좁혀나가며 하나 된 우리로 새로운 역사로 맞아야 한다.

갈림길에 선 선비들의 역사에서 배운다.

김갑수 안녕하십니까? 인문학 열전의 김갑수입니다. 조선시대를 뒤

돌아보지요. 그 시대 사회적 리더의 역할을 했던 조선의 선비들이 있습니다. 뭐 당연한 것이라고 생각할 수 있겠지만 엄청나게 대립·갈등을 해 왔던 역사를 우리는 알고 있습니다. 당쟁이라고도 하지요. 그 당쟁의 모습 속에서 서로 다른 리더십을 보여준 바 있었는데요. 역사의 고비 마다 다른 모습들이 어떤 의미를 지녔던 것인지 오늘 그 내용 속으로 들어가 보겠습니다. 그들의 충정이 있었을 것입니다. 올바른 선택이었던 경우도 있었겠지만 경우에 따라서는 후대에 비판의 대상이 될 수도 있습니다. 그분들의 삶의 이력을 통해서 오늘 우리는 지혜를 얻을 수 있을 것입니다. 잠시 후에 만나 보시지요.

조선시대 역사를 연구한 사람을 살펴볼 때 맨 앞에 이름이 있는 분입니다. 한국역사문화연구원장으로 계시고요 대한민국 학술원 회원이시기도 하지요. 이성무 교수를 모시겠습니다.

선생님 안녕하세요?

이성무 안녕하십니까?

김갑수 뵙게 되어서 기쁩니다. 조선시대를 얘기할 때 선생님 성함을 참 많이 듣게 되는데, 오늘 하나하나 질문을 드리겠습니다마는 큰 틀에서 도대체 세계사적으로 또 우리나라 역사의 긴 흐름 속에서 조선시대가 어떤 시대였다고 보십니까?

이성무 첫째는 문치주의를 들 수 있습니다.

세계에서 아마 붓 빠는 선비들이 정권을 잡은 역사는 거의 없었다고 생각됩니다. 있어도 중국, 한국 정도지요. 또 문치주의에서는 중앙집권체제를 선호합니다. 정치기술이 많이 발달했기 때문입니다. 그래서 무치주의를 영위해 온 서구나 일본과는 다릅니다. 무치주의에서는 봉건제(封建制), 장원제(莊園制)와 같은 분권주의가 유행했지요. 또 더 한 가지를 보탠다면 도덕국가를 들 수 있습니다. 개인의 도덕성만 갖추어지면 국가와 사회의 안정이 저절로 된다는 것입니다. 그런 생각들을 가지고 있었던 아주 희귀한 나라라고 할 수 있습니다.

김갑수 좀 억지로 끌어다 대는 것 같지만 플라톤의 철인정치 시대와 유사한 모습이네요.

이성무 상당히 접근되어 있는 생각이라고 보여집니다.

김갑수 문신들이 통치의 주역이었으니 논쟁이 많고 시끌벅적했겠네요. 문신들이 말 잘하고 글 잘 쓰는 사람들이었으니까요.

이성무 논쟁만 많았던 것이 아니라 다 기록으로 남깁니다. 무인정치에서는 한 번 칼을 쓰면 끝나지만 문신정치에서는 토론을 통해 정책을 정하는 여론정치였기 때문에 말이 많습니다. 결국 말 가지고 싸우는 것입니다. 이것을 가지고 문제 삼으면 안 됩니다. 동서고금(東西古今)을 막론하고 권력투쟁이 없는 때가 있었습니까? 말과 글로 싸우면서 500년 왕조를 유지해 온 것은 상당한 노하우가 있는 것으로 봐야 합니다.

김갑수 문치주의에는 여러 요소가 있다고 하더라도 우리는 긍지로 삼을 수 있겠습니다. 프랑스·영국 같은 데서는 궁전 내에서 칼을 막 휘두르지 않았습니까?

이성무 조선시대 당쟁으로 죽는 사람은 수십 명 안쪽입니다. 대개 귀양보내거나 관직에서 사퇴시키는 것이 고작이지요. 그런데 그런 내용들이 시시콜콜히 기록으로 남기 때문에 당쟁이 가혹해 보이는 것입니다. 영국에서 토리당과 휘그당은 길에서 만나면 펜싱을 해서 서로 찔러죽이지 않았습니까? 그런데도 일제 식민사학자들은 조선의 당쟁이 우리 민족의 고질적인 분열성에서 말미암았다고 매도했습니다.

김갑수 지금 말씀하신 바와 같이 문신들은 당파를 지어 서로 싸우

지 않았습니까? 역사에 대한 깊은 이해가 없어도 동인·서인·
남인·북인·노론·소론 등 많은 당파로 갈려 있었다고 알고
있는데, 그 계보를 이해하려면…….

이성무 저는 이렇게 봅니다. 당쟁이란 사림정치(士林政治)의 부산물
이다.

김갑수 네.

이성무 사림정치라는 틀은 좋은 것입니다. 사림들이 여론을 수합해
서 왕권과 재상권을 견제하면서 선비들의 여론정치를 했기 때
문입니다. 중국같이 정복왕조가 많아 황제권이 강한 나라에서
는 당쟁이 생길 수가 없습니다. 붕당(朋黨)을 지어 당쟁을 하는
것은 황제권에 도전하는 것이기 때문입니다. 그런데 조선은 임
금은 약하고 신하는 강한 군약신강(君弱臣强) 체재여서 금령을
무시하고 당쟁이 생긴 것이지요. 사림파(士林派)가 막강한 훈구
파(勳舊派)와 싸울 때는 단결되다가 선조조에 사림이 승리하자
자기들끼리 분열해 당쟁이 생긴 것입니다.

김갑수 그러니까 훈구파라 함은…….

이성무 수양대군(首陽大君)의 계유정란(癸酉靖亂) 이후 여덟 차례의
공신 250여 명이 책봉되는데, 저는 그들을 훈구파라고 봅니다.
이들이 정권을 독차지해 부정부패를 저지르니 재야의 사림들
이 언론권을 장악해서 이들을 공격했습니다. 4대 사화는 훈구
파들이 이들 사림파를 핍박한 사건들입니다. 그런데 선조 때가
되면 훈구파들이 물러가고 사림파가 정권을 잡게 됩니다. 훈구
파들이 늙어죽고 윤원형 같은 권신도 제거되어 완전히 사림의
시대가 됩니다. 선조가 장가를 가지 않아 외척도 없었습니다.
　　그런데 사림이 정권을 잡으니까 사림이 분열되어 붕당이 생
기고 붕당 간에 당쟁이 벌어지게 된 것입니다. 처음에는 선배

사림과 후배 사림이 갈려 동인과 서인으로 나누어졌습니다. 그
중에 동인이 우세해지니까 동인이 다시 남인과 북인으로 갈렸
습니다. 남인은 퇴계(退溪) 제자, 북인은 남명(南冥) 제자들이
많았습니다. 그런데 북인이 임진왜란 때 의병을 많이 일으켰기
때문에 광해군조에 정권을 잡았습니다. 그 다음에는 인조반정
으로 서인이 정권을 잡았습니다. 서인은 북인이 권력을 독점하
다가 망한 것을 보고 소북 등 온건파를 모아 관제야당인 남인
을 만듭니다. 그러나 그 남인이 예송(禮訟)을 일으켜 숙종대에
는 서남당쟁이 심해져 나라가 망하게 생겼습니다. 이에 군주권
을 강화시키고 4색당파(실제로는 노·소론)를 고르게 쓰는 탕
평정치가 대두하게 되었습니다. 정조 때에는 군주도통론을 내
세워 정국이 사도세자를 동정하는 시파(時派)와 동정하지 않는
벽파(僻派)로 나뉘었으나 순조조부터는 탕평당 출신의 외척세
도정치가 대두되었습니다.

김갑수 이제 구체적인 내용으로 들어가겠습니다. 조선조가 열리면서
두 인물을 기억하게 됩니다. 정도전이란 인물이 조선의 기초를
닦았다고 배웠구요, 이방원이 정도전을 죽이고 왕권을 강화했다
고 알고 있습니다. 그런데 그 이후의 흐름은 이방원의 뜻과 같
이 절대왕정으로 흐른 것이 아니고, 사대부 정치시대로 흘러갔
단 말이죠. 오히려 정도전의 이상이 구현된 것이 아닐까요?

이성무 그런 측면이 있습니다.
지금 조선 건국을 그렇게 보거든요. 군인은 주먹은 세지만
머리가 안 되지 않아요? 그러니까 국가를 건국(Nation Building)
하는 데는 문관들의 힘이 필요합니다. 제도나 체제를 만들어야
합니다. 그 틀을 정도전이 짠 것이지요. 세계 역사에서도 이런
사람은 그리 흔치 않습니다. 하나의 나라를 설계한다는 것은

쉬운 일이 아니지요. 정도전이 지은 책을 보면 대단히 해박한 지식을 가지고 있던 사람이라는 것을 알 수 있습니다. 소신이 있고, 그 소신 뒤에는 이론이 있었어요. 그러니 결국 정도전의 아이디어를 쓰지 않을 수 없었던 것이지요.

조선왕조 500년, 우리가 만나고 있는 조선은 이들의 대립과 갈등을 토대로 해서 한 고비 한 고비를 지나 역사를 완성해 왔다. 그들의 이름은 선비. 때로는 경쟁자였고, 때로는 맞수이 자 동지였던 그들이 만들고자 했던 것은 바로 꿈의 조선이었 다. 그러나 그들이 지향했던 조선은 달랐다. 다름이 그들을 겨 루게 했으며, 한 쪽은 권력을 쥐었고, 다른 한 쪽은 사지(死地) 로 몰렸다. 그래서 우리는 그들의 충성심을 폄하하지 않는다. 그 당시에는 패자였으나 긴 역사 속에서 승자로 평가되는 이 도 있었으며, 당시에는 권력자였으나 뒤에는 스스로 징계해 초 야에 묻힌 선비들도 있었다. 그들이 지금 역사 속에서 걸어 나 오고 있다.

김갑수   네. 이제 본격적인 당쟁의 시대로 들어가 보도록 하겠습니다.
우선 떠오르는 것이 위대한 개혁가인지 망상가였는지 모르 겠습니다만 조광조(趙光祖)란 인물이 떠오르게 됩니다. 그리고 남곤(南袞)은 스스로 회한의 유언을 남긴 바가 있지요. 바로 조 광조를 죽음에 이르게 한 일, 그것과 더불어서 남곤이 자신의 행적 자체를 유언을 통해서 이렇게 후회하고 있습니다. 제가 잠시 읽어보겠습니다.

"내가 허명으로 세상을 속였으니 너희들은 부디 이 글을 세 상에 전파시켜 나의 허물을 무겁게 하는 일이 없도록 하라! 내 가 죽은 뒤 비단으로 염습하지 마라! 평생 마음과 행실이 어긋 났으니 부디 시호(諡號)를 청하지 말고 비석도 세우지 마라!"

유언으로 이런 말을 남겼다는 것은 쉽지 않은 일인데, 얼마나 한이 맺혔으면 이렇게까지…….

이성무 시대에 역행하는 행위를 했기 때문에 용서받을 수 없다는 것을 스스로 많이 느낀 것이지요.

김갑수 제가 어디 검색을 하다가 발견했는데 남곤의 자손이라는 분입니다.

"남곤의 글을 한 줄이라도 찾아보았으면 좋겠으니까 찾아봐 주십시오" 했더니 거기에 답변을 올린 글 중에 진짜 후손이 다 태워버려서 한 글자도 남아있지 않다는 것이에요. 아주 놀랍더군요.

남곤이 제거했던 조광조라는 인물…….. 볼 수 있는 자료마다 너무나 상반된 얘기를 하기 때문에 잘 모르겠거든요? 조광조가 도대체 무엇을 하려고 했고, 또 어떤 인물인지 선생님의 평가와 판단은 어떠신지요?

이성무 조광조는 경기도 사람입니다마는 사실 영남에서 올라오는 새로운 사림들의 대표로 부각되었는데 뜻은 높지만 학문은 그리 깊지 못했던 것 같아요. 퇴계나 율곡이 그렇게 평하고 있어요.

김갑수 리더십도 상당했던 것 같아요. 성균관 유생들의 적극적인 지지를 받기도 했고요.

이성무 우선 말을 논리적으로 잘하고 목숨을 걸고 말을 해요. 지치(至治)를 하면 사회는 저절로 잘 된다는 것이지요. 국방, 경제 같은 것보다 사람의 마음을 잘 다스리면 모든 것이 따라서 잘 된다. 그러니 왕이 솔선해서 마음공부를 힘써야 한다는 것이에요. 왕도 그렇게 하지 않으면 안 된다는 것입니다. 그리고 패거리를 모아 밤새도록 주장하는 것이지요.

김갑수 괴로웠겠군요.

이성무   그러니까 훈구파들이 이를 악용해 조광조를 모함해 왕과 갈라놓은 것이지요. 그래서 조광조가 죽게 돼요. 지지기반을 생각지 않고 과격하게 개혁을 서두른 것이 화근이었어요.

김갑수   아……. 지금 선생님의 설명이 사실 시기별로 흘러 내려오고 있는데요…….

    지금 거듭 언급하고 있는 것이 중종 때의 사화인데 선조대의 율곡의 십만양병설로 얘기를 옮겨 가지요. 율곡 이이(李珥)와 유성룡(柳成龍)과의 사이에 십만양병설에 대해서 말씀해 주시지요.

이성무   율곡은 사림의 대표입니다. 그분도 칼칼한 성격이어서 생각을 직설적으로 말하는 거예요. 뜻은 좋으니 유성룡도 찬동하지만 실천에 옮기려고 하면 반대하는 거예요. 너무 급진적이고 과격해서 기묘사화와 같은 불상사가 일어날지도 모른다는 우려 때문이지요. 그래서 율곡은 서애를 인정은 하지만 늘 유감으로 생각했어요.

김갑수   율곡 쪽에서요?

이성무   율곡 쪽에서…….

    지금 율곡식으로 급작스럽게 개혁 드라이브를 걸면 뜻은 좋으나 부작용이 생긴다는 것입니다. 결국 나중에 임진왜란이 일어나자 유성룡의 시대가 오는 것이지요.

김갑수   난세에 영웅이 난다는 것이지요.

이성무   임진·병자난 때 조선이 운수가 좋았는지 인물이 많이 났어요. 유성룡 말 중에 우리가 망하지 않고 살아남은 것은 '하늘'이라고 그랬어요. 이순신(李舜臣)이 기상천외의 훌륭한 활약을 했고, 그 이순신을 유성룡이 기용하지 않았습니까? 만약 이순신이 남해바다를 막지 못했으면 왜군이 군량을 싣고 평양으로 가거나 중국으로 갔을 터인데, 그렇게 되었으면 선조가 포로가 되었거나 명의 원병(援兵)이 올 수 없었겠지요. 당시 일본군은 세계 최강이었습니다. 그런데 외교문서를 보니까 기가 막혀요. 만약 원병을 보내지 않고 어물어물하면 조선군이 다 왜군으로 바뀌어 명나라로 쳐들어 갈 것이라고 했어요. 거의 협박조지요. 명나라는 전쟁을 조선에서 해야지 왜군을 국내로 불러들여서는 안 된다는 생각에서 마지못해 원병을 보낸 것입니다.

김갑수 우리가 일본에 투항해서 너희들을…….

이성무 그럼요. 반은 협박이지요. 그러니까 명나라 군대가 우리를 위해 왔다기보다는 자기들을 위해 온 것이지요. 유성룡은 임진왜란이라는 국난을 통해서 명 재상이 된 것이지요. 만약 국운이 다했다면 그것으로 조선은 끝장이 났을 거예요. 왜군에 의해 초토화되고도 왕조가 계속된 것을 보면 국가를 지탱하는 어떤 에너지가 있었던 것이 아닌가 합니다. 명나라와 도요토미 히데요시는 망했는데 말입니다.

김갑수 자! 이제 선조대를 지나와서…….
      그 다음 등장하는 강력한 인물로 최명길(崔鳴吉)이 있지 않습니까? 그동안 우리는 최명길을 간신배로 생각해 왔고 그 반대파인 김상헌(金尙憲)은 충신으로 여겨왔지요. 최명길은 주화파(主和派)고, 김상헌은 척화파(斥和派)였지요. 그런데 주화파는 줏대도 없고 국가의식도 없는 사람들이었을까요? 여러 가지 혼란스러운 생각이 듭니다. 이제는 정통 역사학자께서 이 두 입장이 무엇을 의미하는 것인지를 명쾌하게 규명해 주셨으면 합니다.

이성무 제가 오늘 분명하게 말씀드리겠습니다. 우선 김상헌의 생각이 당시의 일반적인 생각입니다. 김상헌만 그런 주장을 한 것이 아닙니다. 모두 그랬어요. 왜냐하면 조선왕조의 가장 큰 명분이 존명사대(尊明事大)였고, 임진왜란 때 명나라가 원병을 보내 구해 주었으니 그 명나라의 원수인 청나라와 타협할 수 없다는 것입니다.

김갑수　지금 말씀은 청은 명나라를 겁박하는 오랑캐다. 이들과 싸워야 한다는 것이 일반론이었네요. 김상헌의 주장이 당시에 대세였다.

이성무　최명길도 그런 생각입니다. 그러나 아무리 명나라를 위하는 것이 중요하다고 해도 나라를 구한 다음에 명나라를 위해도 위해야 한다는 것입니다. 위명(爲明)은 해야 하지만 존국(存國)을 한 연후에 해야 한다는 것입니다.

김갑수　자주적 태도냐 비굴한 태도냐로 볼 문제가 아니라는 말씀이네요. 최명길이 화친을 주장한 것은 적에게 투항하자는 굴종적인 입장이라기보다는 일단은 여러 형세를 보건대 우리가 생존하고 봐야 하지 않느냐는 현실주의적인 입장이네요.

이성무　그렇습니다.

이성무　선생님! 그곳이 아직도 편치만은 않지요?

최명길　그렇습니다. 화의의 덕을 강조한 나를 여전히 자존심 없는 선비로 여기는 사람들도 있더군요. 이성무 교수께서도 그렇게 생각하십니까?

이성무　전 우리의 생이, 우리의 선택이 대나무 같지만은 않다고 생각합니다. 틈 없이 부러지는 대나무 같다면, 어찌 좌와 우가 맞닿아 같이 살 것이며, 윗사람과 아랫사람이 서로 화해하고 살겠습니까?

최명길   당시 저는 척화론이 우세했다는 것을 압니다. 저는 외롭고 고독했습니다.

이성무   어느 쪽이 옳다는 것은 아닙니다. 단 척화를 주장한 사람들이 소리 높여 외치지만 말고 군대를 정비하거나 냉정하게 그 후의 일을 도모했어야 하지 않았을까요.

최명길   이 교수님! 저는 그렇습니다. 스스로의 역량을 돌아보지 않고 큰소리를 일삼아 견양(犬羊)의 노여움을 촉발시켜 생령을 도탄에 빠트리고 종사(宗祠)를 위기로 몰아넣는 것은 죄악이라고 생각합니다. 조선의 최우선 과제는 생존이었습니다.

이성무   네. 그 뜻은 알고 있습니다. 생존을 위해 선생께서는 목숨까지 걸었지요. 그동안 화친을 주장해 청이 선생을 믿게 해 그들을 만나 시간을 끌고, 그 사이 인조 임금을 남한산성으로 피신시키지 않았습니까?

최명길   죽이려고도 하더군요. 하지만 사신을 먼저 죽일 수 없다는 입장이었습니다.

이성무   그리고 선생님과 김상헌 선생님이 청나라 옥사에 함께 갇히신 적이 있으시지요? 사형수로 무려 4년이나 같이 계셨다고요?

최명길   그렇습니다. 제가 그때 이렇게 말했습니다. 그대 마음 돌 같아서 돌리기 어렵고, 나의 도(道)는 가락지 같아 경우에 따라 믿음이 바뀌기도 한다오. 저는 그 사람을 존경했어요. 그저 이름을 내려고 척화의 입장을 택한 것이 아니라 의리를 존중해서였다는 것을 알았습니다.

이성무   네. 그분, 끝까지 의리를 지켰지요. 옥에서 풀려나오면서도 청에서 서쪽에 있는 황제에게 절하라고 했지만 끝까지 하지 않았지요.

최명길   저는 일이 잘못될까봐 저 혼자 4배를 했습니다. 이성무 교수! 제가 머리를 굽히기 좋아서 절을 했을까요? 다시 분란을 만들고 싶지 않았습니다.

국가의 생존을 위해 우리는 무얼 해야 할까……?

이성무 교수! 저는 아마도 그때와 같은 일이 똑같이 벌어져도 그렇게 할 것입니다.

국가가 살아야 백성이 사는 것 아닙니까?

이성무　네. 선생님의 공헌은 제대로 평가되어야 한다고 생각합니다. 울분은 내려놓으시지요. 당신의 얼굴에 피어 있을 눈물꽃은 이제 그만 기울게 하시지요. 저희 역사가들이 잘하겠습니다.

최명길　이성무 교수! 공과를 가려달라는 말은 아닙니다. 그저 나의 충정만은 알아달라는 것이지요. 이 늙은 선비의 바람입니다.

김갑수　네. 최명길과의 대화였는데 선생님 만약에 상대편 김상헌을 만나면 어떤 이야기를 해 주고 싶습니까?

이성무　저는 늘 최명길이나 김상헌이나 개화파나 수구파나 각각 일리가 있다고 생각합니다. 그것을 너무 일도양단해서 한쪽은 성인 같고, 한쪽은 틀려먹었다고 재단하는 것은 곤란하다고 생각합니다. 그렇게 되면 영원히 의견이 합치되지 않고, 의견통일이 되지 않아서 결국 국론분열과 국가의 멸망을 초래하는 것이 아니냐라고 생각해 보았습니다.

김갑수　같은 주자학의 동반자라고 할 수 있을 텐데요. 퇴계 이황 선생님과 남명 조식 선생님. 이 두 분은 두말할 나위 없이 조선조 전체에 걸쳐 위대한 존재라고 할 수 있는데, 이 기회에 퇴계 선생과 남명 선생에 대한 개괄적인 설명을 좀 해 주시지요 그들의 대립점이 어떤 것인지 궁금합니다.

이성무　우선 남명은 서울 사람이었습니다. 그 아버지가 작은아버지와 함께 문과에 급제해 벼슬살이를 했고, 영의정 이준경(李浚慶)과도 친구였습니다. 산에서 같이 공부했지요. 친구들 등 거물들이 많아요.

김갑수 연고로 볼 때에는 최적의 조건을 갖추고 있었네요.

이성무 아 그럼요. 남명이 서울의 관료집안 출신인데 비해, 퇴계는 안동 시골 사람이었어요. 퇴계의 조상이라고 해 봐야 그렇게 현달한 사람이 없었어요. 퇴계는 당대에 발신해 명문대가가 된 것이지요. 그런데 남명의 삼촌이 기묘사화에 죽었어요.

김갑수 아! 남명 선생의······.

이성무 남명은 나갈 때가 아니라는 것이지요. 지금 독재자 윤원형이 권력을 잡고 있고, 문정왕후가 수렴청정하고 있는데 나가봤자 내 뜻을 펼 수 없다는 것이지요.

김갑수 그러니까 현세에 대한 비판의식도 있었지만 사세를 보니 내가 나가봤자 별수 없다.

이성무 남명은 나가면 하는 것이 있어야 하고(出則有爲), 물러나면 지키는 것(處則有守)이 있어야 한다는 것이지요. 지금과 같은 혼란한 정국에는 나가서는 안 된다는 것입니다. 반대로 퇴계는 일부 독재자가 있기는 하나 왕이 도학을 펴보려고 하니 나가서 도울만 하다는 것이지요. 그래서 참여는 하되 되도록 물러나서 학문에 몰두하고 제자를 양성하고 싶어 했지요. 남명은 처사(處士)였는데 비해 퇴계는 37년간이나 관직생활을 한 과거 관료(科擧官僚)였으니까요.

명종 10년, 1555년에 남명 조식이 올린 단성현감(丹城縣監) 사직소 (···전략···) 임금의 정치가 이미 그릇되었고, 나라의 근본이 이미 망했으며, 하늘의 뜻이 이미 떠났고, 인심이 이미 이산되었습니다.

문정왕후는 생각이 깊지만 한낱 궁중의 과부에 지나지 않고, 명종은 유충(幼沖)해서 다만 선왕의 일개 고단한 후계자일 뿐이니, 천재(天災)의 빈발과 인심의 여러 갈래를 어찌 감당할 수 있겠습니까? 아래로 소관(小官)이 주색(酒色)으로 희희낙락하고, 위로는 대관(大官)이 뇌물을 받아 챙기고 있어 백성들을 착취하느라 여념이 없는데, 나와 같은 하잘 것 없는 신하가 무엇을 어찌 하겠습니까? 지금이라도 전하께서 마음을 바로잡고 서정을 쇄신하신다면 그때 가서 도울 수 있으면 돕겠습니다.

김갑수　퇴계 선생과 남명 선생의 삶의 자세가 달랐는데, 그 배경에는 현실주의적인 판단이 작용했다는 것이군요. 이것이 더 사실에 가까웠겠지요. 실은 이 문제가 어떻게 이어지느냐 하면 우리는 퇴계와 율곡의 주장을 정통으로 보지 않습니까? 이것이 송시열 대에 와서 거의 교조주의 수준으로 바뀌어 갔고, 특히 주자학적 이상이 논쟁적 철학이 아니라 현실정치를 좌지우지 하게 되면서 문제를 낳은 것이 아니냐. 지금 젊은 학자들은 또 다른 입장을 가진 사람이 많은데, 선생님께서 하나하나 판정을 내려 주시기 바랍니다. 우선 송시열에 대해 어떻게 생각하십니까?

이성무　저는 송시열을 높이 평가합니다. 왜냐하면 송시열만큼 세치 혀를 가지고 주자학을 이데올로기로 삼아 정국을 자기 뜻대로 좌지우지한 사람이 없습니다. 이데올로그로서는 대단한 능력이 있는 사람이지요.

김갑수　지금 말씀하신 것은 이데올로기가 아니라 이데올로그입니다. 일종의 체제이론을 개발하는…….

이성무　그렇습니다. 원래 송시열의 이론은 퇴계의 이론에서 왔는데,

송시열이 정치에 도입한 것이지요. 송시열은 두 가지 국시(國是)를 내걸었어요. 하나는 주자학 지상주의이고, 다른 하나는 북벌론이었지요. 송시열은 주자가 앓은 병을 알았다고 영광스럽게 생각할 정도로 주자를 존경했고, 정묘·병자호란으로 청나라 사람들에게 피해를 입지 않은 사람이 없으니 북벌론을 슬로건으로 내걸어 민심을 획득한 것이지요.

김갑수 지금 선생님의 말씀을 해석해서 들어야 하거든요. 북벌론은 허황한 주장이고 사실은 그것을 이용해 정권을 장악했다는 것이네요.

이성무 이데올로기를 내걸어 정권을 차지한 것이지요.

김갑수 아니. 효종의 북벌론 뒤에는 송시열이 있던 것이 아닙니까?

이성무 효종과 송시열의 북벌론은 다릅니다. 동상이몽(同床異夢)이지요.

김갑수 다르군요.

이성무 둘 다 실제로 청나라를 정벌할 힘도 뜻도 없었어요. 왜냐하면 10만 양병을 해서 북벌을 한다는 것인데, 당시 청나라는 군인국가이고 200만의 강군을 가지고 있었거든요. 대적이 안 되는 것이지요. 그런데도 효종은 북벌운동을 통해서 양병(養兵)을 해서 왕권을 강화해 보자는 것이고, 송시열은 양민(養民), 즉 백성을 배불리 먹인 다음에 청나라를 쳐들어가자는 것이었지요. 조선은 농업국가이고 가난한 나라인데 어느 여가에 잘 먹고 잘살 때가 오겠어요. 다 자기들의 속셈을 차리기 위해 내건 슬로건일 분이지요.

김갑수 언제 백성이 배불리 먹는 세상이 와서 청나라를 쳐들어⋯⋯.

이성무 큰 소리를 쳐가며 청나라를 쳐들어갈 태세를 보였지만 속셈은 달랐지요.

김갑수 그런데 송시열은 일세를 풍미한 정치인인데, 83세의 고령으로 사약을 받고 세상을 떠나지 않았습니까? 어떤 일로 사약까지 받게 되었나요?

이성무 윤휴(尹鑴)라는 인물을 알아야 송시열의 죽음을 이해할 수 있어요.

김갑수 윤휴라는 존재…….

이성무 윤휴는 어렸을 때부터 이름이 많이 났어요. 경전에 밝고 모르는 것이 없어서 송시열이 젊었을 때 삼산에서 윤휴를 만나 보고, 친구 송준길에게 우리 30년 공부가 헛공부라고 할 정도로 감탄했어요.

김갑수 요즘 말로 엄청난 내공을 지닌…….

이성무 그러나 윤휴가 『중용』을 주자와 다르게 해석한 것을 보고 여러 번 재고해 줄 것을 요청해 보았습니다. 그러나 윤휴는 주자도 훌륭한 분이지만 나도 경전을 해석할 수 있는 것 아니냐면서 버텼어요. 그래서 두 사람은 급전직하로 갈라서게 된 것이지요. 그래서 송시열은 윤휴를 사문난적(斯文亂賊)으로 몰았어요. 일종의 파문이지요. 그 이후 두 사람은 당을 달리하게 되었어요. 송시열은 서인, 윤휴는 남인의 이론가가 된 것이지요. 송시열은 늘 내가 윤휴의 손에 죽으면 영광이라고 했어요. 과연 예송(禮訟)이 일어나서 서남당쟁 통에 두 사람이 다 죽게 된 것이지요.

　효종이 죽었을 때 윤휴는 조대비(趙大妃, 인조의 계비)의 상복을 왕조례(王朝禮)의 특수성에 따라 3년으로 해야 한다고 했고, 송시열은 사대부례(士大夫禮)와 마찬가지로 1년으로 하자고 했어요. 그런데 송시열의 말 중에 효종이 장자가 아니고 서자(庶子)이기 때문에 상복을 1년만 입어도 된다는 부분이 있었습니다. 남인 허목(許穆)이 이것을 물고 늘어졌어요. 효종을 서자

라고 하면 되느냐고요. 서자라는 말에는 중자(衆子, 적자 중 장
자 이외의 아들)라는 뜻과 첩자(妾子)라는 뜻이 다 같이 내포되
어 있었어요. 송시열은 전자로, 허목은 후자로 해석했습니다.
그러나 남인들은 송시열이 효종을 첩자라고 했다고 공격했어
요. 이 말 때문에 숙종 때 송시열이 사약을 받게 된 것이지요.
물론 송시열이 직접 윤휴의 공격을 받고 죽은 것은 아니지만
두 사람이 서인과 남인의 이론가이니 윤휴 때문에 죽었다고도
할 수 있지요.

김갑수 지금 우리 관념으로 보면 참 어리석은 논쟁 같거든요? 왕을
중자로 보느냐 첩자로 보느냐는 논쟁이 무엇이 그리 중요합니
까? 그저 이상한 깃털 하나가 위에 있느냐 아래 있느냐 하는
것 가지고…….

이성무 그것은 요즘 관점이고. 그것이 문치주의 국가의 권력투쟁의
방법이에요. 그 논쟁에 지면 정권이 날아가니까요.

김갑수 그것이 권력투쟁이었겠지요.

이성무 그 논쟁에 이기면 정권이 돌아오는 것입니다.

김갑수 예. 이어지는 것이 우리에게는 너무나 익숙한 다산(茶山) 정
약용(丁若鏞) 선생입니다. 정약용 선생은 우리에게 많이 알려져
있지만 정약용의 맞수로 심환지(沈煥之)가 있더군요. 이 두 사
람 간의 쟁패에 관해 좀 말씀해 주시지요.

이성무 정조가 왕위에 오르고 보니까 노론 때문에 되는 일이 없었
어요. 그래서 탕평정책을 써 사색을 고루 등용한다는 명분하에
남인 신진학자들을 기용하고자 했어요. 그중에 힌 사람이 정약
용입니다. 그런데 정약용의 주위에는 천주교 신자들이 많았고,
정약용도 천주교에 경도되어 있었어요. 그리고 성균관 유생으
로 있을 때 시험마다 1등을 했으나, 막상 문과에는 계속 낙방

하는 거예요. 그래서 정조는 심지어 무과라도 보라고 했어요. 할 수 없이 성균관 시험에 여러 번 1등한 사람을 직부전시(直赴殿試)하는 길을 이용해 겨우 문과에 급제합니다. 이에 노론은 정약용을 차세대 남인 대표로 생각해 그를 천주교 신자로 몰았어요.

김갑수　노론 벽파가 정약용을 죽이려……

이성무　정조가 살아있을 때는 그래도 보호해 주었는데 정조가 죽자 노론 벽파들이 신유사옥(辛酉邪獄)을 일으켜 정약용을 강진으로 귀양 보냈어요. 그런데 그곳이 그의 외가여서 외가의 책을 빌려다가 열심히 공부했어요. 처음에는 강변 늙은 과부의 술집에 방을 빌려 있었는데 밤이면 책상을 치면서 울분을 토했어요. 내가 어쩌다 이 지경이 되었나? 생명이 경각에 달려 있구나. 그래서 하늘과 가까운 공부인 『주역』 공부를 시작했어요. 그리하여 천주교의 천주(天主)와 고대유교의 상제(上帝)를 연결시켜 경전을 재해석했습니다. 그러니 참신한 해석이 나올 수밖에 없었습니다. 이것이 다산 실학이라고 생각합니다. 천주교 용어는 쓰지 않지만 해석은 그 관점에서 한 것이지요.

김갑수　오늘 언급된 많은 사람들……

　물론 논의의 필요에 의해 무신들이 없지는 않습니다만 그야말로 당시의 엘리트들이 아닙니까? 선생님은 조선조를 이끈 이들 엘리트들의 리더십을 어떻게 평가하십니까?

이성무　아마 21세기가 그런 시대라고 봅니다마는 정치란 개인의 심성을 어떻게 수양하느냐에 달려 있습니다. 지금은 서구 중심 사회이니까 과학, 합리성, 이런 것들이 중시되었지만 앞으로는 그렇지 않을 것 같아요. 왜냐하면 제일 중요한 것은 인간의 마음이거든요. 이 마음을 잘 다잡아야 부정부패도 막고, 시비도

줄고, 범죄도 없어질 것입니다. 그러니 21세기에는 심성수양이 다시 각광을 받을 것입니다.

김갑수 네. 이제 낭독의 의미를 함께하는 울림 있는 인문학 순서입니다. 오늘 조선조의 왕이 아닌 통치의 근간이 되었던 집권 엘리트들의 이야기를 쭉 나누고 있습니다.

대체로 의견의 대립은 양립할 수 없는 경우가 많다. 그러나 서로 격론을 벌이다 보면 이견이 좁혀질 수도 있다. 객관적인 상황이 바뀌거나, 정파의 힘이 차이가 나거나, 나라를 위해 타협하지 않을 수 없을 때 그러하다. 그런 면에서 자기주장만 고집하기 보다는 이견을 조율하는 것이 더 중요하다. 정국을 이끌어 가는 지도자는 이러한 이견조율을 잘 할 수 있는 사람이어야 한다. 이것은 명분과 실리의 조율일 수도 있다. 어떤 의견이고 다른 사람들의 지지를 받으려면 그 주장이 객관적이어야 하고, 합리적이어야 한다. 이 때문에 선비들의 갈등과 대립은 그 나름대로의 타당성을 내포하고 있으며, 조절될 가능성이 있다. 조절의 리더십이 있는 이상 나라는 망하지 않으며, 정파는 무너지지 않는다. 우리는 이러한 선인들의 지혜를 배워야 한다.

김갑수 오늘 선생님의 말씀을 들으면서 계속 제가 느꼈지만 조선조의 얘기가 옛날 얘기가 아니라는 생각이 들었습니다. 조선조의 상황을 자세하게 알면 알수록 오늘 우리가 어떤 신택과 판단을 해야 하는지를 알 수 있다고 생각합니다. 그리고 선생님께서 남명 조식이나 누구이거나 추상적인 존재가 아니라 어떤 취향을 가졌고, 어떤 사람과 친했고, 누구와 왜 다투었는지 하는 현실적인 존재라는 것을 알려 주셨습니다. 지금 이성무 선생님을 통해서 조선의 기라성 같은 인물들을 현실감 있게 느끼게 된 점 아주 귀한 시간이었던 것 같습니다. 앞으로도 그런 방식의 역사 쓰기를 계속하실 것으로 믿고 또 좋은 연구성과가 있으시기를 바랍니다.

- <인문학 열전> 제89회, 한국정책방송(KTV), 2010

이성무 선생을 모시고

인문학을 통한 정체성 확립 필요

김동현[*] 한국역사문화연구원에 대해 소개 부탁드립니다.

이성무 제가 2003년에 국사편찬위원장과 한국학중앙연구원 교수직을 그만두면서, 고령화 사회로 들어서는 시기에 사회 구성원들의 정신적 지표를 정립시키기 위해 연구원을 설립하게 되었습니다. 그런데 역사만으로는 범위가 협소해서, 인문학 전반을 포함하고자 '한국역사문화연구원'이라는 기관을 만들었지요. 우리 세대는 열심히 일해서 세계 6번째로 가난했던 나라를 세계 10위권의 경제대국으로 만들었는데, 그 사람들이 지금 현직에서 물러나고 있습니다. 이 사람들이 정년 후 과연 어떤 삶을 살아야 할 것인가에 대한 고민을 해야 합니다. 인문학, 역사문화로 폭을 넓혀 그 사람들과 인생사와 관련된 이야기를 하고 싶었습니다. 지금까지 밥벌이 하느라고 정신 못 차리고, 자기가 누구인지, 우리가 누구인지, 국가와 민족이 무엇인지에 대해 생각할 겨를이 없이 일만 해온 사람들에게, 자신의 존재의

---

[*] 사단법인 한국어문회 『어문생활』 편집인.

식을 일깨워 주자는 취지였습니다.

김동현 한국역사문화연구원의 교육과정을 말씀해 주십시오.

이성무 한문과 역사를 중심으로 강의가 진행되고 있습니다. 먼저 전통한문을 배우면 교양을 갖추게 되고, 앞으로 중국이 부상하면 영어보다는 한문의 시대가 올 것입니다. 공교육에서 안 하려고 하는 한문교육을 민간 차원에서 일반인을 대상으로 교육하고 있으며, 한국학중앙연구원의 '청계서당'의 선생님들이 오셔서 전통적인 방법으로 강의를 하고 있습니다. 역사 강의는 매주 주제를 바꿔가며 학기별로 진행합니다. 문제는 수강생들이 시험을 보거나, 취직에 도움이 될 목적으로 강의를 듣는 것이 아니기 때문에 자칫 목적의식이 없을 수도 있지만, '독도와 동해' 등 현실적인 주제를 잡아 수강생들이 흥미를 가질 수 있도록 강의가 진행됩니다. 여담으로 요즈음 대기업 CEO들이 수강생의 숫자를 늘리고 있습니다. 회사에서 창의를 발휘하라고 하는데, 인문학에 창의가 있다고 믿어 강의를 들으러 왔다는 것이에요.

김동현 학교에서 여러 해 동안 국사교육을 하지 않았는데, 최근에 고등학교에서 다시 국사교육을 필수과목으로 가르친다고 합니다. 국사교육이 소홀해진 근본 원인은 무엇인가요?

이성무 역사가 학문적으로 위기에 처해 있습니다. 역사는 객관적으로 서술해야 한다고 하는데, 객관적이어야 한다고 주장하는 것은 객관적이지 않기 때문입니다. 우선 인간이 객관적인 사고를 못합니다. 자기가 관심이 있는 것만 보고 듣고, 취합니다. 훌륭한 능력이기는 하지만, 결과적으로 편견에 가득 찬 사료를 만들어 내는 것입니다. 사료가 기본적으로 편견에 가득 차 있으니, 그 사료를 이용해서 쓴 역사가 과연 객관적일 수 있느냐가 문제인 것이지요. 이 부분에서 역사철학과 사회과학이 역사학을 비판하면서 역사학은 위기를 맞게 되었습니다.

그 다음으로 역사는 암기과목입니다. 연대와 사건을 외우라고 하니까 이는 굉장히 따분한 과목이 됩니다. 역사는 ○, ×로 판단할 수 없는 것이 90% 이상입니다. 공자의 말씀대로라면 중용이 가장 중요한데, 역사에서 가르치는 내용과 시험문제가 달라지는 것입니다. Peabody 대학에서 배워온 교육평가가 바로 ○, ×인데, 그러한 평가는 사람의 의식을 모두 흑백논리로 몰아가는 것입니다. 역사는 흑백논리로 재단할 수 없는 경우가 많으니, 역사와는 안 맞지요.

마지막으로 역사를 필수과목으로 지정한 것을 전공이기주의라고 비난합니다. 고등학교 1학년에 국사가 1시간 늘었지만 수학능력시험에서 빠져 있으니 수험생들이 국사를 공부하겠어요? 국사과목을 시험보이는 서울대를 제외한 다른 대학에 진학하는 수험생들은 국사를 공부하지 않게 되는 것이지요. 그리고 전에 고1 국사를 2시간 배우던 것을 1시간으로 줄여, 시간이 없어 배우지 못하는 근현대사를 선택과목으로 개설했는데, 선택 안 하면 그만이지요. 오늘날 벌어지는 이 모든 상황들이 국사교육을 소홀히 하는 데 일조하고 있지요.

김동현 예선에는 인문학을 전공하는 분이 아니라도 문·사·철의 필요성으로 인해 그 소양을 갖추려고들 애썼는데, 지금의 상황들이 국사교육 전반을 허물어뜨리게 하지 않았나 하는 느낌입니다.

이성무 인문학을 공교육에서 다루기 위해서는, 과감히 영어시간을 줄여야 합니다. 영어는 학교별로 시험제도를 만들거나, 토익이나 토플 점수를 개인적으로 따오게 하면 됩니다. 미국 식민지도 아닌데 그 많은 시간을 영어교육에 쏟고 있어요. 우리가 영어논문을 쓸 것도 아니고 그렇게 많이 공부하고도 영어를 유창하게 말하지도 못하고 있는데 말입니다. 효율적이지 않아요. 인간 삶에 자양분이 되는, 국어와 국사를 영어 대신 집중적으로 가르쳐야 한다고 생각해요. 또한 우리나라는 외국인 노동자, 다문화 가정의 수가 늘어가고 있습니다. 그들도 모두가 우리나라 국민입니다. 그런데 이 사람들에게 정체성을 심어주지 못한다면 어떻게 한 국민으로서 단합이 되겠습니까? 문화가 일치되어야 그 사람들에게 정체성이 생기는 것입니다. 그들뿐만 아니라 우리 모두가 주체의식을 갖기 위해서는 국어와 국사를 제대로 가르쳐야 합니다.

김동현 선생님께서는 지난해 말에 『선비평전』을 내신 것으로 알고 있습니다. 책을 출간하시게 된 계기를 말씀해 주셨으면 합니다.

이성무 우리의 뛰어난 선조들은 어떻게 생각했는지에 대한 사상사적 측면과 인물사적 측면에 대한 연구를 전문적으로 하고 있습니다. 그런데 천 년간의 과거제도가 경쟁주의를 유발했기 때문에, 우리는 남을 잘 인정하지 않습니다. 그래서 우리는 위인을 잘 만들지 못해요. 대통령 10명을 냈는데, 한 명도 제대로 된 사람이 없다는 것이에요. 이것이 우리에게 인물사가 필요하게 하는 것이지요. 그래서 퇴계 이황 선생, 남명 조식 선생, 동고 이준경 선생, 서애 유성룡 선생, 오리 이원익 선생, 한음 이덕형 선생, 아계 이산해 선생, 청음 김상헌 선생, 지천 최명길

선생, 백헌 이경석 선생 등 수십 명의 위인들을 연구하는 과정에서 나온 낙수들을 모아 선비의 입장에서 평전을 쓴 것입니다. 선비들의 생활은 어떠했는지, 그들에 대한 역사적 평가는 어떤지 등의 재미있는 이야기를 담고 있습니다.

김동현   조어력이 학문 분야뿐만 아니라 개인의 창의력 개발에 중요한 것으로 알고 있습니다. 한자가 조어력을 향상시키는 데 어떤 영향을 미치는지에 대해 말씀해 주셨으면 합니다.

이성무   우리는 5천 년 동안 한자를 써왔어요. 세종대왕은 한자를 어떻게 읽을지에 대한 발음 기호로 훈민정음을 창제하셨어요. 한글전용론자들은 세종대왕이 한글전용론자이니까, 이를 계승해야 한다고 해요. 말이 안 됩니다. 우리는 거의 한자로 썼어요. 고유어 같아도 따지고 들어가면 한자예요. 그런데 한자를 가르치지 않는 상태에서 뜻도 모르고 배우려니까 더 어려워지는 것이지요. 학생들이 무엇을 가지고 개념을 잡아야 할지 난감해합니다. 조어능력뿐만 아니라 모든 분야에서 창의를 개발할 수 없습니다.

김동현   우리 문화유산을 이해하고 오늘날 현대인의 도덕 불감증에 대한 반성을 위해서는 한자교육이 더욱더 필요한 것 같습니다.

이성무   영어보다는 국어와 국사에 비중을 두어야 합니다. 그리고 늘어난 국어시간에 한문까지 가르쳐야 한다고 생각해요. 그러다 보면 국어뿐만 아니라, 일본어·중국어가 더 배우기 쉬워지지 않겠어요? 영어 창도 한문 창도 다 열어놓고 하고 싶은 사람은 하게 해야지요. 한글전용론자들은 자기나 쓰지 말지, 다른 사람들까지 못쓰게 만들면서 애국자연하고 있어요. 쓰기 싫으면

본인이나 쓰지 말지 학생들에게까지 가르치지 못하게 하고 있어요. 그것은 나라를 더 해롭게 하는 행위라고 생각해요. 더 나아가 저는 한자가 아닌 한문을 가르쳐야 한다고 생각해요. 왜냐하면 문장 안에서 단어가 제대로 된 뜻을 가지게 되기 때문입니다.

김동현　우리 사회 구성원들이 삶의 지침으로 삼을 만한 격려의 말씀 부탁드립니다.

이성무　서양화의 극치(과도한 서양화)에서 빨리 벗어나는 것이 우리가 생존할 수 있는 방법이라고 생각해요. 자유·평등·박애처럼 서양을 통해 우리가 배운 것도 많아요. 동양은 '효(孝)'라는 종적 기준을 바탕으로 하는 권위주의 체제였지만, 서양은 양성평등을 기준으로 하는 평등한 체제이지요. 중심축이 상하관계에서 평등관계로 옮겨 갔기 때문에, 거기에 맞춰 사회가 재편되어야 한다는 생각에는 동의합니다. 하지만 우리 사회가 지나치게 서구화되다 보니까 진정한 의미의 권위가 무너졌어요. 붕괴된 진정한 권위를 부원(復元)시키고, 변화된 사회 안에서 이것을 잘 조화시키기 위해서는 공교육에서 한문을 가르쳐야 한다고 생각합니다. 그 속에서 우리의 정신적 가치를 바로 알고 우리의 정체성을 찾는 것이 중요하다고 봅니다.

김동현　말씀 감사합니다.

─『語文生活』통권 174호, (사)한국어문회, 2012.5

찾아보기

저자 **이성무** 李成茂

1937년 9월 26일 생
서울대학교 문리과대학 사학과 및 동대학원 졸업.

1975~1981 국민대학교 조교수·부교수
1982~1983 Harvard Yenching Institute Coordinate Reasercher
1983~2003 한국정신문화연구원 교수
1988~1989 독일 Tuebingen 대학 객원교수
1993~1997 한국정신문화연구원 한국학대학원 대학원장, 부원장, 원장 대리
1999~2003 제7대 국사편찬위원회 위원장(차관급)
현재   한국학중앙연구원 명예교수, 사단법인 한국역사문화연구원장,
          대한민국학술원 제3분과 위원, 인문·사회과학부 회장, 남명학연구원장,
          실학family 회장

저서 및 공저
『한국의 과거제도』, 『조선 초기 양반연구』, 『과거』, 『사료로 본 한국문화사: 조선후기편』, 『역주 경국대전』 번역편·주석편(공저), 『조선시대 잡과합격자 총람』(공저), 『조선후기 당쟁의 종합적 검토』(공저), 『高麗朝鮮兩朝의 科擧制度』(張連譯), 『한국의 과거제도』, 『한국역사의 이해』 1~10, 『朝鮮初期兩班研究』, 『조선양반사회연구』, 『한국과거제도사』, 『조선의 사회와 사상』, 『조선왕조사』 (1)~(2), 『동양 삼국의 왕권과 관료제』(공저), 『조선의 사회와 사상』, 『조선왕조실록 어떤 책인가』, 『조선시대 당쟁사』 (1)~(2), 『조선의 부정부패 어떻게 막았을까』, 『세종대의 문화』, 『라디오 한국사』, 金容權 日譯 『조선왕조사』 (상)~(하), 平木 實·中村葉子 日譯 『韓國의 科擧制度』, 『조선시대 사상사연구』 (1)~(2), 『조선은 어떻게 부정부패를 막았을까』, 『조선을 만든 사람들-나라를 위한 선비들의 맞대결』, 『재상열전』, 『아계 이산해의 학문과 사상』(공저), 『명장열전-나라를 구한 사람들』, 『조선왕조사』(재판, 수막새), 『조선을 이끈 명문가 지도』(공저), 『선비정신에서 찾는 교사의 길』(공저), 『선비정신에서 찾는 공직자의 길』(공저), 『선비정신에서 찾는 기업인의 길』(공저), 『조선의 옛 사람들에게서 우리를 만나다』(공저), 『선비평전』, 『조선국왕전』, 『영의정의 경륜』, 『다시 보는 한국사』, 『대은 변안열의 생애와 사상』(공저) 등.

한국역사의 이해 10
한국사에서 위인 찾기

1쇄 1쇄 2014년 1월 29일
1쇄 2쇄 2014년 7월 15일

지은이 • 이 성 무
펴낸이 • 한 봉 숙
펴낸곳 • 푸른사상사

등록 제2-2876호
서울시 중구 충무로 29(초동) 아시아미디어타워 502호
대표전화 02) 2268-8706(7) 팩시밀리 02) 2268-8708
메일 prun21c@hanmail.net
홈페이지 http://www.prun21c.com

ⓒ 이성무, 2014
ISBN 979-11-308-0116-2 93990

값 20,000원

한국역사의 이해 10

한국사에서 위인 찾기

이성무